基于元数据驱动通用操作器的
数据仓储构建

Constructing Data Warehouses with
Metadata-driven Generic Operators and More

［瑞士］Bin Jiang 著

郑悦林　吴西燕　余肖生　王东娟　赵美林　王缓缓　译著

武汉大学出版社

图书在版编目(CIP)数据

基于元数据驱动通用操作器的数据仓储构建/(瑞士)蒋彬著;郑悦林等译.—武汉:武汉大学出版社,2014.12
ISBN 978-7-307-14882-6

Ⅰ.基… Ⅱ.①蒋… ②郑… Ⅲ.元数据—研究 Ⅳ.G250

中国版本图书馆 CIP 数据核字(2014)第 268659 号

责任编辑:李汉保　　责任校对:汪欣怡　　版式设计:马　佳

出版发行:**武汉大学出版社**　　(430072　武昌　珞珈山)
　　　　　(电子邮件:cbs22@whu.edu.cn　网址:www.wdp.com.cn)
印刷:武汉中远印务有限公司
开本:720×1000　1/16　印张:21.5　字数:307 千字
版次:2014 年 12 月第 1 版　　2014 年 12 月第 1 次印刷
ISBN 978-7-307-14882-6　　定价:55.00 元

版权所有,不得翻印;凡购我社的图书,如有质量问题,请与当地图书销售部门联系调换。

中 文 版 序

信息技术的飞速发展和深入应用不断推进社会的进化。我们说我们处在信息社会，一个重要的标志性特征就是技术融合（或称做IT融合）。也就是说，当前所处的信息社会与以往的工业社会、农业社会相比较，处于一个前所未有的技术大融合的阶段。这体现在技术的两个演化维度上面：技术透明性（transparency）和技术渗透性（pervasiveness）。技术透明性是指由于技术水平的提高和广泛的业务应用，在越来越多的产品和服务中，顾客甚至都感觉不到（也无需过多了解）内在的技术细节。例如，手机用户并不需要了解无线通信基站的工作方式和信号发送指标；Internet用户也无需了解网络通信的多层协议结构。对于最终用户而言，他们只需了解技术所呈现出的效用即可，因此技术对于用户来说具有透明性。技术渗透性是指技术对人类社会和生活的方方面面的影响深度。对于企业来讲，许多传统的运作管理逐渐变成了面向数据的管理，许多传统的业务决策逐渐变成基于数据分析的决策。例如，通过深度商务分析（business analytics）更好地了解客户、业务和竞争对手，以开展精准营销、优化运营管理、保持和提升战略优势。

近年来，全球数据量正呈现出前所未有的爆发式增长态势。国际数据公司（IDC）的研究报告预计 2020 年全球被创建和被复制的数据总量将达到 35ZB。与此同时，数据复杂性也急剧增长，其多样性（多源、异构、富媒体等）、低价值密度（大量不相关信息，知识"提纯"难度高）、实时性（流数据，需实时生成、存储和分析）等复杂特征日益显著。"大数据"（即以超规模、多样性、低价值密度、实时性为显著特征的数据）成为重要话题，并在业界和学界引起广泛关注。

数据仓储（Data Warehouse，也称数据仓库）作为一类重要数据平台，在过去 20 余年间得到了理论和实践上的长足发展。在大数据背景下，随着对于数据的获取、组织、分析和利用等应用需求的快速增长，数据仓储的重要性正在进一步凸显。数据仓储面向分析处理(analytical processing)，强调数据整合、切分回溯以及多维视图，重点支持"为什么发生"这类分析型管理问题的求解。

《基于元数据驱动通用操作器的数据仓储构建》一书根据作者在数据仓储领域丰富的专业知识及相关经验，对数据仓储的概念、框架和构建进行了较为全面的阐述和讨论。该书恰当地刻画了数据仓储与操作型数据、分析型数据、数据分析器、业务改进器的关系，并围绕预备域、处理域和存储域对于数据仓储的构建进行了详细探讨。特别值得一提的是，该书介绍了一种基于元数据驱动通用操作器(MGO)的数据仓储构建方法，旨在通过面向元数据本身(而不是面向具体数据(值)内容)获得数据和相关程序/功能的独立性。这是一个很有价值的构建思路，一方面可以增强系统适应性，通过对元数据的操作而减少对于诸多相关数据和具体功能的操作；另一方面可以提升系统完整性，通过对元数据的操作而避免诸多相关数据和功能在内容和操作中的不一致性。

本书不仅提供了基于元数据驱动通用操作器的数据仓储构建的概念和思路，而且对于一系列相关操作器也给出了较细致的介绍和方法描述。从整体撰写内容和风格看，本书可以作为计算机科学和工程、信息系统应用相关专业的课程教材，也对于从事 IT 咨询和实施、数据仓库构建和大数据分析等应用的企业 IT 管理者和专业人员具有参考价值。

相信广大读者可以从本书中获得许多启迪。

陈国青[*]

2014 年 4 月于清华园

---

[*] 陈国青，现为清华大学经济管理学院 EMC 讲席教授，2005 年度受聘国家教育部长江学者特聘教授。担任国家教育部高等学校管理科学与工程类专业教学指导委员会主任委员、国家信息化专家咨询委员会成员、国际信息系统学会中国分会(CNAIS)创始主席(2005—2013)。

译 者 序

2011年，蒋彬博士出版了数据仓库领域具有里程碑意义（Bill Inmon）的著作——Constructing Data Warehouses with Metadata-driven Generic Operators and More。该书不仅对数据仓库的定义、类型、特征及要求进行了完整而准确的论述，对目前两种主流的数据仓库开发方法——Top-Down以及Bottom-Up进行了分析，根据自己近20年数据仓库的从业实践提出了一种行之有效的方法——Top-On，并从体系结构、组件算法与技术、数据仓库的构建范式、数据仓库的生态环境四个方面对Top-On方法进行了详细的介绍，集理论性与实践性于一体，"应为每个认真、严肃的数据仓库实践者案头必备之物"（Bill Inmon）。

2011年底，蒋彬博士受聘为三峡大学特聘教授。在与蒋彬博士深入交流并拜读原著后，我们被其精妙的构思、严谨的体系及模型的可实现性所折服，遂决定翻译该书，为国内数据仓库建设介绍一种新的思路及方法。由于语言表述方式不同，我们与原作者蒋彬博士沟通达成共识：翻译时不采用逐句翻译，而是以相对完整的语句群为单位，在不改变原意的情况下重新表述，以符合汉语的语言习惯。

译者全部来自三峡大学，分工如下：郑悦林翻译第4章、第7章、第8章，吴西燕翻译英文序、前言及第1章、第10章、第11章，余肖生翻译第2章、第6章、第9章，王东娟翻译第3章、第5章、第12章及全书插图，王缓缓翻译第11章、第12章，赵美林翻译第13章、第14章。全书由郑悦林与吴西燕统稿。

经过长达两年的集体学习讨论、分工翻译、交换修改、分块审查，译稿才最终完成。翻译小组每个成员都对全稿进行了多轮阅读并提出修改意见。可以说，整个书稿凝聚了每一位译者的心血。

在翻译过程中，覃兵文、姜艳静等老师参与了部分初稿的翻译；李碧涛老师多次参与讨论，为翻译工作和翻译内容提出了宝贵的意见，在此对这些老师表示衷心的感谢！

原著作者蒋彬博士自始至终指导着整个翻译工作。他踏实的工作作风、严谨的治学态度给我们留下了深刻的印象，也深深地影响着我们每一个人。

最后感谢陈国青教授百忙之中阅读书稿并为本书撰写中文序！

译　者

2014 年 5 月

序

在数据仓储发展初期,绝大部分数据处理都通过主机系统和事务操作来完成,那时的数据库理论家们对数据仓储不屑一顾。联机事务处理(OLTP)为当时的主流,任何不以OLTP为中心的数据处理都被打入另册,不予考虑。

随后,数据仓储开始被商界重视。随着营销系统、库存管理系统、客户应用系统的出现,商界人士将技术人员引入了数据仓储领域。

很快,随之而来的是数据集市、维度建模、企业信息工厂及数据仓储2.0(DW2.0)。今天,数据仓储已作为通常智慧为人们所接受。业界在商务智能和数据仓储上的投资早已超过在OLTP上的总投资。

数据仓储业以惊人的速度成熟。蒋彬博士的著作——《基于元数据驱动通用操作器的数据仓储构建》是数据仓储业发展成熟的极好实例。

在阅读蒋彬博士著作的过程中,以下三点给我留下了深刻的印象,即书的:

——完整性;

——实用性;

——创新性。

蒋彬博士的著作代表了数据仓储发展进程中最新和最完整的一步。本书应为每个认真、严肃的数据仓储实践者案头必备之物。我热切地欢迎这一始于数十年前的数据仓储发展之路的

基于元数据驱动通用操作器的数据仓库构建

最新里程碑。

Bill Inmon[①]
Colorado(科罗拉多)
2011 年 8 月 22 日

---

① Bill Inmon 被公认为"数据仓储之父"。关于他在这个领域贡献的更多内容，参见 http：//en.wikipedia.org/wiki/Bill_Inmon。

前　　言

　　即使经过了近 30 年的实践，数据仓库的构建、扩展和维护对许多企业来说依然是个挑战。无论是否采用工具或其他辅助手段，这件事仍是昂贵、费时和有风险的。造成这些问题的主要原因之一是重复。

　　如果对数据仓库构建、扩展或维护过程中所进行的活动进行分析，读者或许会发现一些事情是值得注意的。对我来说，这就是重复。不仅在开发阶段，而且在设计说明阶段、测试阶段、文档阶段，"复制—粘贴—搜索—替换—调整—验证"操作链在成千上万次地重复。事实上，尤其在当今瞬息万变的业务世界里，正是这种重复使得数据仓库的构建、扩展和维护具有不可思议的挑战性。

　　基于这简单而根本的观察，本书介绍一个全新的数据仓库构建方法。采用该方法，数据仓库的整个加载和更新机制由 12 个小型元数据驱动通用操作器组成。即使面对非常复杂和大规模的企业型数据仓库，这一方法也是有效的。使用这些操作器，上文所提及的重复可以有效地给予消除。由此，数据仓库的构建、扩展和维护将实质上变得更便宜、更快捷、更安全，20 倍的效能提升也不再是不可思议的了。新方法在实践中的运用已清晰地表明，从某种程度上说，新方法使数据仓库构建在整个数据仓库项目中不再像从前那样是一个突出的问题了。

　　在数据仓库领域最有影响的两个人物 Bill Inmon 和 Ralph Kimball 之间一直有一个经久不息，且当前仍持续进行的争论①。

---

　　① 关于这场争论更多的内容，参见 http：//www.b-eye-network.mobi/view/14115。

争论的焦点就是哪种数据仓库的构建方法更好：是 Bill Inmon 主张的自上而下的方法，还是 Ralph Kimball 主张的自下而上的方法。根据一般工程学的教条，前者更加理性。然而，这种方法在过去的实践中却经常失败，因为与之相应的项目费用太高，耗时过长且不能如期交付第一个实质性的成果。至少从短期的观点来看，后一种方法则并非如此。如果数据仓库的构建不再如上文所述是一个难题，那么继续争论下去就没有意义了：即自上而下的方法应该胜出。

　　过去，我一再注意到，不同企业的数据仓库环境中用到了大量的体系结构选择，如系统组件、算法、技术等都一次次被重复地再次发明，而实质上它们并没有多少新意，这是另一种重复。尽管这种努力付出带来了乐趣，但这种乐趣对我们的客户和投资人来说实在不便宜。为了减少这种重复发明的必要性，本书收集、描述并在复杂数据仓库体系结构的环境下分析了 20 多个常用的通用算法。尽管这些算法奠定了上文提及的通用操作器的内容基础，但当使用传统方法构建数据仓库时，包括构建非常简单的数据仓库，这些算法也能单独采用。此外，本书包括 30 多个构建练习。如果读者在阅读的过程中完成了这些练习，那么，合上本书之前，即使面对一个错综复杂的数据仓库读者也已具备坚实的基础。由此可知，新方法并非不可驾驭。

　　我们在大学里学习了大量的计算机科学知识，如实体—联系分析、关系理论、范式、数据建模、算法和数据结构、复杂性分析、图论、编程语言、编译原理、事务管理、系统体系结构、软件工程，等等。有多少知识我们已自觉地运用到数据仓库的构建之中？据我的观察，答案是："几乎没有"。事实上，对以上知识而言，数据仓库的构建是一个极具综合性的领域。因此，它非常适合于学生运用刚刚学到的知识进行项目练习，由此获得对这些知识更好的理解。本书考虑了这一点并提供了这一可能。

　　数据仓库这个术语已经有 20 年的历史，最先由 Bill Inmon 在 1991 年提出。然而，如果读者问问身边的 5 位资深人士——其同事、其老板、其投资人或者其客户——什么是数据仓库？读者很可

前　言

能会得到六种不同的答案，这可能很有趣。但是，如果我们意识到数据仓储是一项严肃的工程事务，而且在大多数情况下对企业有着重要的战略意义，这种状况就不再让人觉得轻松自在了。这也许就是过去虽然有成千上万篇论文、报告、博客以及类似的文章，但在这一领域却没有取得什么实质性进展的原因之一。一般而言，我们一再地重复着相同的内容，其实是穿着不同的衣服参加不同的聚会而已。

作为数据仓储顾问，我们一再告诉我们的客户，通过数据仓储，我们可以从不同的数据源中找到唯一的真理。尽管我们已经产生了成千上万的讨论源，但是正如上文所提到的，我们自己却还不能确定一个数据仓储的唯一定义。对我们来说，这难道不是一个讽刺吗？因此，本书的另一个目的就是努力澄清几个重要，但却混乱的术语，如数据仓储①、商务智能②和时间性，我清楚地知道这是一项充满挑战和风险的工作。

也许，我触发了一个数据仓储构建的范式转换③，由此也可能导致数据仓储机。为了此次尝试，我期望得到读者的理解，更重要的是得到读者的支持！

不过，到底何为数据仓储，至少是根据……

蒋　彬
Niederglatt ZH（瑞士）
2011 年 7 月 7 日

---

① 数据仓储术语的通俗定义或解释的不完全的列表，参见 http：// www. google. ch/search？q = define：DataWarehouse&hl = de&defl = zh-TW&sa = X&ei = JyEjTfSBNtqN4gbp7KTFAQ&ved = oCAYQpQMoAA&defl = zhCN&defl = en。

② 商务智能术语的通俗定义或解释的不完全的列表，参见 http：// www. google. ch/search？q = define：Business-Intelligence&hl = de&defl = zh-TW&sa = X&ei = CSojTbiWKJW44AbEtL2GAg&ved = oCAcQpQMoAA&defl = zh-CN&defl = en。

③ 关于 Thomas Samuel Kuhn 提出的范式转换的更多信息，参见 http：// en. wikipedia. org/wiki/Thomas_Kuhn。

目　　录

第1章　绪论 ··· 1
  1.1 数据仓储与数据 ··· 1
  1.2 数据仓储的上下文 ·· 3
  1.3 数据仓储的分类 ··· 5
    1.3.1 拓扑结构/后台分类 ·· 5
    1.3.2 组织机构/前端分类 ·· 6
    1.3.3 时间性/更新分类 ··· 7
    1.3.4 地理特性/位置分类 ·· 7
  1.4 数据仓储需满足的要求 ··· 8
    1.4.1 功能性要求 ··· 8
    1.4.2 信息性要求 ··· 9
    1.4.3 操作性要求 ··· 9
    1.4.4 经济性要求 ·· 10
    1.4.5 安全性要求 ·· 10
  1.5 数据仓储方法论 ·· 11
    1.5.1 教条的开发方法：自上而下 ·· 12
    1.5.2 实用的开发方法：自下而上 ·· 12
    1.5.3 有效的方法：居顶不下 ·· 13
  1.6 数据仓储构建的方法 ·· 13
    1.6.1 老方法：手工 ELT 法 ·· 13
    1.6.2 新方法：工具辅助的 ETL 法 ······································ 15
    1.6.3 现代方法：工具辅助的 ELT 法 ··································· 17
    1.6.4 未来的方法：基于 MGO 的 ELT 法 ···························· 18
  1.7 构建本书同时构建一数据仓储 ··· 20

第一篇 设计问题、概念和体系结构

- 第2章 体系结构概要 ………………………………………………… 25
- 第3章 预备域 ………………………………………………………… 28
  - 3.1 源应用系统 …………………………………………………… 28
    - 3.1.1 分析 …………………………………………………… 28
    - 3.1.2 接口 …………………………………………………… 33
  - 3.2 预备域 ………………………………………………………… 34
    - 3.2.1 平面文件区 …………………………………………… 34
    - 3.2.2 原始表区 ……………………………………………… 35
    - 3.2.3 已预备表区 …………………………………………… 36
    - 3.2.4 平面文件加载 ………………………………………… 36
    - 3.2.5 错误拒绝 ……………………………………………… 39
    - 3.2.6 变化量识别 …………………………………………… 40
    - 3.2.7 列清洗和域完整性的保证 …………………………… 42
    - 3.2.8 行过滤 ………………………………………………… 43
    - 3.2.9 操作识别 ……………………………………………… 46
    - 3.2.10 最小设计原则 ………………………………………… 46
- 第4章 处理域 ………………………………………………………… 48
  - 4.1 数据 …………………………………………………………… 48
    - 4.1.1 代码数据 ……………………………………………… 48
    - 4.1.2 对象数据 ……………………………………………… 49
    - 4.1.3 事件数据 ……………………………………………… 50
  - 4.2 时间性 ………………………………………………………… 52
    - 4.2.1 历史化 ………………………………………………… 52
    - 4.2.2 归档 …………………………………………………… 59
    - 4.2.3 三时维 ………………………………………………… 60
  - 4.3 数据完整性 …………………………………………………… 61

|　　　4.3.1　参照完整性 ………………………………………… 62
|　　　4.3.2　实体完整性 ………………………………………… 63
|　4.4　收集 ……………………………………………………………… 64
|　　　4.4.1　事件数据归档 ……………………………………… 65
|　　　4.4.2　对象数据历史化 …………………………………… 65
|　　　4.4.3　代码数据历史化 …………………………………… 66
|　4.5　整合 ……………………………………………………………… 67
|　　　4.5.1　对象标识转换 ……………………………………… 68
|　　　4.5.2　列数据转换 ………………………………………… 72
|　　　4.5.3　表模式转换 ………………………………………… 73
|　4.6　完整性保证 ……………………………………………………… 74
|　　　4.6.1　参照完整性保证 …………………………………… 75
|　　　4.6.2　实体完整性保证 …………………………………… 79
|　4.7　错误处理 ………………………………………………………… 81
|　4.8　处理域组件 ……………………………………………………… 81

第5章　存储域 ……………………………………………………… 84
　5.1　中央存储区 ……………………………………………………… 84
　　　5.1.1　逻辑数据模型和规范化 …………………………… 84
　　　5.1.2　物理数据模型和去规范化 ………………………… 87
　5.2　分析展示层 ……………………………………………………… 89
　5.3　效能强化区 ……………………………………………………… 90
　　　5.3.1　维度数据模型 ……………………………………… 91
　　　5.3.2　特殊结构 …………………………………………… 95
　　　5.3.3　模型转换 …………………………………………… 95
　5.4　使用数据区 ……………………………………………………… 95
　5.5　访问控制层 ……………………………………………………… 97
　5.6　存储域组件 ……………………………………………………… 100

第6章　基础设施 …………………………………………………… 102
　6.1　进程管理 ………………………………………………………… 102

  6.1.1 依赖关系图 ··· 102
  6.1.2 事务模型 ··· 103
 6.2 元数据管理 ··· 105
  6.2.1 元数据 ··· 105
  6.2.2 采集、管理和利用 ······································· 106
 6.3 对象组织 ··· 106

第二篇　组件、算法与技术

第 7 章　数据预备 ··· 111
 7.1 平面文件加载 ··· 111
  7.1.1 平面文件加载器 ··· 111
  7.1.2 平面文件加载脚本 ······································· 112
 7.2 变化量识别 ··· 113
 7.3 列清洗 ·· 115
  7.3.1 缺省值 ··· 115
  7.3.2 列清洗器 ··· 116
 7.4 行过滤 ·· 117
  7.4.1 日志机制 ··· 118
  7.4.2 行过滤器 ··· 119
 7.5 数据导出 ··· 120

第 8 章　数据处理 ··· 122
 8.1 数据收集 ··· 122
  8.1.1 对象建史器 ·· 123
  8.1.2 事件归档器 ·· 124
  8.1.3 行存储器 ··· 126
  8.1.4 行移除器 ··· 128
 8.2 数据整合 ··· 129
  8.2.1 代理键生成器 ·· 129
  8.2.2 键转换器 ··· 131

        8.2.3 列数据转换器 ·· 132
        8.2.4 关系代数运算符 ·· 134
        8.2.5 连接构建器 ·· 137
    8.3 参照完整性保证 ·· 141
        8.3.1 等待空间管理器 ·· 141
        8.3.2 外键处理器 ·· 143
        8.3.3 代码表补充器 ·· 147
    8.4 实体完整性保证机制 ·· 148
        8.4.1 重叠检测器 ·· 149
        8.4.2 优先权决定器 ·· 150
        8.4.3 双时维重叠的基本组合 ···································· 153
        8.4.4 基本矩形分解器 ·· 154
        8.4.5 重叠消除器 ·· 157
        8.4.6 重叠解决举例 ·· 158
        8.4.7 分析 ·· 161

第9章 数据存储 ·· 166
    9.1 关系数据操作 ·· 166
        9.1.1 IS-A 关系 ·· 166
        9.1.2 递归关系 ·· 169
        9.1.3 一个现实世界的模式 ·· 171
        9.1.4 主从关系 ·· 173
        9.1.5 物理处理 ·· 174
    9.2 维度数据处理 ·· 177
        9.2.1 M：N 关系 ·· 177
        9.2.2 多层去规范化器 ·· 178
        9.2.3 时间段分割器 ·· 179
        9.2.4 时间链压缩器 ·· 183
        9.2.5 事实处理 ·· 190
    9.3 访问控制 ·· 191

第三篇　构建范式及元数据驱动通用操作器

第10章　范式基础 …………………………………………… 197
　10.1　传统范式 ……………………………………………… 197
　10.2　信息基础：通用知识及元数据 …………………………… 199
　　　10.2.1　通用知识 …………………………………… 200
　　　10.2.2　元数据 …………………………………………… 201
　10.3　抽象基础：操作符操作于操作数 ………………………… 202
　10.4　管理基础：解释器与编译器 …………………………… 204
　　　10.4.1　MG操作器的实质 ………………………… 204
　　　10.4.2　基于元数据的通用方法的比较 ……………… 206
　10.5　体系结构基础：转换配置 ……………………………… 208
　　　10.5.1　分布式转换和集中式转换 ………………… 209
　　　10.5.2　ETL服务器和数据库服务器 ……………… 211
　10.6　新范式的设计原则 ……………………………………… 211

第11章　元数据驱动的通用操作器 …………………………… 215
　11.1　概述 ……………………………………………………… 215
　　　11.1.1　第一级OoO-观察 …………………………… 215
　　　11.1.2　第二级OoO-观察 …………………………… 216
　11.2　平面文件加载器 ………………………………………… 217
　　　11.2.1　描述 …………………………………………… 217
　　　11.2.2　构建 …………………………………………… 218
　11.3　过滤清洗操作器 ………………………………………… 219
　　　11.3.1　描述 …………………………………………… 219
　　　11.3.2　构建 …………………………………………… 220
　11.4　变化量识别器 …………………………………………… 221
　　　11.4.1　描述 …………………………………………… 221
　　　11.4.2　构建 …………………………………………… 222
　11.5　数据导出器 ……………………………………………… 223

- 11.5.1 描述 ·· 223
- 11.5.2 构建 ·· 223
- 11.6 代理键生成器 ·· 224
  - 11.6.1 描述 ·· 224
  - 11.6.2 构建 ·· 224
- 11.7 数据处理器 ·· 225
  - 11.7.1 描述 ·· 225
  - 11.7.2 构建 ·· 225
- 11.8 行存储器 ·· 227
  - 11.8.1 描述 ·· 227
  - 11.8.2 构建 ·· 227
- 11.9 行移除器 ·· 228
  - 11.9.1 描述 ·· 228
  - 11.9.2 构建 ·· 228
- 11.10 重叠解除器 ··· 229
  - 11.10.1 描述 ··· 229
  - 11.10.2 构建 ··· 229
  - 11.10.3 计算效率 ··· 233
  - 11.10.4 用法 ··· 234
- 11.11 代码补充器 ··· 236
  - 11.11.1 描述 ··· 236
  - 11.11.2 构建 ··· 236
- 11.12 维度加载器 ··· 237
  - 11.12.1 描述 ··· 237
  - 11.12.2 构建 ··· 237
- 11.13 数据抽取器 ··· 238
  - 11.13.1 描述 ··· 239
  - 11.13.2 构建 ··· 240
- 11.14 工具操作器 ··· 241
  - 11.14.1 索引顾问 ··· 241
  - 11.14.2 统计顾问 ··· 242

11.14.3 计划生成器 ………………………………………… 243

第四篇 生存环境及更多

第12章 基础设施环境 ………………………………………… 249
12.1 进程管理和异常处理 ………………………………… 249
  12.1.1 进程管理和并发控制 …………………………… 249
  12.1.2 异常处理 ………………………………………… 253
  12.1.3 日志管理 ………………………………………… 257
12.2 数据错误及拒绝处理 ………………………………… 258
12.3 元数据管理 …………………………………………… 259
  12.3.1 元数据表总结 …………………………………… 259
  12.3.2 元数据维护 ……………………………………… 262
  12.3.3 元数据语言的表达力 …………………………… 265
  12.3.4 特例处理 ………………………………………… 266

第13章 方法论与经济学上的分析 …………………………… 268
13.1 V-模型 ………………………………………………… 268
13.2 两种方法的经济比较 ………………………………… 269
  13.2.1 传统方法 ………………………………………… 270
  13.2.2 MGO 方法 ……………………………………… 272
13.3 效率分析 ……………………………………………… 275
13.4 启用 MGO …………………………………………… 277
13.5 从旧系统过渡到新系统 ……………………………… 279

第14章 结束语 ………………………………………………… 282
14.1 一个真实世界的案例 ………………………………… 282
  14.1.1 前映像 …………………………………………… 282
  14.1.2 后映像 …………………………………………… 286
14.2 MGO 特色的总结 …………………………………… 287
  14.2.1 MGO 方法的优点 ……………………………… 288

14.2.2　MGO 方法的缺点 …………………… 289
14.3　展望 ……………………………………… 290
14.4　致谢 ……………………………………… 291

索　引 ………………………………………………… 292

第1章 绪　　论

1.1 数据仓储与数据

　　数据仓储(Data Warehouse，DW)是基于信息技术(Information Technology，IT)的反馈系统的一个组件。它用于收集、整合一个机构中操作型应用系统所产生的操作型数据，并为随后的数据分析提供数据预处理。我们称这些经过收集、整合、预处理的数据为分析型数据。分析型数据和操作型数据之间的本质区别在于后者仅仅表示业务运营过程中的一个业务快照，而前者则包含了一系列以时间为序的业务快照，即业务史。图 1.1 说明了以上几个要素之间的关系。

　　如今，操作型应用系统几乎是所有组织机构运营的基础设施。它们使得业务得以正常运作，形成业务使能器。如零售业的收款系统、电话公司的计费系统、保险公司的理赔管理系统以及银行的业务处理系统都是操作型应用系统。在经营过程中，操作型应用系统产生日常业务数据，例如电话公司的通话清单、零售组织机构的销售记录、银行的交易记录等。对于时间轴上的任意一个时间点，所有由操作型应用系统所产生的数据只表示业务运营中的一个快照。尽管许多操作型应用系统由于业务需求会将产生的数据(比如索赔处理)保存一段时间，但这些数据并非会永久保留。此外，每个操作型应用系统仅仅代表组织机构业务使能器中的一部分而不是全部。与其他任务一起，数据仓储的使命是对各操作型数据进行收集、整合、预处理，以建立组织机构的业务史或分析型数据。从这

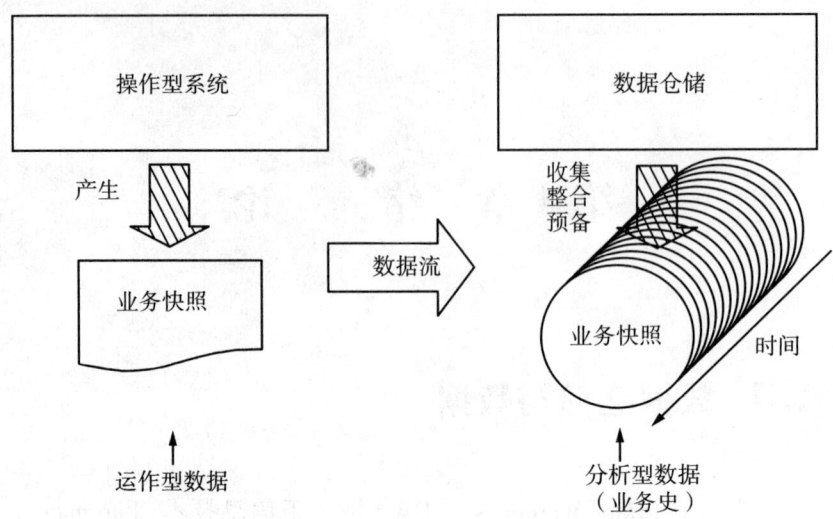

图 1.1 数据仓库与数据

个意义上看,操作型应用系统是数据仓库的数据源。

基于上述讨论,我们可以认为数据仓库是一个组织机构的 IT 反馈系统的一个组件,它的使命是三维的,如图 1.2 所示。

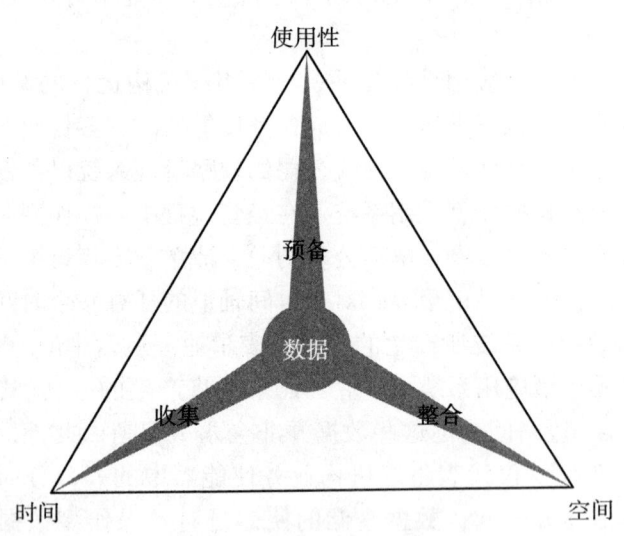

图 1.2 数据仓库的三维使命

1. 数据收集：数据仓库的时间维；
2. 数据整合：数据仓库的空间维；
3. 数据预备：数据仓库的使用性/质量维。

概念练习 1：

1. 试简明扼要地写出你给数据仓库的定义。
2. 从企业体系结构的角度找出你的数据仓库中哪些功能是必需的和唯一的。也就是说，如果没有数据仓库，你的组织机构就不会具有这些功能。
3. 标识出最重要的、第二重要的功能、以此类推，以及那些不是必需的但却是锦上添花的功能。
4. 找出你定义的数据仓库与本书数据仓库定义之间的本质区别。

1.2 数据仓库的上下文

数据分析器是利用信息技术、方法论以及组织等基础设施对分析型数据进行分析，以获取能提升经营绩效的新知识。因此，数据分析器是基于数据仓库的，而数据仓库则是数据分析器的基础。二者是两个独立但又紧密相连、以提高组织机构业绩为目的的基础能力的组件，即业务改进器，或者商务智能[①]。与业务使能器相比较，该基础设施是一个业务改进器，从绩效提升的角度看，这是一种能力，即"智能"。

图 1.3 阐述了数据仓库的上下文。业务使能器是组织机构中一套保证业务运作的操作型应用系统。同时，它通过扫描、打字、录入等多种形式输入业务数据。这些是运营系统和业务使能器之间的信息流，并产生操作型数据。这些数据随后注入数据仓库，并在数据仓库中完成收集、整合和预处理。数据分析器利用如模式识别等

---

① 智能是为了在某环境中表现得更好而应用知识的心智能力，参见 http：//en. wikipedia. org/wiki/intelligence，2009-12-22.

手段对数据仓库中的分析型数据进行分析研究和诠解，以获得业务改进的可能性。这些可能性信息随后被运营系统作为行为绩效的反馈而感知。这种反馈是另一种信息流，即对行为决策可操作的信息流。在此之上，运营系统得以提升自己的绩效。此外，在数据仓库中被收集、整合、充实的数据可以被业务使能器直接使用。最后，对数据质量的反馈可以导致应用系统的软件质量及其操作的改进。

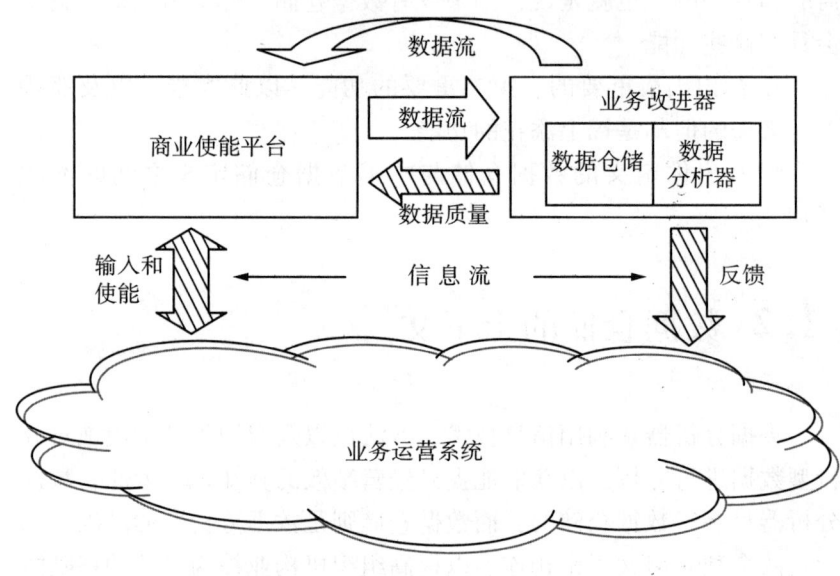

图1.3　上下文中的数据仓库

实际上，在业务运营中大体上有两组角色，它们的业务行为可以通过分析型数据进行追踪。其中一组角色由组织机构的各个部门及人员组成，另一组则由业务伙伴构成。因此，业务运营的改进包括两个方面：一是组织机构自身行为的改善；二是组织机构与业务伙伴之间交互的优化。组织机构只能直接改进自己的行为。为了有效地影响业务伙伴的行为以提升自身的业务绩效，组织机构应该了解自己的业务史，即研究分析型数据，弄清它们是谁，当前它们是如何相互联系的。

要提升业务绩效，可以用许多方法来利用数据仓库中的分析型数据以产生反馈信息：

1. 监控：定性地回答一般性的问题，如："我们的绩效如何？"
2. 报告：定量地回答细节性的问题，如："我们精确的绩效如何？"
3. 分析：找出"过去它为什么会发生以及是如何发生的？""背后发生了什么？"
4. 计划：回答面向未来的问题："接下来做什么以及如何做？"
5. 探索：回答关于组织机构未来的一些问题："有改进运营的新机会、可能性吗？""组织机构或组织机构策略中有潜在的危机或危险吗？"

概念练习 2：

1. 运用清晰、明确、准确的术语写出你对商务智能的理解。
2. 找出你所定义的商务智能与上述商务智能之间的本质区别。
3. 根据你的理解写下你所定义的商务智能与人类智慧之间的区别。

1.3 数据仓库的分类

在实践中我们可以将数据仓库按四种标准进行分类。第一种根据其拓扑结构分类；第二种根据其组织机构的属性分类；第三种根据其时间特性分类；第四种根据其地理位置不同分类。详情如图1.4 所示。

1.3.1 拓扑结构/后台分类

单源数据仓储。因为只有一个操作型应用系统为数据仓储提供数据，所以，这是所有数据仓储中最简单的一种。数据整合是数据仓储构建中相当具有挑战性的任务，但在单源数据仓储中不需要进行数据整合。当今许多标准的操作型应用系统都可以扩展为数据仓储。这些都可以视做单源数据仓储。

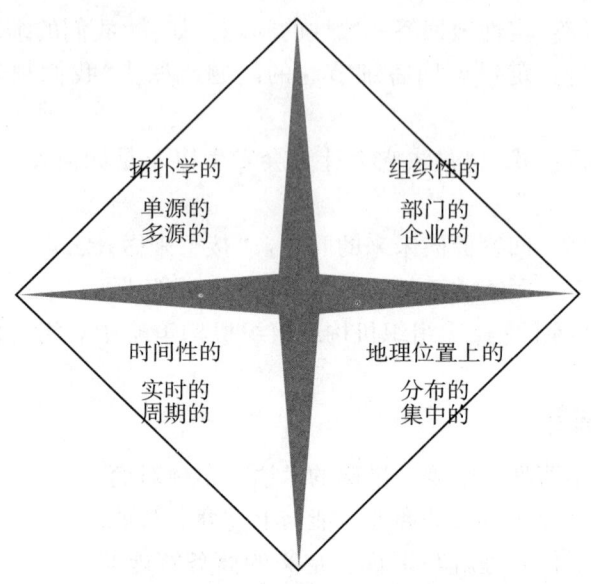

图 1.4　数据仓库的四种分类

多源数据仓库。提到数据仓库时，我们一般都指多源数据仓库，因为数据仓库的一个重要功能就是数据整合。这种类型的数据仓库或多或少都由组织机构自己构建。本书仅讨论多源数据仓库。

1.3.2　组织机构/前端分类

部门数据仓库①。如果一个数据仓库主要由组织机构的一个部门使用，这种数据仓库就称为部门数据仓库。一个大的组织机构内部可能有多个独立的部门数据仓库，拥有多个部门数据仓库的一个主要问题就是不同部门数据仓库提供的数据不一致。另一个问题就是维持这些数据仓库的总成本高。

企业数据仓库。按照这个分类，一个组织机构只有一个数据仓

---

① 在数据仓储文献中，部门数据仓库也被称为独立的数据集市。

储，所有部门共享这个数据仓库。由于企业数据仓库对组织机构具有战略重要性，这种数据仓库必须满足本书 1.4 节中将讨论的所有基本需求。在本书中我们仅考虑这种类型的数据仓库。

1.3.3 时间性/更新分类

实时数据仓库。如果源数据在操作型应用系统中产生后，在很短的时间内(譬如几分钟内或者在产生少量的新记录之后)更新数据仓库的相应数据内容，这就是实时的，或更准确地说，是近实时的数据仓库。换句话说，数据仓库数据内容的更新是由源数据的产生而驱动的，即生成驱动更新。这一类数据仓库的数据刷新对近实时的业务使能器和所谓的战术决策是至关重要的。

周期数据仓库。这类数据仓库中的数据内容是定期更新的，如每周或每天更新一次。数据更新的频率是根据业务需要预先确定的，与源数据的产生无关。由系统管理员触发更新的数据仓库也属于这一类别。原则上，这一类数据仓库可以视为需求驱动更新型。除了少量几个如 12.1.1 节中提到的技术处理细节外，这两类数据仓库在体系结构上非常相似。因此，如果没有特别声明，本书主要讨论的是这类数据仓库。

1.3.4 地理特性/位置分类

分布式数据仓库。如果数据仓库的主要数据对象或其中的一部分物理上是在不同的地理位置存储和处理的，虽然逻辑上它们属于同一模型或对象且具有相同的格式，但这种数据仓库就是分布式数据仓库，这类数据仓库对大型跨国组织机构特别有用。

集中式数据仓库。如果数据仓库中所有数据对象的存储和处理在物理上是在同一个地理位置，这种数据仓库就是集中式数据仓储。除了一些技术和管理方面的细节外，这两类数据仓库的体系结构几乎相同。

如果没有特别声明，本书所指的数据仓库都是指多源的、企业的、周期的、集中式数据仓储(Multi-source, Enterprise, Periodical, Centralized Data Warehouse, MEPC)。

概念练习3:

1. 试运用本节定义的四个字母对你所知道的数据仓储进行分类。

2. 将一个标准应用系统的单源数据仓储转变为多源数据仓储需要哪些功能?

1.4 数据仓储需满足的要求

对每一个致力于提升业绩的现代组织机构来说,数据仓储是一个关键的战略组件。要完成其使命,数据仓储需要满足以下基本要求。

1.4.1 功能性要求

数据收集。数据仓储是组织机构的业务史或分析型数据的采集器和仓库。但是,数据仓储还具有其他的功能,不能仅将其看做一个传统的离线档案。

数据整合。一般情况下,业务使能器包含多种操作型应用系统。出于各种原因,这些操作型应用系统产生的数据在格式、结构、语义等方面都是不同的。这样就有必要在数据仓储中对这些数据进行整合,让它们格式统一、含义一致,以便于数据之间进行比较及合并。即,数据仓储必须向组织机构的各个方面提供"现实的唯一面目"。

数据预备。数据分析器对数据仓储中的数据进行分析。因此,数据预备就是让数据分析器不需要额外的数据重组和质量改进就可以工作。也就是说,尽可能将数据转换为数据分析器可以直接使用的形式。

1.4.2 信息性要求

正确性。数据仓库中的数据必须是正确的、一致的和可信的。如果操作型应用系统产生的数据有错误，即使很容易更正也不必在数据仓库中更正这个错误。而且，数据仓库不允许在没有正确性保证的情况下对数据进行修改。数据仓库中错误的数据通常是由于软件的设计缺陷或软件实现不完善而导致的。

完备性。数据仓库的数据范围必须满足业务需要。这个完备性主要包括三个方面：

1. 数据仓库必须保证含有所有与分析相关的、具有足够精确性的数据对象，否则数据仓库必须增加新的数据源。
2. 每个数据对象的业务史必须足够长，以满足分析的需要。
3. 在每个数据对象的业务史中，不允许出现错误的时间段。

溯源性。数据仓库中的每个数据元素必须是可溯源的。也就是说，对于数据仓库中给定的任意一列值，不需要大量的工作，我们就能找出它所对应的源列、源数据表、源数据库，以及产生该数据的操作型应用系统。此外，若我们能以可承受的代价重建数据仓库中的每一数据元素，则会锦上添花。

1.4.3 操作性要求

可用性。当组织机构运营需要时，数据仓库必须可得。即，其数据必须是当前可获得的。然而，可用性取决于具体的业务需要。对于某些业务需求，提供5分钟内的最新数据就足够了，而有的提供一个星期内的数据才能满足要求。

功效性。数据仓库必须能够足够迅速地回应组织机构运营时对信息的业务要求。这是数据仓库细层面上的可用性。

安全性。数据仓库中的数据在任何意外情况下都必须是安全的。这是数据仓库粗层面上的可用性。

1.4.4 经济性要求

稳固性。数据仓库的软件及其文档应是高质量的。软件必须兼具稳定性和可理解性。文档必须是当前可用的。

灵活性。软件必须具有良好的设计，以便能根据业务需求对软件进行简单快捷地扩展和改变。

可承受性。数据仓库的总拥有成本必须低。以下是数据仓库的主要成本因素：

1. 硬件。计算机系统及所有相关的子系统，如存储、备份等。
2. 软件。基础软件，如操作系统、数据库管理系统、数据仓储的专用开发工具等。
3. 开发。数据仓库软件需要开发、维护和扩展。开发成本取决于数据仓库系统的稳固性和灵活性。
4. 管理和运作成本。

1.4.5 安全性要求

隐私。客户的隐私必须是安全的。如果泄露客户隐私，组织机构将面临法律和公共关系方面的麻烦，且失去公众的信任。

机密。公司的业务机密必须得到保护。如果业务机密泄露，不仅会造成公司的经济损失，而且会削弱公司的竞争地位。

访问。对数据仓库的访问必须是经过授权和可控的。每个人只能对其权限范围内的内容进行获取或修改。不仅对信息，对其他系统资源也应如此。

上述数据仓储的五类要求如图 1.5 所示。

事实上，可以利用这些分类来评估已有的数据仓库并衡量其设计水平。

概念练习 4：

1. 根据你的组织机构运营的实际情况，试将上述 15 项要求按重要性排序。按照重要性由高至低排序，并分别设其权重为 15 至 1。

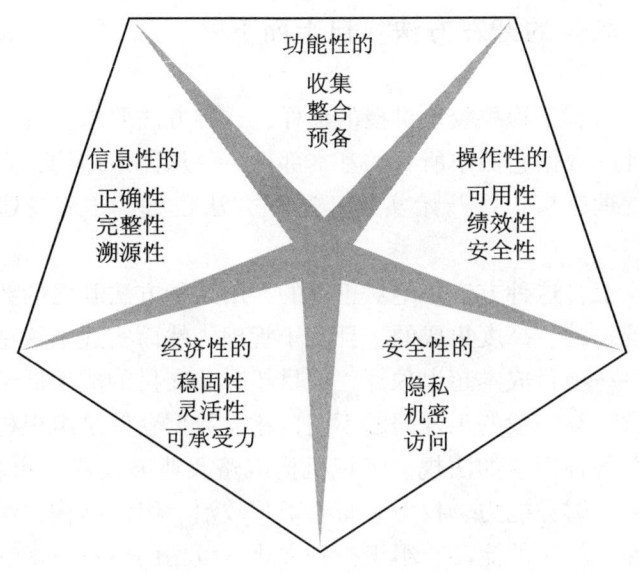

图 1.5　数据仓库的五类要求

2. 假设每个要求满足率的评分采用 10 级制，试给你的数据仓储对 15 项要求的满足率进行评分；如果数据仓储处于设计之中，则对它满足要求的潜在能力进行评估。

3. 将每项要求的权重与满足率相乘并累加求和，最后得到的结果就是你的数据仓储或数据仓储设计的优良度。

1.5　数据仓储方法论

我们用建立数据仓储来表示组织机构中围绕数据仓储建设发生的所有活动。对许多组织机构来说，即使经过近 30 年的实践，处理它们的数据仓储仍具有极大的挑战性，甚至确定第一步应该如何走都是一个挑战。原则上，对数据仓储的建立有两种著名的方法论，有关这两种方法论的争论一直持续到今天。

1.5.1 教条的开发方法：自上而下

正如所有工程院校里讲授的那样，这种方法要求：直到你已分析并设计好数据仓储中所有的基本部件——从体系结构，到数据模型，到处理逻辑，再开始实施。这种方法也称为"大规划，大实施"。

理论上，这种方法是绝对正确的。用这种方法开发的数据仓储应该是统一的、高度集成的，且易于管理。然而实践中这种方法常常失效——项目成本超出预算、项目超时、交付的成果低于预期。

通常，与一般的工程问题不同，建立数据仓储是组织机构的一件大事。各种因素如法规、组织机构战略及业务模式、市场动态、竞争压力、财务能力、权力分布、微观政治、组织结构、组织机构的稳定性、员工的流动、组织机构文化、可用的信息技术、专业能力与经验，等等，都使数据仓储的建立变得更为复杂、更具挑战性。实际上，这里最关键的因素是向用户展示第一个实质性成果的时间。不幸的是，这种方法的最大缺陷正在于此。它需要太多的时间和财力，然后才能得到第一个结果。尽管每件做了的事情看起来都很完美，但由于以上原因，许多数据仓储项目还没来得及展示它的第一个成果就被中断研发，甚至取消了。

1.5.2 实用的开发方法：自下而上

尽快交付第一成果是项目得以成活下去并取得最终成功的关键，也是这种实用方法论的主要动机。按照这种方法，先构建不同的部门数据仓储以满足单个业务信息需求。然后在需要时聚集这些部门的数据仓储以形成整个组织机构的企业数据仓储。这种方法也被称为"小规划，小实施"。

从短期的、战术的观点来说，这种开发方法的成功率远高于教条的开发方法，并且成活率相当高。但从长远的、战略的观点来说，许多因素始终阻挠组织机构。例如数据冗余和数据不一致、较差的治理及维护能力、总成本过高，等等。要克服这些基本问题，需要对这种开发方法进行修正：动手前考虑多一点、启动的规模大一些。但是，你考虑得越多，规模越大，开发的时间就越长，成本也就越高，与之相应的风险也就越高。

1.5.3 有效的方法：居顶不下

从企业的、战略的角度看，问题的关键并不在于我们是否应该多考虑一些还是少考虑一些。因为，只有考虑得多一些才有可能制定出一个恰当的解决方案。如果从这个高度来看，我们应该将规模做得大一些。但是，问题恰好是要么尽快低成本地交付第一个实质性的阶段成果，要么将实施的规模控制得足够小以便能够成活下来。换句话说，我们需要一个"大规划，小实施"的方法。用这种方法应该可以构建一个设计良好、高性能、具有快速扩展能力的企业数据仓库。听起来不错，但如何做呢？本书将给你一个实际的答案，即"居顶不下"法。

概念练习 5：

你认为组织机构中企业数据仓库就是组织机构中存在的所有部门数据仓库的集合吗？如果不是，应该如何做？

1.6 数据仓库构建的方法

通常，数据仓库的构建是其设计之后最昂贵、最耗时和风险最大的工作。因此，这项工作在组织机构数据仓库的整个开发中最具挑战性，尤其对于复杂的数据仓库设计，将具有更大的技术挑战性。下面，我们来回顾数据仓库构建方法的发展历程。

1.6.1 老方法：手工 ELT 法

在最早期还没有出现数据仓库这个术语之时，人们只知决策支持系统的概念。当时，没有特定的、专业的工具来构建一个可以对操作型数据进行收集、整合、存储和分析的信息平台。数据只能以自然的方式得以处理。

　　抽取。相关的操作型数据以某种方式从操作型应用系统中抽取，并发送到信息平台的映射系统或直接注入信息平台。

　　加载。利用信息平台上的数据库管理系统①提供的加载工具将这些数据加载到信息平台的数据库中。

　　转换。对已加载的数据运用 SQL 程序（人工开发的脚本、过程、预处理程序等）进行转换，并存储在信息平台的数据库中，以便随后进行查询和分析。

　　这里提到了 ELT 工作流，如图 1.6 所示，在此需要注意两点：

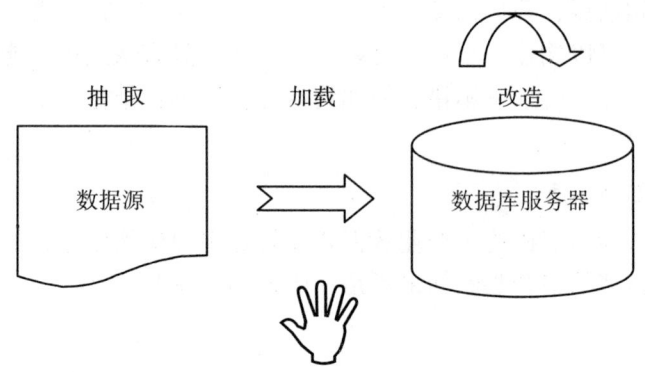

图 1.6　旧时代的手工 ELT 方法

---

　　①　一个数据库包含一个表集合。每一个表由相同结构的一系列数据行组成。这种结构就称为数据模式，反过来，数据模式则是由一系列相关数据类型的指定列组成。这种结构信息决定了表每一行的列值的特性。这些表的行和列值可以被结构化查询语句（SQL 语句）所查询和操纵。表的存储和组织、SQL 语句的处理、处理的协调等都由软件——数据库管理系统（DBMS）来管理。关于数据库管理系统更多的信息，参见 http：//en.wikipedia.org/wiki/Database，关于 SQL 更多的信息，参见 http：//en.wikipedia.org/wiki/SQL。

1. 信息平台是指数据库服务器，即装有数据库的计算机系统。数据存储于数据库的表中，服务器上的数据库管理系统对数据进行处理和管理。

2. "加载操作"仅是指将相关数据初始填充到信息平台数据库的表中，不论这些数据来源于文件还是其他系统的数据库表。

ELT 方法的主要优点是高效率，这尤其体现在信息平台上进行的数据转换阶段。主要原因如下：

（1）特殊的构造。通常，信息平台上有大量的数据需要进行处理和存储。随后对这些数据的查询能为组织机构提供决策支持。因此，作为信息平台的数据库服务器通常要精心设计和构建，以保证对大量数据的有效处理。因此，需要采用特殊的体系结构、数据结构、算法和硬件设备。

（2）充分的配置。通常，为获得有效的查询效率以及进行有效的数据抽取、加载和转换，每一个信息平台的硬件设备都得以充分配置。

这种手工方法的缺点主要体现在程序的开发和管理上，即：
1. 开发程序的生产力低，且程序的质量通常也不尽如人意。
2. 对成千上万行手工开发的程序的管理也是一个挑战。
3. 高质量的文档可望而不可即。

1.6.2 新方法：工具辅助的 ETL 法

为了提高程序的生产力和程序的质量、改进程序的管理和文档的质量，近数十年来出现了各种数据仓储开发工具。大部分工具具有以下相似点：

（1）提供用于程序开发的图形化的用户界面，以提高程序开发的生产力和质量，同时改进程序的管理和文档的质量。

（2）这些工具的运行系统基本上以一种奇特的方式进行工作，即：

抽取：将从数据源（如平面文件或数据库表）抽取的，并由

ETL 工具处理和转换的数据，送入 ETL 服务器(单独的计算机系统)，而不是直接送入信息平台。

转换：按照说明书对 ETL 服务器上的数据进行逐行转换。

加载：将转换好的数据加载到信息平台的目标数据库表中，以备其后的查询和分析。

这个 ETL 结构，如图 1.7 所示，是为 ETL 工具生产商的利益而考虑的：这样就能设计和开发出独立于多种信息平台的各种要求，且具备多种复杂及高级功能的 ETL 工具。

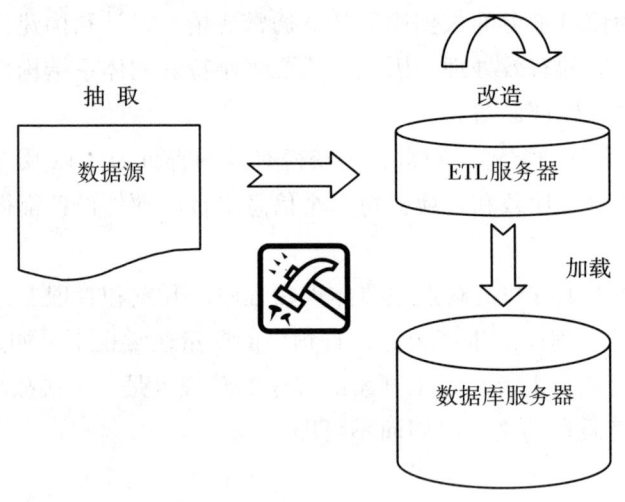

图 1.7 新时代的 ETL 工具方法

该方法有以下不足：

1. 配置低。就处理能力而言，由于不使用 ETL 服务器进行后期的数据分析，ETL 服务器比数据库服务器的配置通常要低得多，对实时数据仓储而言，情况可能不同。

2. 不适合的技术。数据在 ETL 服务器上的逐行处理方式，通常效率不高。在需要处理大量数据时，尤其如此。然而，对大量数据的处理是数据仓储操作的本质特征。因此，有效地处理大量数据是数据库管理系统作为数据仓储宿主的主要要求之一①。

3. 数据传输频繁。在整个系统范围内，需要处理的数据都是通过网络连接传输的。在大多数情况下，这些网络的连接并不足够强大。这样会降低数据的处理效能。

以上不足导致效能问题。为解决这个问题，许多大型的数据仓储采取了一些不好的方法。这类方法本质上好比"削足适履"。经常使用的把戏之一就是开"侧门"，即将手写并测试过的完整的 SQL 语句复制到 ETL 工具的预处理或后处理区。执行这些 SQL 语句之后，数据将直接进入目标数据库，并没有真正经过 ETL 服务器。这样带来的两个明显后果是：

1. 由于存储于数据仓储开发工具中的 SQL 语句没有元数据，因此，没有关于数据处理的真实文档，即文档不佳。

2. 将手工开发并测试通过的完整 SQL 语句嵌入在 ETL 工具，并在目标环境中再次测试，这是一项额外却并非简单的工作。

1.6.3 现代方法：工具辅助的 ELT 法

近年来，为彻底解决效能难题而进行的各种尝试，最终导致对已有的数据仓储开发工具的彻底改进和新工具的产生。与新工具一样，许多具有代表性的数据仓储开发工具具备如图 1.8 所示的 ELT

---

① "逐行"处理主要出现在访问数据库的软件中，例如使用 SQL 语句从数据库中读取相关行的软件。这些读取的行随后被放入数据库缓存中，由软件使用所谓的游标一行一行地获取并处理。这里，这些行的数据结构、数据类型等分别得以分析。这是一个仔细但缓慢的处理过程。而数据库服务器里通常会采用"集并集"、"块跟块"的处理。一个数据库模块的所有行同时从磁盘中获取并快速处理，这是可能的，因为数据结构的信息一般就存储在表头里，因而不必各自分析。所有被选中的行随后被处理并打包放入一个数据库模块中，该模块接着通过一个单独的操作写入磁盘。因为没有不必要的接口、缓存、上下文转换等，所有一切发生得非常快。此外，这样关键的操作大多数是用汇编语言来编写并在最底层进行优化。最后但同样重要的是，一些数据库管理系统甚至是并行处理数据的，因而十分高效。

工作方式。

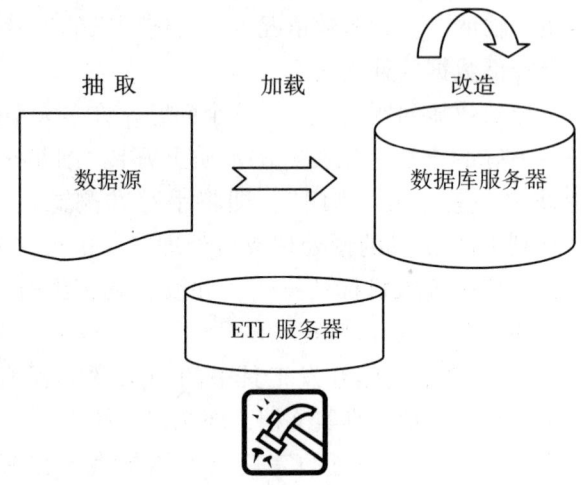

图 1.8　现代的 ELT 工具法

1. 从操作型应用系统中抽取出相关的操作型数据，并发送到信息平台的前置系统或直接发送到信息平台上。这些操作在数据仓储工具的控制下完成。

2. 在数据仓储工具的控制下把这些数据加载到信息平台的数据库中。

3. 这些数据在数据仓储工具的控制下被转换并存储在信息平台的数据库中，以备随后的数据查询和分析。

这种方式保留了图形化用户界面的优点，解决了效能难题。这是一种好方法，但并非最好。

概念练习 6：

你当前使用的数据仓储构建方法属于哪个时期的方法？

1.6.4　未来的方法：基于 MGO 的 ELT 法

本书介绍一种新的数据仓储构建方法，即元数据驱动通用操作器法(MG 操作器，MGO)。如图 1.9 所示，该方法的工作流与 1.6.1 节中描述的旧时代的 ELT 法完全相同，只是没用工具。然而，该方法完全没有后者的缺陷。实际上，就以下列出的所有关键要素而言，该方法要比市场上那些现代的、专业的数据仓储工具及方法好得多。

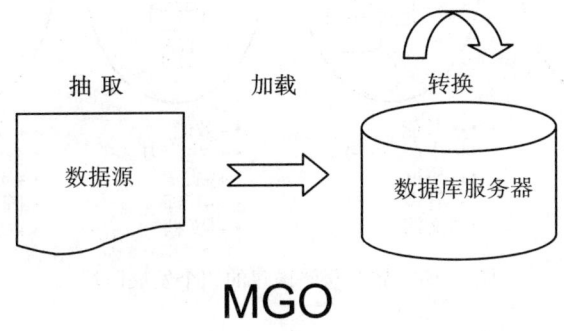

图 1.9　未来基于 MGO 的 ELT 法

1. 显著地提高了软件生产力。
2. 显著地提高了软件质量。
3. 显著地提高了文档质量。
4. 显著地改善了程序管理。
5. 提供了最高的效能。
6. 费用极低。

好奇、心急的读者可以快速浏览 14.1 节中对以上各要素具体的定量说明。

从实用的观点来看，由于这种构建数据仓储的方法使经济实惠地完善体系结构成为可能，即使数据源不尽如人意，我们也会得到高质量、高使用性的数据。从技术哲学的角度看，这种方法代表了一种构建数据仓储的全新范式。即使针对 1.3 节中所描述的任意一类数据仓储，即使必须满足 1.4 节中列举的所有要求，即使面对 1.5 节中描述的考虑最广的系统设计师，该方法使数据仓储的构建也不再是个难题。本书随后将对此有详细地解释。在此，如图

1.10所示，我们总结数据仓库构建的四个发展阶段。

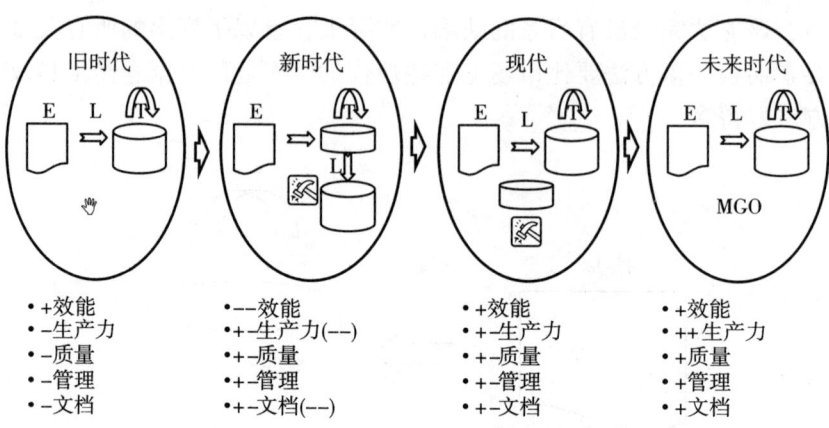

图 1.10　数据仓库构建的四个发展阶段

1.7　构建本书同时构建一数据仓储

新方法最显著的特征是它的紧凑性。这一特征不仅体现在数据仓储构建的各个方面，也体现在本书的结构上。我们的雄心之一是：如果读者在阅读本书的过程中完成了书中的35个构建练习，那么读完本书后，即便是面对综合而复杂的数据仓储，读者也已具备了坚实的构建基础。基于此目的，本书结构如下：

第一篇，包含5章，阐述数据仓储的参考体系结构，讨论数据仓储的主要设计难点并介绍相关概念。第2章给出数据仓储结构的简要概述，即，将数据仓储分为三个域。第3章主要介绍数据仓储的第一个域——预备域。第4章介绍第二个域——处理域。事实上，这个域是数据仓储结构中最具挑战性的部分之一。第5章对第三个域——存储域进行研究，并从新的视角结合上下文回顾一些经典的方法。第6章讨论数据仓储运行的基础设施问题。除了以上内容，在第一篇中还包括14项设计建议、4项实践建议、3个最小设计原则、1项工作步骤、3项概念练习以及5个前面提到的构建练习。所有这些都不是特殊技巧，而是通用方法。

本书第二篇系统地按照第一篇提出的数据仓库的参考体系结构进行了组织。实际上，该篇汇集了分布于 4 个章节的技术和算法。这些技术和算法不仅涉及数据处理，而且涉及数据建模问题。第二篇中提出的 6 项设计建议、4 项实践建议、25 个算法、5 个概念练习以及 30 个构建练习，丰富和充实了构建数据仓库的百宝箱。同上，这些并非特殊技巧。因而，读者可以将它们应用到任何一个数据仓库项目中去。如果读者在本篇的阅读过程中完成了所有的构建练习，那么，学完该篇后读者将为数据仓库打下了坚实的基础。

第三篇包含两章。一章偏重理论介绍，而另一章则涉及技术细节。前者是后者的理论基础，后者实践了前者的理论。第 10 章是理论章节，这一章首先回顾了数据仓库构建的传统范式，并对在传统范式下构建数据仓库的大量重复行为进行观察。这个简单而根本的观察导致了基于集成原则的新范式的思想，并由此推导出四项设计原则。第 11 章是技术章节，在第一篇中定义的数据仓库参考体系结构的基础上，依照新范式的设计原则构建了一个高性能的数据仓库。最后，将第二篇中描述的算法打包整理，由此产生了 12 个元数据驱动的通用操作器。

第四篇由两章组成，主要考虑新数据仓库的生存环境，即基础设施环境和经济环境。第 12 章详细讨论了运行中的各种问题，如进程管理、事务管理、元数据管理、日志管理、异常处理、误差处理、故障处理、特例处理等。第 13 章的主题与新方法的生存权有关。通过广泛的比较，对数据仓库构建的新方法在方法论和经济上的影响进行论证。最后但同样重要的是，这一章也展示了如何实施新方法以及如何完成由旧世界到新世界的转换。本篇包含 5 个工作步骤 、2 个算法和 2 个概念练习。

为使全书结束有力，本书的最后一章，即第 14 章，提供了一个令人震惊的实例。数据和事实证明，新方法较之旧方法在数据仓库构建上的优越性是毫无疑问的。即便如此，这一章仍对新方法的优、缺点进行了总结性讨论。本书最后给出两个证券市场上严肃的投资推荐。

第一篇
设计问题、概念和体系结构

在第一篇中,我们描述了一个综合而复杂的体系结构作为数据仓储的参考体系结构。其中,我们讨论了该体系结构的结构、功能以及在此结构上的功能配置,尤其是详细地讨论了数据仓储设计的相关问题。为了使讨论更具体、更直观,我们甚至还介绍了处理这些问题的几种方法,但都只是以概述形式进行介绍,并不深入。

第 2 章 体系结构概要

粗略地讲，数据仓储体系结构是对其组件的功能配置。更准确地说，一个数据仓储的体系结构是对其组件、组件之间的交互以及组件与周边环境之间关系的功能和结构的确定。此外，它定义了这些功能和结构的设计和开发原则。数据仓储体系结构的优良度可以由 1.4 节中提出的潜在要求之满足度来给予评判。

即使局限于一个多源的、企业级的、周期性的和集中式的数据仓储，即一个 1.3 节中所定义的 MEPC 数据仓储，仍存在许多可选择的用于数据仓储构建的体系结构。为使讨论有通用性，我们描述一个综合而复杂的数据仓储体系结构作为数据仓储的参考体系结构。为此，我们假设数据仓储有最不尽如人意的数据源，并且有我们所知的最复杂的要求。在描述中，我们尝试详细地讨论所有主要的体系结构设计问题并考虑相应的功能。通过这种方式，我们展示为什么做出这样、那样的体系结构决策或功能配置。我们并不期望现实中的每一个数据仓储都根据这个参考体系结构来构建。然而，通过对这里描述的功能和组件进行合理的选择和有意义的组合，并结合读者的组织机构的现状，比如数据源情况和对数据仓储的所有要求，读者应该能得到一个设计良好的、在企业中能赢得战略基础设施名誉的数据仓储。

图 2.1 是图 1.3 的细化，尤其是数据仓储部分。一般而言，几乎每个数据仓储都有以下三个域：

1. 预备域。在这个域中，来自源应用系统的操作型数据由数据仓储接收并定期载入此域。除了接收数据外，在预备域中还执行着其他任务，如：检查、清洗和过滤。

2. 处理域。在这里，操作型数据被收集从而得以建立分析型

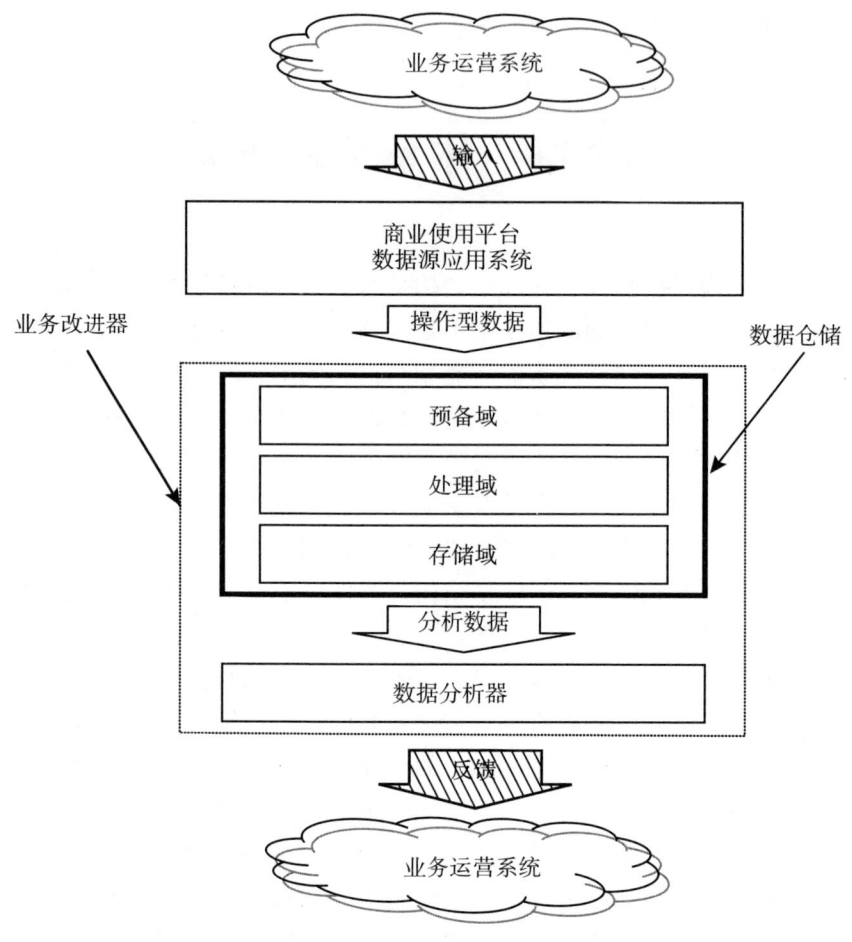

图 2.1　参考数据仓储的概要图

数据。不同来源的数据必须被整合以至它们仿佛来自同一数据源。此外，这些数据必须转换成目标结构以便它们容易使用。除此之外，还必须保证数据的完整性。这不仅限于新数据，而且适用于已存储在数据仓储中的所有数据。因为通常需要大量的程序来完成这些复杂的任务，所以，一般而言，这是整个数据仓储中最复杂的域。成功地构建这个域通常是实现数据仓储的最大挑战。这里对时间和金钱的需求代表了整个项目预算中最多的部分。在本书中,我们将介绍一种全新的方法来应对这一挑战,这种新方法既不昂贵也不费时。

3. 存储域。为了便于数据分析器进行调查研究,将已被处理和已准备好的分析型数据存储于存储域。数据的结构和组织以及在此采用的方法可以是截然不同的,这在很大程度上依赖于各自的要求和任务。一般来说,这个域可以分为以下部分:

(1) 中央存储区;

(2) 效能强化区;

(3) 使用数据区;

(4) 分析展示层;

(5) 访问控制层。

在下面的章节中,我们将详细描述这些域和区。

第3章 预备域

预备域的输入来源于各种源应用系统，因而预备域结构的功能及设计的选择主要取决于源应用系统的特征。因此，我们在讨论预备域之前先回顾一下源应用系统的相关特征。

3.1 源应用系统

3.1.1 分析

作为数据仓库的数据源，源应用系统的下列特征应该得到仔细检查。当源应用系统和预备域之间的接口不是平面文件时，这种检查尤为重要。

1. 数据管理系统。在此，关键的问题是应用系统的数据是如何管理的。通常，有两类主要的数据管理系统。

(1) 关系数据管理系统。下面几种类型属于这类系统。

1) 关系数据库管理系统(RDBMS)。这是当今主流的数据源。

2) 基于关系数据库管理系统的系统。除了标准的关系数据库管理系统外，我们还要考虑哪些基于关系数据库管理系统的系统。例如面向对象的数据库管理系统。

3) 关系办公产品。许多小型应用都是基于关系办公产品的。如 MS Excel 或 MS Access①，它们也是数据仓库的重要数据源。在

---

① 两者都是微软公司的产品，关于它们更详细的信息，参见 http://www.microsoft.com。

许多情况下，它们能提供数据仓储的参考数据或编码定义。

（2）非关系数据管理系统。主要有：

1）平面文件。许多源应用系统是基于底层操作系统管理的平面文件。

2）传统的系统。主要有层次和网状数据库管理系统。

3）多维数据库管理系统。这种系统不能被忽略，它也是数据仓储的一种数据源。

2．数据模型。作为一种数据源，每个操作型应用系统都应该有一种基于某种数据模型的数据库。相关的问题就是表的规范化程度，简单地说，就是表的平均大小。

（1）规范化模型。由于应用系统的效能或事务吞吐量的原因，一些操作型应用系统可能会有较高或过于规范化的数据模型。甚至由于规范化程度过高，很难通过单个的表来理解业务的语义。只有将相关的表结合起来才能很好地理解其含义。

（2）去规范化模型。为了便于分析数据，编写报告或输入数据，一些源应用系统可能有很强的去规范化的数据模型。这部分数据的质量问题应受到重视。

3．数据和结构。为了简化讨论，无论是关系表还是平面文件，我们都将数据行的集合称为数据集，并将数据行简称为行。

（1）格式：

1）单一格式数据集。如果数据集中所有行都有相同的格式，则称其为单一格式数据集。

2）多格式数据集。如果数据集中行的格式不一致，则称其为多格式数据集。

（2）唯一性：

1）唯一性数据集。如果数据集中所有具有相同格式的行是可被区别的，则该数据集具有唯一性。

2）非唯一性数据集。如果允许数据集中某些行完全相同，则该数据集为非唯一性数据集。

（3）数据类型：

1）大多数现代数据库管理系统都有一套系统组件来保证所有

数据都具有它们各自声明的类型。例如，系统能保证 29-02-2003 不被作为日期数据输入。当然并非所有基于这种严格数据类型检查的数据管理系统的源应用系统都充分利用这一功能。在这些源应用系统中所有数据都被存储为字符串。

2）除了一些例外情况，大部分基于文件系统或层次数据库管理系统的源应用系统不能保证数据类型完全正确。

4. 变化捕获机制。一些操作型应用系统提供数据变化捕获机制。几乎所有数据库管理系统都提供这一机制。其主要类型如下：

（1）数据库管理系统的日志机制。为了实现撤销或恢复操作，这种机制先记录镜像而不是直接修改行，称为前映像。为了实现重做操作而不用重新运行事务，该机制在修改数据行后，记录数据镜像，称为后映像。这种机制称为数据库日志。所有的数据库管理系统都具有该机制。

（2）触发器。一些程序也能够捕获行的变化。基于数据库存储过程的数据库触发器之类的数据库工具特别适合这类任务。一些数据库管理系统提供这种机制，如数据库快照或复制服务。

（3）抽取器。一些工具能从数据库日志中抽取出数据行的变化。

（4）序列号。另一种标识新增数据的简单办法就是序列号。系统记录下上次检查后的序列号，所有大于该记录序列号的行即为新增的行。然而，像删除等数据减少的变化不能通过这种方法得以捕获。

（5）时间戳。对所有发生变化的行都加上一个时间戳，记录包括删除、终止等变化的时间点。

5. 数据传输机制。通常，源应用系统产生的操作型数据与数据仓库安装点物理隔离。因此，必须在源应用系统和数据仓库系统之间进行数据传送。下面是实践中所使用的典型传输机制。

（1）文件传输。首先将所有数据集抽取出来并转换为平面文件，不论它们是数据库表还是本身就是平面文件。然后将平面文件通过 FTP① 等传输协议传输到数据仓库的预备域中。这种机制的优

---

① 关于 FTP 更多的信息，参见 http：//en.wikipedia.org/wiki/File_Transfer_Protocol。

点是传输速度快,其缺点是数据转换工作量大,并且在源应用系统端需要额外的存储空间以临时存储平面文件。

(2)数据库连接。许多数据库管理系统提供了物理上隔离的数据库之间的直接连接,以便在不同数据库之间直接进行数据传输。最常用的一种方法是 ODBC[1](开放数据库互联)。这种机制的缺点是传输速度慢。当数据仓储有大量的数据需要传输时,这种方法并不可行。

(3)面向消息的中间件。这是网络通信软件,它允许在分布式系统环境下,独立的应用系统相互之间可以更透明地通信。少量数据集可以看做消息,由源应用系统将其放入消息队列,并附上接收端地址。这种机制在实时数据仓储(见 1.3 节)中经常采用。IBM 的 WebSphere MQ[2] 就是这种机制。

(4)专门的抽取工具。一些专门进行数据抽取的程序经常被用于从源应用系统中抽取数据到数据仓储。不管数据是存储于数据库、平面文件还是面向消息的中间件中,它们都能进行数据抽取工作。Informatica PowerCenter[3] 就是这种抽取工具。

(5)独立媒介。CD、DVD、磁带、存储卡等也可以用于数据传输。

6. 操作型应用系统平台的容量。理想情况下,数据仓储应该按其所需的格式接收数据,也就是说,数据仓储端无需再进行复杂的数据转换。这就意味着,数据抽取和转换这种对资源高需求的操作都应该在源应用系统平台上完成。然而实际上,由于源应用系统平台的资源限制,这种方式并不总是可行的,原因如下:

(1) CPU 处理能力的限制。通常来说,源应用系统平台的 CPU 处理能力是至关重要的。对 CPU 的任何额外开销都可能影响源应

---

[1] 关于 ODBC 更多的信息,参见 http://en.wikipedia.org/wiki/Open_Database_Connectivity。

[2] 关于 WebSphere 更多的信息,参见 http://en.wikipedia.org/wiki/WebSphere。

[3] 关于 Informatica 更多的信息,参见 http://en.wikipedia.org/wiki/Informatica。

用系统本身的正常运行。

（2）存储控制器。数据仓储所需数据的抽取和转换操作都是数据密集型的操作，即大量的数据需要通过存储控制器从存储系统中读取。如果在源应用系统运行期间执行这些操作，则可能产生存储控制的瓶颈，从而严重影响源应用系统的效能。

因此，一方面操作型应用系统平台上的数据转换工作量应降至最小。另一方面，如果数据仓储接收数据之前无需预处理，接收之后再进行处理，那么在源应用系统平台上只需进行如特殊符号转换这样少量的数据转换就可以保证其性能和效率。

7. 软因素。如果有多个选项是可以利用的，那么还有一些重要因素也应该加以考虑。

（1）数据质量。数据源的质量越好，数据仓储的代价越小，遇到的困难也越少。例如，如果数据的重叠问题由源应用系统检测并处理好，那么在数据仓储端就无需再处理了。

（2）可用性。由于条例、组织、资金等原因，并不是所有数据源的数据都可以被数据仓储获取。一些软技巧和努力有助于克服这类困难。

（3）主源性。如果同一主题有多个数据源，应尽可能选择主要的数据源。

8. 应用系统及其数据所有者。最后也同样重要的是，与源应用系统的所有者保持良好的合作关系至关重要。即可以确保：

（1）得到读者所需要的所有数据和处理的信息。

（2）发现源应用系统的缺陷及其产生的错误数据，并尽快修复。

设计建议1：

将源应用系统平台数据转换的工作量降至最小。

注意：

1. 大量的数据转换工作通常意味着相应量的开发工作。如果将这部分责任划分给源应用系统的工作人员，那么如何与这些工作人员保持良好的长期合作关系将是一个挑战。如果在实践中不特别关注，对转换机制要求的频繁变化（在源应用系统端）可能破坏任何一种最佳的合作关系。

2. 如果按上述设计建议相反的方式实施,数据仓储的复杂性会显著降低,相应承担的政治责任也会减少。但是,组织机构的总成本应该会更高、进入市场的时间将会更长。

3. 如果源应用系统端的数据模型规范化程度很高,建议根据这些表中数据的最终用途将相关的小表转换组合成一个富有业务意义的单元。在此,数据仓储端的数据结构的灵活性不应受到影响。

3.1.2 接口

设计建议 2:

1. 尽可能统一源应用系统到数据仓储的接口。
2. 以平面文件作为首选。

为此,遵循以下步骤:

1. 尽可能只抽取操作型应用系统平台的相关数据对象。
2. 不管源应用系统平台采用何种数据管理系统及数据格式,将抽取出来的数据转换为数据仓储平台的加载工具能很好接收的平面文件。
3. 通过 FTP 将平面文件传输到数据仓储的预备域中。对于实时数据仓储,面向消息的中间件能用于数据传输。然而接收到的数据应保存为平面文件以实现接口的统一。

这项建议有以下重要的优点:

1. 统一的接口能使数据仓储的设计、实现、维护、扩展及管理更容易,成本更低。当数据仓储有数十个数据源时这种方法尤其有效。

2. 采用标准格式的平面文件,特别是 ASCII[①] 文件或 Unicode[②] 文件(这些文件格式在所有平台上都能提供)。其优点

---

① 关于 ASCII 更多的信息,参见 http://en.wikipedia.org/wiki/ASCII

② 关于 Unicode 更多的信息,参见 http://en.wikipedia.org/wiki/Unicode

如下：

（1）发生错误时平面文件易于分析。

（2）对平面文件能进行大幅度地压缩。

（3）平面文件易于归档。

3. 用 FTP 作为数据传输机制能确保高速传输。当传输大量数据时这一点尤其重要，因为数据传输是数据仓储的日常业务。

4. 一方面只发送相关数据有助于减少传输时间、降低网络负载及数据仓储端的数据处理负荷。如果相关数据仅占整个数据存储的一小部分，这一点尤其重要。另一方面，在源应用系统的操作平台上如果没有可行、适当的变化捕获机制，那么从整个数据存储中区分和抽取相关数据也需要大量的系统资源。如果相关数据完全无法抽取，这项工作则可在下一节将要描述的数据仓储的预备域中进行。

3.2 预 备 域

预备域是数据仓储中进行数据处理的第一个域。在这个域中，由源应用系统获取的数据将得以预备，其间尤其应注意数据的质量，以便在处理域中能顺利地执行后续的增值性处理。假设我们依据 3.1.2 节中的设计建议 2，则这个域应包含三个区以用于数据预备。

3.2.1 平面文件区

平面文件区接收源应用系统提交的平面文件。在某些情况下，若这些平面文件的进一步处理因某些原因无法在源应用系统的操作平台上得以进行，则会在该区进行处理。对接收的平面文件所执行的典型操作如下：

1. 解压。压缩的平面文件在进一步处理之前必须解压。

2. 校验。简单的校验如总和检查、计数等，都可以用来检测数据丢失或不良的数据变化。必要时相关的源应用系统为保持数据一致将重发数据。

3. 处理。这项工作是可选的但应该保持在最低限度。只有在源应用系统的操作平台上不能处理的时候这项工作才会得以执行，并且必须在数据被载入原始表区之前进行。

4. 压缩。平面文件使用后为了归档应再一次被压缩。

5. 归档。所有载入数据仓储的平面文件必须归档。这一方法的优点如下：

(1) 如果操作中出现错误或者必须重载有关平面文件，可以从文件归档里找到相关文件以完成当前操作任务，而不需要联系相应的源应用系统。这就是我们常说的"可重启性"[①]。在大多数情况下，读者不能期望所传输的平面文件已在源应用系统端归档。即便能重新抽取丢失的数据，代价通常也是非常高的。

(2) 在多数情况下，如果相关原始平面文件仍旧可用，则对整个程序的调试十分有利。

(3) 有些组织机构把对数据仓储加载的每个平面文件的归档作为一项审查要求来对待。

以下两点需要注意：

(1) 平面文件区尽管逻辑上属于数据仓储，但它不必与数据仓储安装在同一个物理位置上。

(2) 归档的平面文件存放的位置应被视为数据仓储体系结构的一部分。

3.2.2 原始表区

原始表区是由数据库管理系统而非管理平面文件区的操作系统进行管理的。该区的相关对象是数据库表，以下讨论中简称表。

---

① 我们使用术语"重启能力"表示处理系统组件的能力，其中在任何定义点，即所谓的检查点的处理，可以对该点之前没有重新执行过的操作再次启动。

设计建议3：

尽可能早地将平面文件区中的平面文件载入到原始表区的对应表中。

为了使后续的数据处理如收集、整合或转换更加顺利，多项工作必须在该区完成。其中一些较复杂，另一些工作则须处理大量数据。在此背景下，上述建议有以下优点：

1. 表是由命名的行和排序的列组成，而平面文件所包含的字符行是用一些特殊字符给予分隔的。因此，表的内容比平面文件更易读懂，这一点与数据查错尤其相关。

2. 由数据库管理系统提供的数据操纵语言，如 SQL，比操作系统提供的命令脚本语言更简单、更高效。因此，在表上开发程序比基于平面文件使用命令脚本语言开发更容易、更高产。

3. 一方面为了有效处理大量数据，各种复杂和精妙的算法、数据结构、方法等都是必不可少的。所有这些因素现都已在专业数据库管理系统中得以实现。另一方面，如果没有极大的努力，几乎不可能由操作系统提供的命令脚本语言来实现。此外，几乎所有专业数据库管理系统都具有有效处理大数据量的主要功能，如并行处理数据。请记住，大量数据的处理通常是数据仓储的日常业务。

3.2.3 已预备表区

存放预备域处理结果的已预备表区也是由数据库管理系统进行管理的。这是整个预备域的终点站，也是后续处理域的起点。图3.1即预备域的图示。图3.1中该域的所有功能将在后面几节给予描述。

3.2.4 平面文件加载

原则上讲，从平面文件向表中加载数据具有几个典型的可能性。

1. INSERT 语句。在这个方案里，平面文件的每一行对应一个

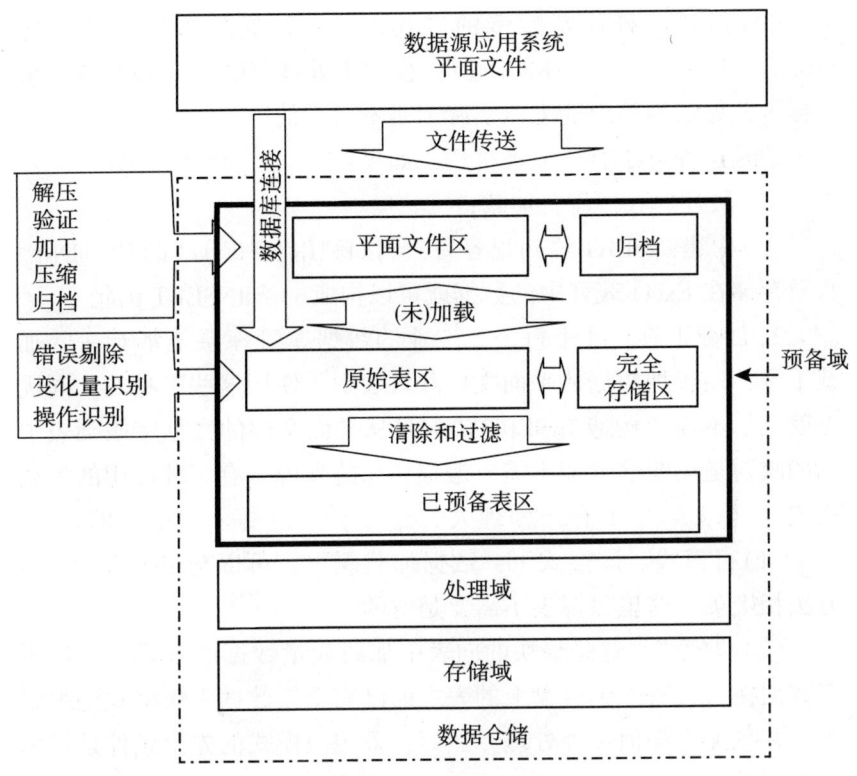

图 3.1 预备域

INSERT 语句。该行的每个字段匹配 INSERT 语句中的一个值,并且所有的字段和值有相同的顺序。这个 INSERT 语句在一个 SQL 接口下执行,如 Oracle① 的 SQL*Plus,使用 Teradata② 则是 BTEQ,或者是某些所谓的 Call-Level-Interfaces③(调用层接口)。这种方案的缺点是:

(1) 首先必须在平面文件区构造 INSERT 语句。这个工作量通

---

① 关于 Oracle 更多的内容,参见 http://www.oracle.com。
② 关于 Teradata 更多的内容,参见 http://www.teradata.com。
③ 关于 CLI 更多的内容,参见 http://en.wikipedia.org/wiki/Call_Level_Interface。

常是相当大的。

（2）这是一种非常缓慢的方式。因为数据库管理系统是按 1.6.2 节中的页下注所述的"逐行"模式来处理行的。如果加载大量数据，此做法因为效能太差实际上是不可行的。

但是这种方法有可能被采用，如果：

（1）只有少数行需要加载；

（2）构建 INSERT 语句很容易，例如利用 MS Excel 的 CHAIN 函数及存储在 Excel 表列中的数据就可以构成一条 INSERT 语句。

2. 加载工具。几乎每一个专业的数据库管理系统都有一些加载工具，用于把数据从平面文件载入表中。使用这些工具的共同优点就是，不需要构造 INSERT 语句且从平面文件的数据字段到表中列的映射是声明性的即不需要编程。总的来说，有三种可用的加载模式：

（1）行模式。该模式下，数据加载缓慢，可以与 INSERT 语句方法相媲美。这里目标表不需要是空的。

（2）块模式。这是最快的向表中加载大量数据的方式，因为所有数据在直接写入到磁盘上的表之前已完全按数据库块格式组织好了，并且无需任何额外处理。然而，采用该模式的先决条件是目标表必须是空的。

（3）混合模式。该模式下，目标表不必为空，数据能逐块而迅速地装载。某些数据库管理系统提供这样的加载模式，例如，Teradata 的多路加载。此处采用了一些特殊的算法。虽然这种模式比行模式快，但却赶不上块模式的速度。

设计建议 4：

1. 使用与各自的平面文件结构完全一样的空表。

2. 在块模式中应用加载工具。

这个建议有以下优点：

（1）大数据量的快速加载几乎是对每一个大型专业数据仓储的首要要求。建议 4 的这种方法正好符合这一要求。

（2）相同的源和目标结构可以确保加载脚本能够利用存储在数

据库目录中的目标表的结构信息自动并正确的生成,而数据库目录则由底层的数据库管理系统进行自动管理。

(3) 通过这种方式,很容易建立平面文件和表之间的统一接口。

3.2.5 错误拒绝

在加载过程中,如果表定义得好,并采用合适的加载工具,那么重复行或重复键就能被检测出来。实际上,我们可以在表上定义许多约束,这样就能在不同层次确保预备域中数据的质量。不符合约束条件的行会被拒绝,并写入特殊的错误数据表里。但是,我们建议采用以下方法:

设计建议 5:

在加载时只做:

(1) 重复行的检测;

(2) 数据类型不匹配的检测;

(3) 如果有必要,保证能够自动更正错误。

注意:

(1) 无重复行是进行正确的后续处理的最基本要求。如果以后再消除重复代价将会很高。

(2) 如果在后面检测数据类型不匹配,在大多数情况下比使用加载工具更昂贵,例如,检查一个 VARCHAR 的值是否是一个有效的整数。这对程序开发如此,对查找时 CPU 的时间消耗也是如此。

(3) 第三个主要原因是,被拒绝的行数可以降至最小。这是基于以下考虑:

1) 在没有完全拒绝时,许多数据类型缺陷可以在后期的清理阶段自动有效地修复。例如,如果终端用户同意用"28-02-2003"替换字符串"29-02-2003",该阶段就应允许忽略这种类型的错误。

2) 弄清这些数据缺陷并进行手工更正会成为源应用系统端的

负担。

3) 拒绝的数据越少，数据就越早可用，从而提高了数据的可用性。

实践建议 1：

收集被拒绝的行，并把它们交给源应用系统的数据负责人，以便校正并重新传回数据仓储。

至此我们假定，无论数据是由平面文件加载还是由数据库链接的方式而来，来自源应用系统的所有相关数据都存储在原始表区的相应表中。下面，我们讨论在数据库表中完成的典型工作。

3.2.6 变化量识别

源应用系统并不总是拥有变化捕捉机制的。如果是这样，源应用系统必须向数据仓储提供相关数据集的所有存储的数据。在此情况下，后者必须自己确认自上次提交后的变化，即所谓的变化量，其定义如下。

给出两个时间点 t_1 和 t_2，并且 $t_1<t_2$。数据集 D_S 在 t_1 和 t_2 点的数据差，即 $(D_S\_t_2-D_S\_t_1)U(D_S\_t_1-D_S\_t_2)$，就是时间点 t_1 和 t_2 之间的数据变化量。

设计建议 6：

如果在源应用系统端不能确定变化量，则应在预备域中尽早确定。

确定变化量的理想位置在源应用系统端，原因见第 3.1.2 节中结尾所述。另一个可能的位置是在平面文件区，并使用基于操作系统的脚本。由于效能问题，这个选择在实践中并不采用，因为在存有大量数据的平面文件区中，没有可以直接使用的并行处理能力。第三种选择是在整个处理过程之后，即收集、整合和完整性保证都完成后，且在数据放入存储区之前进行。此时，存储区里的数据可以被用来辨别变化量。然而，这种选择存在以下问题：

1. 虽然只有一小部分变化，但必须处理整个数据表。这可能要用极多的资源，但意义不大。

2. 要知道关键是，只有数据仓库中的数据完全反映数据源的真实情况时，才会被视为有效而正确的。完整的源数据表和数据仓储中相应部分之间的差异并不代表所求的变化量，因为数据仓储的这一部分可能还来自其他的数据源。此外，变化量的正确性并不能由这个办法得到事实上的保证，因为：

（1）在处理过程中如果完整的源数据表错误地获得了一些另外的行，变化量和最终的数据仓储就会收到一些"无根"的数据行。

（2）如果在处理过程中完整的源数据表错误地丢失了一些行，变化量和最终的数据仓储也将失去一些数据行。

（3）在处理过程中如果完整的源数据表错误地改变一些行，变化量和最终的数据仓储将包含一些"神秘"的数据行。

关于对变化量的处理，还有一些值得进一步考虑的问题：

1. 从逻辑上讲，变化量的识别是源应用系统端的任务。因此，它不需在数据仓储的定期更新中进行。由于业务需要，定期更新通常必须在规定的时窗之中完成。因此，如果可行，特别是要处理大量数据时，可以在定义的定期更新时窗之外确定变化量。

2. 如 3.2.1 节中所讨论的，为了归档和重启，已确认的变化量应卸载或写回平面文件区。它将和普通的平面文件一样得以处理、压缩和归档。如要重启，压缩文件可以解压缩并载入原始表区，而不需重复确认变化量。实际上，在这种情况下不必再将完整的数据表归档。从长远的观点来看，即使是压缩形式也将消耗大量的存储空间。

3. 为了确认变化量，在原始表区还需要保留此前相关表的全部数据。

从一般构架方面考虑，甚至从数据库表的层面上考虑，变化量识别不属于数据仓储的最小范畴。这里我们详细讨论变化量，因为变化量是构建一个设计精良的数据仓储必不可少的内容。下面我们假定所有进行处理的数据都是变化量数据。

3.2.7 列清洗和域完整性的保证

每一个数据仓库都应有明确界定其数据质量和数据值的标准，例如，默认值。源应用系统的数据不能完全满足这些要求是很正常的。这种情况有几个典型的原因：

1. 源应用系统是基于其他数据标准和数据质量需求而不是基于数据仓库的。

2. 源应用系统没有足够强大的数据类型系统，以使得像"29-02-2003"这样的日期也会被应用系统所接受。

3. 数据在传输过程中被损坏了。

质量保证建议 1：

根据这些数据问题类型，可采用以下措施：

1. 创建一个翻译表以定义从数据源到数据仓库标准的映射关系。例如，它可以包含所有源应用系统中各种已知数据类型的默认值，以及在数据仓库中对应的默认值。开发一个程序，该程序使用翻译表对源数据进行检测并将源数据默认值翻译为统一的数据仓库标准默认值（这实际上是一个数据仓库进行数据整合的简单措施）。

2. 创建一个更正表以定义从错误值到正确值的映射关系。例如，日期"29-02-2003"将更正为"28-02-2003"。开发一个程序，该程序使用更正表对源数据进行检测并纠正错误数据。

3. 如 3.2.4 节中提到的，在加载过程中通常由加载工具检测损坏的数据。去除损坏的行并把它们放入特殊的数据错误表中以作进一步研究。

实践建议 2：

1. 把翻译表告知源应用系统的数据负责人。
2. 申请业务数据更正许可，尤其是数据所有者的许可。
3. 让有关的源应用系统重新发送更正后的数据行。

数据质量是一个综合性的问题，包含统一性、有效性、一致性、完整性、完备性、精确性和唯一性等方面。处理某些有问题的数据类型时不需要参照其他数据元素（即参照同一行的其他列或其他行），这种现象称为原子数据缺陷。而其他类型的处理则取决于其他的数据行，比如：数据的不一致处理。没有原子数据缺陷的数据被认为是原子级干净。从理论上说，它们具备了值域完整性。

设计建议 7：

在预备域中仅清理原子数据缺陷。

这一建议的考虑是，为了检测其他类型的数据缺陷需要大量另外的数据对象。在预备域中这些数据对象不一定都存在。因此，如果在此阶段完成这些检测，该域的组件将变得极其复杂、效率低下。数据质量保障是一个大的主题，我们将在整个数据仓储的不同阶段进行便捷而高效的处理。下面我们假设所有将要处理的数据在原子级上是干净的。

3.2.8　行过滤

并不是所有源应用系统提供的数据行都与数据仓储需求有关。主要的一类无关数据是由重复传送完整的数据表造成的。这可以用 3.2.6 节中介绍的变化量确定来进行处理。此处我们看到的数据表只与最后一次更新后的变化有关，因此应进入数据仓储。在本节中，我们将研究另一类主要的无关项的确认和过滤，以使数据仓储更小、更紧凑、更高效。

我们用"记录"来表示数据处理过程中的逻辑数据单元。一个记录可能由多个物理数据行组成。在业务操作中，手工录入复杂的大型数据可能需要花费许多时间且持续很久。在记录录入明确完成之前，中间结果必将多次保存到数据库中，其原因如：数据澄清、人员休息、询问或其他等。也有可能在整个录入结束前，这些中间结果被删除并从数据库中移出。这里的每一项操作及操作组合都是可能的，所有这些都会作为数据库的变化被记载下来，并被应用系统的日志机制完全捕获（见 3.1.1 节），然后传送到数据仓储。如果数据仓储是周期性的(见1.3.3节),很明显,并不是所有这些变化都与此数据仓储相关。

例如,创建一个新记录,并输入数据库。随后对它进行多次更改。在周期末却发现创建该记录是一个错误。因而该记录不得不被删除。在这种情况下,数据仓储不需保留任何关于该记录的信息。因此,已提交的所有有关该记录的行都应该过滤掉。我们称这种无关数据类型为周期内变化。

值得一提的是,这种周期内变化部分在某些地方是相当可观的,例如,有的约占一个大表整个提交数据的70%。此外需要指出的是,要找到一个合适的算法以识别无关的行是一个挑战,因为我们必须考虑源应用系统中变化的所有可能的组合。下面是一个简单的例子。

假设,根据下面的操作翻译表,如表3.1、表3.2所示,在操作型应用系统中有关记录上的所有操作都被转换并被捕获为两个基本操作,即INSERT和DELETE。

表3.1　　　　　　　　基本操作转换

操作型应用系统执行的操作	相应日志条目中捕获的操作
插入一条记录	插入相应行
删除一条记录	删除相应行
修改一条记录	删除相应行 用新内容插入同样的行

表3.2　　　　　　　　一个日志条目的示例

一个周期内的业务操作	操作型应用系统执行的操作	相应的日志条目中引用的操作	是否与数据仓储相关
插入一条记录	插入一条记录	I(INSERT:插入)	是
删除一条记录	删除相应记录	D(DELETE:删除)	是

续表

一个周期内的业务操作	操作型应用系统执行的操作	相应的日志条目中引用的操作	是否与数据仓储相关
修改记录一次	修改相应记录	D I	是 是
这个周期内修改记录五次	修改相应记录	D I	是 否
	修改相应记录	D I	否 否
	修改相应记录	D I	否 否
	修改相应记录	D I	否 否
	修改相应记录	D I	否 是
在这个周期内插入一条新记录且又删除它	插入一条记录 删除相应记录	I D	否 否

为简单起见，我们假设日志中的条目包含了整个记录，以及一个指示操作类型的附加列，比如，"I"即 INSERT，"D"即 DELETE。在这样的背景下，表3.2中收集的这些条目组合是应用系统处理一条业务记录时在操作型应用系统日志中留下的痕迹。表3.2中的最后一列注释着哪些条目是应用系统日志里的，在原始表区的相应表中最终哪些与数据仓储相关的，还有哪些由于其无关性而必须被过滤。注意，操作的顺序非常重要，不仅在此，在下面的练习里也是如此。

构建练习 1：

设计一个为数据仓储找出相关日志条目的算法，即根据表3.2中第三列给出的信息确定日志条目的相关性。

3.2.9 操作识别

表 3.2 中第三列中给出的所有"DELETE"并不总具有相同的语义。它们有些源于纯粹的删除操作,有些则是修改操作转化的结果,如表 3.2 第三行中操作部分的第一项。如果数据仓库不保存历史数据,即意味着它放弃实现一个数据仓库的基本要求,那么所有的 DELETE 都是相同的。然而为了保存历史数据,我们必须区分 DELETE 的类型:

1. 原本的删除操作不能作用于数据仓库的内容,以便能保存历史数据。

2. 派生的删除操作必须正确地得以实现,以保证数据仓库内容的正确性。

总之,对于一个专业的数据仓库,区分这两种 DELETE 非常重要。如 3.2.6 节中所讨论的,不仅要对在分析应用系统日志时捕获的变化进行区分,而且在确定变化量时也必须要进行区分。

构建练习 2:

根据表 3.2 中第三列所给信息,设计一个找出 DELETE 的类型的算法。

假设 3.2.6 节中所定义的变化量是由行和作用于它们之上的操作(即"INSERT"或"DELETE")组成。

构建练习 3:

设计一个算法,以识别具有同一模式的两个全表的变化量时找出 DELETE 的类型。

3.2.10 最小设计原则

预备域是数据仓库的基础。换句话说,它是业务改进器的基础。一方面预备域值得我们集中注意力去使这个基础做得扎实。另一方面,我们没必要在预备域处理以上讨论的所有问题,这太复杂。然而，为了对预备域有个良好的设计，我们应记住以下最小设计原则：

最小设计原则 1：

不要对预备域的数据结构做任何逻辑上的改变。

也就是说，对平面文件区的每个平面文件模式，在预备表区有且仅有一个对应表。简而言之，平面文件区的表和已预备表区的表是一一对应的关系。注意值域的数量和相应列的数量可以是不同的；值域的数据类型和相应列的数据类型也可以是不同的。但是，如果可行，保持表列与相应平面文件的值域顺序相同。最后但重要的是，尽可能不改变列名。

最小设计原则 2：

除了保证预备域数据的高质量和可用性之外不做其他任何处理。

为了使数据仓储能够正常工作，我们还有许多事情要做，但要一步一步来。比如数据整合、数据转换、数据完整性保证等任务都是数据仓储其他组件的事。尽管有时不费力就有机会完成这些处理业务，但是我们不应在预备域中解决这些问题。

最小设计原则 3：

减少对特殊情况的处理。

换言之，就是尽可能使用泛化和抽象的办法保持处理的一致性，以避免本地技巧性的优化。事实上，这是任何良好设计的普遍原则。

原则上，若向数据仓储提供数据的所有应用系统都是理想的数据源，则前面描述的预备域的功能大多是多余的。也就是说，它们只传送变化量，根据合理的数据类型和约定来确保完美的数据，并且只提交相关行及其具体的操作。在这种情况下，整个预备域的任务减少为只需加载平面文件或把平面文件传输到已预备表区的对应表中。然而不幸的是，在大多数情况下，现实比理想要更复杂一些。

第 4 章 处 理 域

这一区域的主要任务是数据收集、数据整合及确保数据的一致性。预备域犹如是工厂中对材料进行预处理的部门，而处理域才是产生真正附加值的主要生产部门。在介绍数据的处理功能之前，先介绍几个基本概念，并讨论一些相关问题。

4.1 数 据

数据是被存储的对现实世界的表示，本章中我们认为数据由数据行组成。并非操作型应用系统产生和使用的所有数据都与数据仓储相关。例如，应用系统的调度数据、参数数据、工艺数据等都是与数据仓储无关的数据。以下，我们仅考虑那些与构建数据仓储相关的数据。在理论上，这些相关数据可以分为3类。

4.1.1 代码数据

为了使数据的冗余度降到最低并使数据统一而简洁，几乎所有的操作型应用系统都在其数据中采用了代码技术，并且在许多情况下，这一技术得到了极广泛的应用。最简单的一个例子就是性别代码："m"或者1被用来表示男性，而"w"或者0被用来表示女性。任何包含代码的数据行本身的含义是无法理解的，如同一段加密的文字。为了能够理解该数据行，首先我们必须将它所包含的代码转换成它们的语义定义，例如，数据列中的"m"值表示"男性"。包含有这种定义的表被称为代码定义表，代码定义表含有数据解码的密钥。

代码定义表最重要的特征之一就在于它的结构。原则上，几乎所有操作型应用系统的所有代码定义表都有一相似的模式。通常，代码定义表至少包含以下的数据列：

代码：它包含上述神秘的代码。

描述：它包含各个代码的定义。

在更复杂的操作型应用系统中，经常会增加以下数据列：

语言：指出用于描述的语言种类。它也可以是代表一种语言的代码，例如，用 1 或"en"表示英语。

详细描述：在代码中用相应的语言描述更多的细节。

缩写：含描述的简易形式。

应用开始时间：包含日期或时间戳，用于标明该代码的定义从何时起开始使用。

应用结束时间：包含日期或时间戳，用于标明该代码的定义至何时终止使用。这个数据列是可选项，因为可以从前面提到过的"应用开始时间"数据列中得到此信息。

出于同样的原因，为使数据的冗余度降到最低、数据统一而紧凑，数据仓库必须能够恰当地处理代码的定义。与操作型应用系统相比较，困难在于：虽然，相同目标的不同代码来源于不同的应用系统，但是，必须将这些代码合并。例如，在应用系统 A 中男性的代码为"m"，而在应用系统 B 中男性的代码为"1"。因此，为了统一性别代码，数据仓库必须有一个合并起来的定义表，该表保留了来源于不同应用系统的代码。通常，存储在数据仓库中的数据拥有统一的代码。为了特殊的研究需要，它们能被转换为各自对应的源应用系统的代码。

4.1.2 对象数据

从语句的构成来讲，对象数据是对代码定义数据的泛化，因为每个对象数据行都有一个代码，即所谓的对象识别或对象键，以及对对象的描述。识别对象的数据行的代码可能由多列组成，其描述也可能由许多其他列组成。从业务角度以及本质上来讲，对象数据代表着现在以及将来组织机构的潜在价值，而不仅仅是理解其他数据的解密密钥。几乎在每一个以盈利为导向的组织机构中都可以找到典型的对象数据，如各种合作人、产品或服务的一览表、各类合同，以及它们之间的关系。因此，由于其在战略上的重要性，认真地处理对象数据是非常重要的。

对象数据有几大特征：

1. 通常，对象数据是对所谓业务对象的描述，即，在业务运营中头脑里要加以考虑和实际中要处理的对象。

2. 不同类型的对象数据具有不同的结构。

3. 来自不同的操作型应用系统的对象数据有着不同的结构，即使对象数据表示同一个主题。

4. 与十分稳定的代码数据相比较，对象数据变化虽然缓慢但总是会有变化，这与其业务的发展有关——老客户去了、新客户来了、旧产品被淘汰了、新的产品又出现了、合同被修改，等等。

5. 一组对象数据的语义是由其他对象数据和许多代码数据的描述来定义的。这就意味着在对象数据之间存在着非常复杂的关系。通常这也是与代码定义数据不同的地方。

总之，恰当地处理对象数据是构建数据仓储时最具挑战性的任务之一。

4.1.3 事件数据

当今，一个组织机构的业务活动，如出纳和记账，可以通过各自的操作型应用系统实现。同时，它们被这些应用系统作为操作型数据记录下来。每个已完成的活动对应于一个数据单元，事件数据就是由这类数据单元构成。如电信公司系统中详细的呼叫记录，银行系统中的记账条目，或出纳应用系统的收支清单。事实上，事件数据表示组织机构过去业务的活动记录。通过数据分析器对事件数据及对象数据进行分析，可以发现许多关于之前业务的有价值的反馈信息，这些信息通常意味着企业将来的改进机会。

以下是事件数据的特征：

1. 事件数据行包含一些统计数字，如 5 美元、3~4 欧元、12 只，等等。

2. 事件数据都提供一个或多个时间戳，以表明某交易或业务活动是何时执行的。

3. 典型的做法是利用唯一的序列号来区分交易或业务活动。

4. 一般来说，它们包含许多代码，或参照代码数据、对象数据，甚至其他的事件数据的数字。

5. 事件数据一旦生成就不能再更改了，不像对象数据那样允许被经常修改。

6. 从理论上讲，如果业务运营很好，同对象数据和代码数据相比较，事件数据的数据行数或数据量是非常大的。

实践中，由于许多实际因素的影响，如业务需求、时间的角度等，使得数据的分类并不总是那么清晰而容易识别，从而增加了判别数据类型的难度。

我们来考察一下保险业中反映一家公司状况的申报数据。每年，每个投保的公司必须填写一份包含公司资产、员工数量及其他信息的申报表。大多数情况下，只要它们到达承保人手上，这些数据都不会变化了。也就是说，这些申报表一方面是要被归档的。此外从长远的观点来看，它们记录着过去年复一年的特定事件。由于这些原因，它们似乎是事件数据。另一方面，这些数据也会被其他的对象数据所参照，例如，合同中保险费用的计算。此外，它们具有一年的时间间隔。从短期的观点来看，即在一年内，它们看起来像对象数据。它们确实是对象数据，以用来描述公司（对象）的状况。我们将会在下一节对这一点进行深入研究。

在另外一些情况下，对一数据集的分类的确与讨论环境有关。例如，从地区管理的角度来看，关于居住地点变化的数据可以被当做事件数据；但是，若从健康保险的角度来看，则可以被当做对象数据。这是因为，前者从局部视角来看待事情，感兴趣的是事件（至少是税收）发生的时间点，而后者是站在全局的角度，感兴趣的是位置或地址，因为保险费通常与被保险人居住的地区有关。

4.2 时 间 性

由操作型应用系统产生的数据是业务沿着时间轴营运的记录。它们用来描述事件或状态。数据仓储管理的数据与应用系统处理的数据是有区别的，与后者相比较，前者更强调时间性。实际上，这也是建立数据仓储的主要原因。

4.2.1 历史化

一个对象，比如客户或合同，是通过一组属性来描述的。在任何时刻，对象的状态都是由在这个时间点上这些属性的具体取值来决定的，而且这些值总是持续一个时间段，即使这个时间段有时极短。

从哲学或物理学的角度上看，时间点是一个无穷小的时间段。因我们不能感觉到无穷小，所以这个定义的现实意义不大。在实践中，我们用这个术语表示最小的、对于上下文有意义的时间段。例如，对于衡量短跑的速度来说，1/100 秒的时间段已经足够小了，而对于制订公交时刻表来说，1 分钟的时间段也就很好了。在数据仓储的实践中，周期性数据仓储可以定义它的时间段为 1 天，而实时数据仓储的时间段可以定义为 1 秒。一个对象不可能在相同的时间点有两种不同的状态。

对于给定的对象，如果某一状态结束的时间点是另一状态开始的时间点，那么这两种状态被看做在时间上链接在一起。我们将对象时间链上的状态的集合理解为该对象的历史，或简称为时间链。如果我们收集关于这类对象状态的数据加之时间戳类必要的时间信息，这就是对象的历史化。因此，在这种情况下，收集就是历史化的过程。

为了说明上面的定义，我们考虑以下简单的例子。施密特先生

2000年1月1日至2002年12月31日居住在苏黎世，2003年1月1日至2006年12月31日居住在伯尔尼，2007年1月1日至2009年12月31日居住在柏林。在这个例子中，对象是施密特先生；居住状态是"苏黎世"，"伯尔尼"，"柏林"；时间信息分别是"2000年1月1日至2002年12月31日"，"2003年1月1日至2006年12月31日"，"2007年1月1日至2009年12月31日"；在此，时间段是1天。我们若收集这些状态并加上相应的时间信息如时间戳，把它们写在纸上，储存在计算机里，或者只是把它们记在脑子里，那么我们就把施密特先生的生活状态历史化了。

值得一提的是，上面的定义中，并没有假设对象的状态集中只存在一个链。集合可以包含一个以上的链。但是，每个链只能由对象的连续的状态构成。链的特例是所谓的单态链。这种链只包含一种状态，并与对象的其他任何状态都没有链接关系。如果一个对象在一个时间段内有一个以上的历史状态，那一定存在某种错误。在这种情况下，必须加以澄清、找出事实真相。

集合中两个相邻链间的时间差被称为时间间隙。在时间间隙内，对象的状态是未知的。如果集合只包含一个链，则其历史状态是无间隙的，否则就是间断的。

我们知道，对于无间隙的历史状态，某状态的开始时间点是紧接其前一个状态结束的时间点的。这意味着前面状态的终点可以从后面状态的始点派生出来。然而，间断的历史状态却并非如此。在实践中，这意味着我们不得不用两个存储单元(列)来定义有间断的历史状态的时间段，即，开始时间点和结束时间点，而不像无间隙历史状态只用一列就行了。下面，我们将考虑数据仓储实践中常见的两类历史化。

4.2.1.1 状态历史化

如果我们把客户或合同这些对象的状态收集起来，并加之相应的时间信息，我们就能得到历史化的状态。上述关于施密特先生的描述就是一个关于状态历史化的例子，这里施密特先生是一个客户对象。另一个例子是关于施密特先生保险合同分类的状态，即另一个对象。从 2000 年 1 月 1 日至 2003 年 12 月 31 日为 A 类合同，从 2004 年 1 月 1 日至 2007 年 12 月 31 日为 B 类合同，从 2008 年 1 月 1 日至 2009 年 12 月 31 日又为 A 类合同。

事实上，状态的历史化总是与对象数据有关的。按照 4.1.2 节中的定义，对象数据是那些描述对象的数据，或更准确地说，是描述对象的状态的数据。虽然对象的状态变化缓慢，但它始终会沿着时间轴稳定持续地变化。通常，我们用一行来描述对象的一个特定状态。如果在行中用时间段去描述对象的特定状态，即对象在过去、现在、未来的状态，并把该对象的所有可以得到的行收集起来，那么该对象被认为是状态历史化了，且被收集的行就是该对象的状态历史。

在 4.1.2 节中提到过，从构成上看，对象数据是代码数据的泛化。从语义上讲，代码数据可以被认为是对象数据的特殊化，因为，如用"m"来作为性别，每个代码被看做一个抽象对象而把对它的描述或定义看做其状态。这个描述或定义即使变化极慢，但还是可能会变的。如果我们对待抽象的对象如同对待一般的对象，那么这些代码就是状态历史化了的对象。值得一提的是，代码的历史几乎总是无间隙的。

4.2.1.2 有效性历史化

还有另外一类历史化，其虽然与状态历史化相似，但原则上独立于状态历史化。此类历史化被称为有效性历史化。每一行，不论其是否属于代码数据、对象数据或事件数据，都包含有一些关于某物的信息。某一行的信息在一个给定的时间点上可能是真实的，但也可能是不真实的。可能在某段时间里它是真实有效的，但之后就不再有效了。现在，我们给这些行加以附加信息来描述这一特定事物，如一个代码、一个对象或一个事件，用以表明在特定的时间段内，这些行所包含的信息在过去、现在或将来是有效的。收集这些关于某物的有效性行的过程被称为有效性历史化，而被收集的行就是有效性历史。

有效性历史化经常被用在综合而复杂的数据仓储中。因对一般意义上的有效性历史化进行讨论已超出本书的范围，在下面的内容里，我们只在数据仓库的背景下考虑有效性历史化。

假设我们收集一个特定合同的运行数据，并且是在应用系统提交数据时就开始收集。合同的数据行包括两个额外的数据列，即"valid_from"（有效性开始于）和"valid_to"（有效性终止于），用来表明数据仓库中信息有效性的时间段。当有关合同的一行数据在2009年1月10日被数据仓库获取时，则"valid_from"与"valid_to"这两列分别设置为"2009年1月10日"和"9999年12月31日"。这意味着这行信息的有效性是从2009年1月10日至9999年12月31日，即未来无限远。

此外，在数据仓库的实践中，这个有效性也暗示着该信息在数据仓库中的可用性，即从2009年1月10日至9999年12月31日。也就是说，"valid_from"列有另外的、派生出的含义，即"此信息在数据仓库中从何时开始可用"。毫无疑问，在2009年1月10日之前数据仓库中是不会出现这行数据的。

几个月以后，如在2009年9月1日，不知什么缘故，我们可能会发现这行信息完全不对。在这种情况下，该行中的"valid_to"列必须立刻设置成"2009年9月1日"。这意味着，即使从一开始该行中的信息就是错误的，但对公司来说也是可用的，即从2009年1月10日至2009年8月31日这段时间内是作为有效和可用的来看待的。在高性能的数据仓库中，这样的无效数据行是不会被删除的。例如，如果我们想了解2009年7月31日数据仓库中信息的情况，那么它们就有用了。

4.2.1.3 双时维历史化

假设我们在上述描述状态的数据行中，例如合同中的状态"A"中，增加"state_start"（状态开始时间）和"state_end"（状态结束时间）两列来表示状态的时间段，以指明状态的开始时间点和结束时间点。再假设它们的值分别为"2009年1月1日"和"2009年12月31日"。那现在，从2009年9月1日以后，数据仓库中描述合同的数据行应该包含以下5列值：

1. state(状态)="A";
2. state_start="2009年1月1日";
3. state_end="2009年12月31日";
4. valid_from="2009年1月10日";
5. valid_to="2009年9月1日"。

为了使其描述更形象直观,该行可以表达成二维坐标系统(即双时维系统)中的一个矩形。此处,我们用 X 轴来表示状态历史化的长短,Y 轴来表示信息的有效性或可用性的时间段,即表示有效性历史化的长短,如图 4.1 所示。

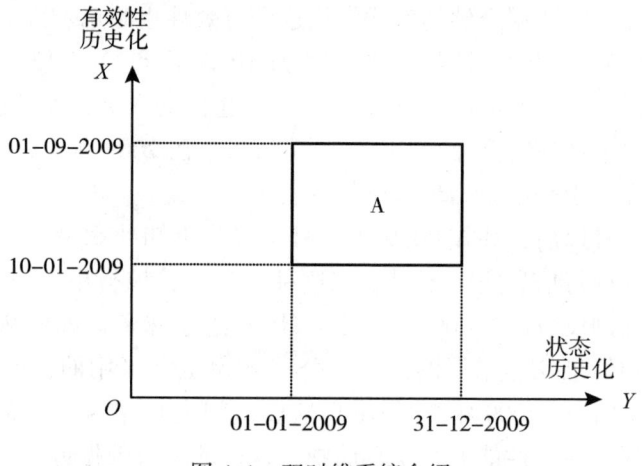

图 4.1 双时维系统介绍

我们继续用上面的例子进行介绍。2009年9月1日我们发现合同的状态应是"B"而不是"A"。于是,一条新的关于合同的数据行被插入到数据仓储中,其包含以下列值:

1. state="B";
2. state_start="2009年1月1日";
3. state_end="2009年12月31日";
4. valid_from="2009年9月2日";
5. valid_to="9999年12月31日"。

然而，在发现错误状态行的前几天，有关于合同后续信息的一条新记录行已经被写入，即状态"C"已经由操作型应用系统传入到数据仓储中了。这条记录行有以下列值：

1. state = "C"；
2. state_start = "2010 年 1 月 1 日"；
3. state_end = "2010 年 12 月 31 日"；
4. valid_from = "2009 年 8 月 15 日"；
5. valid_to = "9999 年 12 月 31 日"。

例如在 2009 年 11 月 1 日，我们应该看到的是如图 4.2 所示的内容。

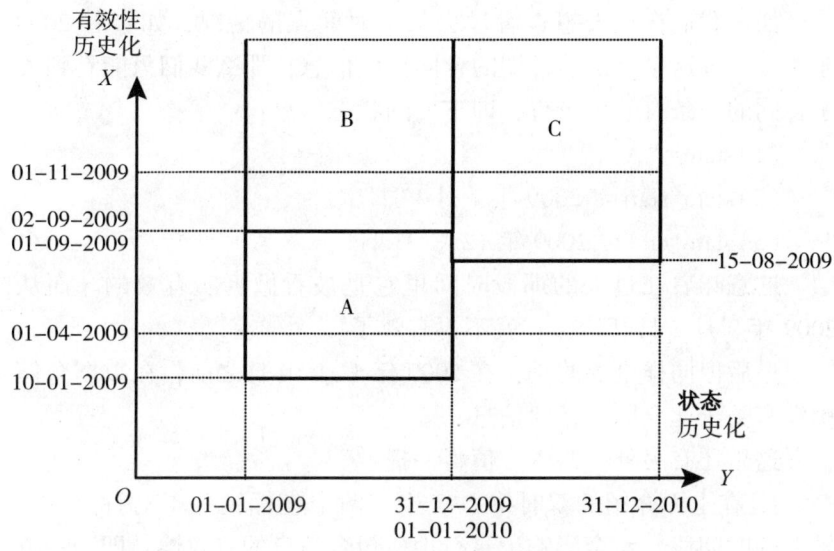

图 4.2　关于双时维系统更多的信息

下面我们对图 4.2 做一些解释：

1. 矩形 B 和 C 在 Y 轴上的细虚线边界意味着它们将延续到将来无限久远，即 9999 年 12 月 31 日。也就是说它们是处于开放的状态。

2. 在两个相邻日期的粗虚线上，第一个日期是第一个矩形结束的时间点，第二个日期是第二个矩形开始的时间点。

3. 变化的虚线表示查看数据仓储的时间点。例如：

在 2009 年 11 月 1 日，我们在数据仓储中看到了两条关于合同的有效的记录行。第一条记录行包含下面的状态信息：

(1) state = "B"；

(2) state_start = "2009 年 1 月 1 日"；

(3) state_end = "2009 年 12 月 31 日"。

第二条记录行包含下面的状态信息：

(1) state = "C"；

(2) state_start = "2010 年 1 月 1 日"；

(3) state_end = "2010 年 12 月 31 日"。

如果我们在这天想查看过去某个时间点的情况，如查看 2009 年 4 月 1 日这个特定的日期的合同有效信息，那么我们只能看到关于合同的一条有效记录行，即下面的状态信息：

(1) state = "A"；

(2) state_start = "2009 年 1 月 1 日"；

(3) state_end = "2009 年 12 月 31 日"。

这意味着在过去的那段时间里它是被看做真实有效的。而从 2009 年 9 月 2 日开始，它就不再有效了。

最后但同样重要的是，在 2009 年 1 月 10 日之前，在数据仓储中没有关于此合同的任何信息。

这里还有另外一些内容值得一提：

1. 在上面介绍的双时维系统中，两个坐标轴并不对称。在 X 轴上的时间段并不会影响记录行中所包含信息的有效性。即，一方面，无论我们什么时候查看，它们既可以是开放的也可以是封闭的。另一方面，当我们查看数据仓储时，只有在 Y 轴上具有开放边界的记录行才是有效的。

2. 沿着两个坐标轴的方向发展的趋势是不同的。沿着 Y 轴，矩形是朝一个方向发展的，即一直向上。相反，在 X 轴上，矩形既可以被从左到右放置，又可以被从右到左放置。

3. 如果一切都发展正常，那么被矩形覆盖的面积应该形成一个向上延伸的大右三角形。其长边对应坐标系统的角。

4.2.2 归档

世界是简单地由有行为的事物组成的。通常,最简单的句子包括一个主语和一个谓词。在业务运营中,对象间会相互影响。相应地,理论上,一个数据模型由对象实体和联系实体组成。因此,在面向对象的程序设计中,对象的属性描述对象的状态,而对象的方法则表示对象的行为。因此,数据仓储包含对象数据和事件数据不是偶然的。事实上,对象数据是描述对象稳步而缓慢地变化的状态的数据,并将其历史化。那究竟什么是事件数据呢?事件数据记录对象间发生的事件。

抽象地说,事件总是发生在一个给定的、特定的时间点,虽然事件实际上总是会持续一段时间。交易、出纳等都是典型的事件例子。事件一旦发生,就随之过去,不能撤销。事件记录的集合就是我们讨论的事件数据。它们具有以下的特征:

1. 事件数据有一个"occurred_on"(发生于)列,表明事件发生的时间点,也称为时间戳。在某些情况下,仅用序列号来代替时间戳。事实上,在这些情况下,序列号是另外一种对事件何时发生的时间序列的展示。

2. 一旦记录产生就不能修改,即便此记录是由错误的事件所产生。

3. 为了完全撤销一个事件的影响,需要两个额外事件。第一个是执行相反的操作或取消原本的错误事件。第二个是执行正确的事件。相应地,该项任务需要两条记录来完成。

尽管从哲学的角度来说,事件数据和对象数据具有相同的解释,但显而易见,它们在实践中有着本质的不同。即,状态是对一个对象的描述,能正常地改变。但是事件描述的变化需要如上所述的特殊处理。也就是说,事件的描述和对象的状态的描述并不相同。因此,事件数据不能进行状态历史化。

如上所述，事件数据中每个事件记录都有一个指明事件发生时间点的时间戳；在该时间点之后，当这些记录被导入到数据仓储后是不会再变化的。我们称这种收集为归档，并使用另一个时间戳来表示归档时间点，例如"archived_on"（归档于）。现实生活中也是如此——图书馆收到一份文件，然后加盖时间戳，最后存放在图书馆的档案室里。在此之后，文件的内容不得更改。

事实上，有"archived_on"列的事件记录是被有效性历史化了的。此外，该列也表明其可用性的时间起点，即从此时起该记录已经被应用于业务中了。类似于对象数据的"valid_to"列对于事件记录来说是不必要的。因为只要记录存放在数据仓储里，事件记录的信息就是有效的。这是由于上述提到的特性使然。

在实践中，一些特殊的使用性要求会使事件数据的处理变得复杂。例如，要取消的记录必须包含一个相应的原始事件记录作为参照，或者，已经取消的记录必须包含填充为"canceled_on"（取消于）的列。所有这一切都可能使事件数据看起来像对象数据。然而，从本质上讲，它们是事件数据。

4.2.3 三时维

在 4.2.1.2 节中，我们介绍了数据仓储信息有效性的历史化。实际上，数据仓储中行信息的有效性定义也可以应用在源应用系统里。即，源应用系统中的行信息在给定的时间点是有效的，而经过一定时间间隔之后就无效了。在实践中，许多高要求的操作型应用系统的确保持有这样的信息。我们称这样的信息的有效性为操作型信息有效性，而在数据仓储里则称为数据仓储信息有效性。操作型信息有效性也可以被历史化，不仅在源应用系统端，在数据仓储端也是一样。与对象状态历史化一起，我们就有了现在的三时维历史化。正确认识它们之间的差异是恰当地使用数据仓储数据的一个先决条件。

让我们来看看具体的情况。首先，操作型信息的有效性确定了事件的时间背景。即，若一个操作型事件在源应用系统给定的一个时间点发生，则该事件的执行和结果依赖并取决于事件定义对象的相应状态，而这些状态的时间段必须包含事件发生点。其次，这些对象当时的状态决定了该事件的业务背景，不同的状态一般会导致不同的事件结果。这不仅对源应用系统端适用，而且对数据仓储端也同样适用。也就是说，一方面要在数据仓储合理地重构、重组事件和对象数据，必须利用操作型信息的有效性历史，而不是数据仓储信息的有效性历史，尽管数据仓储不产生、处理该信息。另一方面，例如要找出一个月前数据仓储的信息快照，就必须考虑数据仓储信息有效性的历史而不是操作型信息有效性的历史。

数据仓储信息的有效性历史化与其对象状态历史化是正交的，这在 4.2.1.2 节中开始时就指出了。然而这不适用于操作型信息有效性历史化。通常，一个操作型信息的有效期的起点应当先于数据仓储相应信息的有效期。

4.3 数据完整性

如果数据满足所有必要的完整性规则，则被认为是完整的。通常不完整的数据被视为不正确的或者至少是质量差的。完整性规则存在两种类型。

1. 语法规则。语法规则的定义基于数据的一般结构特征。它们是普遍的，因而在实践中几乎适用于所有数据集，完全独立于具体的业务环境。

2. 语义规则。语义规则一般与具体的业务运营环境相关并相当独特。它们可能是简单的，也可能是非常复杂而内容丰富的。每个组织机构都有自己的一套业务规则，并由业务模式、组织结构、业务流程和应用系统等来决定。例如某一个组织由一个人签订合同就足够了，而其他组织可能至少需要两个人签名。总之，数据仓储实现的业务规则越多，数据的质量越好。但是系统将更复杂，数据仓储定期更新的运行时间也就越长。

有三种通常的语法规则。由于其对于确保数据质量的重要性，所有这些规则在某种程度上都被现代数据库管理系统加以实现。

1. 域完整性。域完整性是指表的数据列的所有取值都被定义在一组给定的值中，这组值就是域。例如，如果表的一列定义为日期域，则该列的值必须是有效日期。比如 28-02-2003 是一个有效日期，而 29-02-2003 就不是。

2. 实体完整性。结构上讲，一个表的主键被定义为表列集合的子集。这个子集可能只包含一列。在这种情况下，主键是一个单列主键。这个子集也可能包含多个列，此时的主键被称为多列主键。多列主键的极端情况是一个表的所有列的集合构成了这个表的主键。此时，称为全列主键。这也意味着每个表一定有一个主键。因此，一个主键实例可能是一个单列值，或是多列值的组合，或者是一行所有列值的组合。为简单起见，在下面的讨论里如果不发生混淆，我们就把主键看做单列主键而不加以区分。

实体完整性规则要求表主键的每一个值必须在给定的域里是已知的，并且主键当前的取值必须唯一。也就是说，表主键的所有取值必须无重复且满足域完整性。如果向表中插入新行时违反了该规则，那么该插入将被相关的系统拒绝。

3. 参照完整性。表的任何列或列的子集在结构化定义时能参照另一个表的主键，这取决于被参照的主键是单列的还是多列的。参照表被称为子表，而被参照表则称为父表。参照列或者列集被看做一个外键，而被参照列或者列集则为主键。

参照完整性规则要求外键的值要么是未知的，要么是父表当前主键值中的一个。也就是说，除目前存在的父表的主键值之外，子表的外键不应含有其他任何值。当向子表插入新行时，对该规则进行校验。

4.3.1 参照完整性

由于数据结构的高复杂性，源应用系统的不同运作模式及数据仓储的高要求，如历史化，使得参照完整性的一个重要部分无法通过利用数据库管理系统所具有的功能来确保。因而这些任务必须由数据仓储工程师自己通过编程来处理。需要回答的问题之一是，如果被参照的主键不包含参照外键的值，应如何处理？在数据仓储实践中，简单的拒绝一般不会是预期的答案。例如，一笔交易的一个数据行包含一个合同编号，该编号参照父表合同的编号。这一行要插入到数据仓储中。在插入之前，被指出参照的合同编号不在合同表里。现在应该怎么办？另一个例子是，当代码列要获取一个值时，该值不在被参照代码表中。进一步的问题是，考虑关键效能参照完整性应当何时、何地进行校验。

4.3.2 实体完整性

基于同样的原因，利用数据库管理系统所提供的功能通常是不能确保实体完整性的。以下两个实体完整性的子类型就与数据仓储的实践尤为相关：

1. 点唯一的完整性。我们将主键的值在相应的点域或值域看做离散的点。该完整性规则要求，表中所有记录的主键值或点必须是不同的。实际上这不是新的规则。

2. 段唯一的完整性。假设一个表的主键是由一个以上的列组成，即是一个真正的组合主键。假设组合主键的一列或两列定义了一个段，如时间段。我们称这些列为段列，而组合主键的其余列一同组成对象键。段唯一的完整性规则要求由段列值定义的具有相同对象键值的行的所有段相互不会重叠。我们定义两个相互重叠的段为：假定一个段的任意点完全在另一个段中。段唯一的完整性往往与历史化相联系。图4.3描绘的就是在双时维历史化中，具有相同对象键的两条记录的重叠情形，也就是它们彼此双时维重叠。

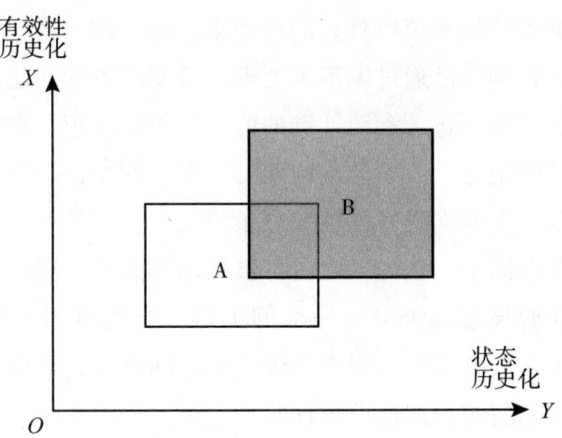

图 4.3　间隔唯一完整性和双时维重叠

4.4 收　集

现在，我们用前面所介绍的概念来研究处理域的结构和功能。

由源应用系统提供的操作型数据在预备域中被准备好了。它们以行的形式储存于已预备表区，然后将在处理域中被进一步处理，以便能正确地更新数据仓储的内容。这些数据代表的是自上次数据仓储更新之后源应用系统端数据的变化。实际上，这里每一行都包含两个信息组件，即内容组件和操作组件。前者所包含的业务信息将被数据仓储的最终用户永久使用，而后者则只在数据仓储更新过程中临时使用。原则上，已预备表区的行根据其操作组件，可以分为三组：

1. 要插入数据仓储的新数据行；
2. 数据仓储中将被删除的数据行；
3. 数据仓储中将被修改的数据行。

此处数据收集的任务仅仅是使用已预备表区的数据来正确地更新数据仓储。也就是说，这些数据将被处理，以便能够历史化或在数据仓储中正确地归档。关于历史化，具体的含义是：

1. 对于新的数据行，各自的时间链会随着新的数据行成员而延伸。

2. 对于要删除的数据行，相应的时间链会缩短或改变，或者产生一些间隙。

3. 对于要修改的数据行，一些行成员的内容被改变而相关时间链的结构不作任何改变。

4.4.1 事件数据归档

事件数据的归档是非常明确的，只要把数据行插入到相应的表中就可以了。该细节的定义是由 4.2.2 节中给出的，也就是说，至少在理论上认为数据仓储没有被修改，即收集无删除。唯一要关注的是，确保数据仓储中该数据行是不存在的。如果还必须进行一个有效性历史化，那么就在 "archived_on" 列填上当前的时间戳。

4.4.2 对象数据历史化

一般情况下，对象数据的历史化不像事件数据归档那样容易。但如果源应用系统完整而正确地提供了状态的时间段，那么实际上并无大量工作要做：

1. 新数据行，即那些代表新时间段里新状态的记录，直接插入数据仓储。

2. 对其状态在数据仓储中将被终止的现有数据行，可以在已预备表区中使用对应行的对象键和一定时间段的时间点的组合来确定它们。这些状态随后将在数据仓储给予终止。如果需要，这些行也可以从那里删除。

3. 确认现有的、其内容将被修改的记录时，同上面处理状态终止时进行的操作一样。确认之后，现有的内容则被已预备表区相关的一条记录所替换。

如果知道要处理的都为无间隙时间链，且定义时间段的两个时间点只使用了一个，那么插入就要麻烦一点了。这意味着我们必须通过查阅数据仓储中所有链的记录弄清楚成员记录，例如，各时间链的最后一个成员记录，并调整已确认成员记录的相应时间点。更具体一点讲，假设这个新记录的"state_start"的值是"05-08-2009"。我们则必须找出数据仓储中有同一个对象键的、且其"state_end"值比"05-08-2009"更大的记录，例如，"31-12-9999"，并设该列的值为新记录"state_start"前一天的值，即"04-08-2009"。另一方面，由于用上述相同的方法来确认行比较简单，所以不用再如此迂回地执行终止和修改了。

结合上述程序，对象数据的有效性历史化可以作为一个事件数据的有效性历史化来进行处理。这里，我们知道要处理的都为无间隙时间链，且定义时间段的两个时间点只给了一个。

1. 对于插入一条新记录。记录的"valid_from"列设置为当前日期，而"valid_to"列则为无限远的日期。

2. 对于删除一个已有记录。这意味着终止数据仓储中的相关时间链的最后一个成员记录的有效期。因此，确认该记录，设当前日期的前一天为"valid_to"值。

3. 修改已有记录。该项操作可以被视为上述两项操作的一个组合。首先删除该记录，然后再插入新记录。

注意，删除或修改数据仓储中已被删除或者无效的记录是毫无意义的。此处以及整体上，我们都不会考虑该阶段是否有新的记录重叠。此主题稍后将会系统地进行处理。

4.4.3 代码数据历史化

正如4.1.2节中提到的，代码数据可以被视为对象数据的一个特例。因此，上述所讨论的针对对象数据的步骤也适用于代码数据。值得一提的是，代码数据的时间链是典型无间隙的。

一般来说，构造综合而复杂的数据仓储时，数据收集是最具挑战性的一项工作。为了简化这种机制，应当非常仔细地分析相关的源应用系统。对每一条规则、每一个约束、每一条有关时间性的规律都应注意到，并尽可能地利用其简化这种机制。另一方面，我们还要能处理令人不快但合法的状况。图 4.4 展示了一个示例。

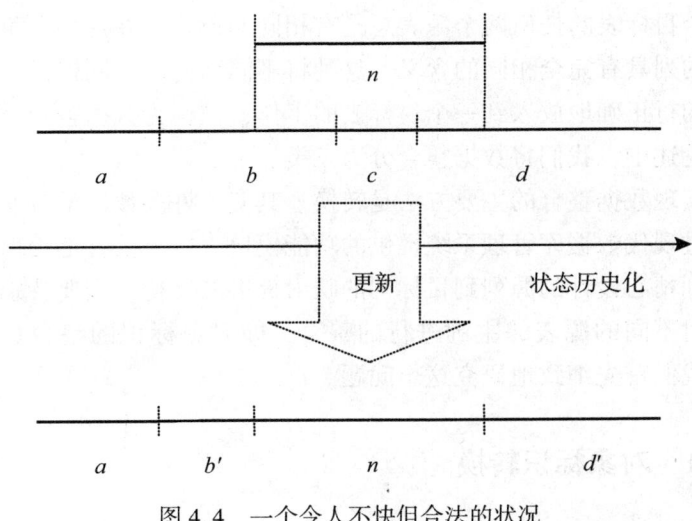

图 4.4 一个令人不快但合法的状况

自上次数据仓储更新之后，给定对象由时间段 a、b、c 和 d 组成了一个时间链，很是完美，既没有间隙也没有覆盖。现在，源应用系统提交了一个时间段为 n 的新记录，说过去的几个记录是错误的，新的这个才是正确的。这意味着，必须将时间段 b 和 d 调整到 b' 和 d'，以及时间段为 c 的记录必须从数据仓储移除。此外，时间段 n 的新记录还必须放到链中的适当位置，从而不致出现链间隙或重叠。

概念练习 7：

指出哪个基本操作，比如 INSERT 和 DELETE，对于更新图 4.4 中的链是必要的？

4.5 整 合

到目前为止，我们都隐含地假定数据仓储中插入到目标表中的所有行都是来自一个源应用系统的相同的表。也就是说，目标表只有一个源表。然而，在数据仓储的实践中，目标表可以有一个以上的源表，而且这些源表可能位于多个源应用系统。此外，也不能假定一个目标表的任何两个源表总是有相同的模式，并且两个源表中对应的列具有完全相同的含义。这种将不同结构、不同格式、不同语义的行正确地放入到一个目标表的工作，被称为数据整合。在下面的论述中，我们将数据整合分为三类。

实现数据整合的主要方法是转换。其实，许多数据整合问题可以通过现代数据库管理系统提供的功能模块直接、妥善地处理，并能得到精心设计的源列到目标列的映射提供的支持。需要特别注意的是对不同的源表的主键进行的整合，即对象标识的整合。接下来，我们首先细致地研究这个问题。

4.5.1 对象标识转换

4.5.1.1 自然键

假设我们有一个目标表 T 和它的两个源表，表 A 和表 B。源表 A 的主键由一列构成，源表 B 的主键由两列构成。并且，这三列数据类型不同。以下的自然键方法可能得到目标表的主键，也就是对源表主键的整合：

1. 目标表主键由三列组成。它们分别对应于两个源表的三个主键列。

2. 目标主键是一个单列，其值是表 A 的主键值或者是表 B 的两个主键列的关联值。

3. 上述两种方法的组合。

第一种方法的优点是，除了需要新增列之外，不需要特别的结构和机制，其主要缺点体现在它的使用过程中。对于目标表的某些行，第一列没有值，对于其他列如第二列和第三列的值也是未知。如果我们有更多这样的模式各不相同的源表，情况将会变得更糟。如果要连接这个目标表和数据仓储中的其他表，就必须特别关注那些取值未知的列。这是 SQL 编程的一个特别的细节。

第二种方法的明显优势就是目标表的主键列始终有值。其缺点表现为可能会发生这样的情况，表 A 的主键的取值和表 B 中两个主键列的关联值完全相同。如果发生这种情况，就违反了实体的完整性，也就是两个不同的目标列具有相同的主键值。一种可能的改进方法就是增加一列作为目标表的主键列，以指示该列来自哪一个源表。第三种方法是前两者的组合。因此，它兼有它们的所有缺点。

在许多情况下，目标表仅有一个源表，且由于其自身业务性质的原因，在目标表中加入一个额外源表的可能性几乎为零。在不需要进行对象标识整合或不发生类似列的数据类型变化的情况下应该应用自然键方法。

4.5.1.2 代理键

针对上述描述的不如人意的情况，所谓的"代理键"被引入不同模式的表的主键集成中。我们仍在上述情景中展开讨论。首先，引入两个技术表，即键映射表，例如，A_T 和 B_T，具有以下特点：

1. A_T，对应表 A，有两列。一列名为 sk，也就是代理键，另一列是 pk，即表 A 的主键列。

2. B_T，对应表 B，有三列。一列名为 sk 即代理键，而其他两列是 pk1 和 pk2，分别是表 B 的两个主键列。

3. 作为代理键的两列都具有相同的数据类型，通常是数字类型。

其次，目标表 T 新增了一列，名为 sk，作为代理键，这个新列通常被认为是目标表的主键。为追根溯源，可以增加一列到目标表以表示行相应的源表，该方法在多数情况下是很实用的。现在，让我们看看其工作机制是怎样的。

1. 代理键的生成。对于每个源表 A 中的每个主键，产生一个新的、唯一的序列号作为其代理键。代理键和对应的主键一起构成表 A_T 的行，即键映射行。所有这些键映射行被插入到键映射表

A_T 中。对源表 B 可以采用同样的操作。现在，这两个键映射表中任意一个表的每一行都意味着，代理键所在的列 sk 明确对应主键列 pk 或主键列组 pk1 和 pk2，这些都取决于与之相关的键映射表。有一点非常重要，就是要确保这两个键映射表中代理键 sk 的序列号的值域是不相交的。这样，为每个源表的行生成代理键，并将它们插入到两个键映射表中。

2. 插入主键。现在，我们把源表中的行插入到目标表中。以表 B 的每行为例，使用将被插入行的两个主键列的值在表 B 对应的键映射表 B_T 中查找即可确定其代理键。这个被确定的代理键，连同源表的其他列一起构成目标表的行。如果目标表有标示源表的列，就给它标上"B"。对源表 A 执行同样的操作。最后，把两个源表的所有行都加载到目标表中。图 4.5 说明了这一过程。

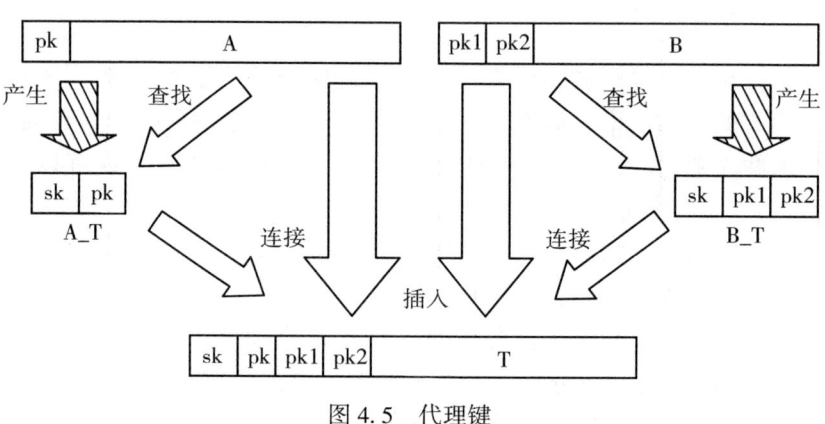

图 4.5　代理键

3. 插入外键。事实上，以上的描述是假设名为 pk，pk1，pk2 的源表列都是主键列。现在，我们观察外键的处理过程。假设有一个源表 C，其列 pk1 和 pk2 组成的外键参照了源表 B，该表的行将被插入到另一个目标表 U 中，表 U 有一个代理键列 fk，fk 作为其外键参照了目标表 T。在对源表 C 的行做处理时，先在键映射表 B_T 中查找列组合 pk1 和 pk2 的值以确定与之相应的代理键。这个代理键就是目标表 U 的外键 fk。利用 fk 连同源表 C 的其他列一起构建目标表 U。

下面是其他几种处理代理键的方式：

1. 单键映射表。在这种方式中，对于给定的目标表，所有相关的键映射表都被转换并整合成一个表，在这个表中新增一列来指示与之相对应的源表。为了避免发生错误，这个表应该有一个主键列，因为原来的每个主键列都分别来自各个源表。这种处理方式的优点就是不必确保代理键序列号的值域是分离的，并且单个表容易维护。其不足在于这个键映射表的模式会很复杂。

2. 无键映射表。这种方式是从上述方式直接衍变而来的。即，目标表的代理键/主键部分的模式看上去和上述单键映射表的模式很相似。既然代理键是基于目标表本身生成的，查找时对主键的高效能访问是至关重要的。如果相关数据库管理系统支持这种高效能访问，我们推荐这种方式。

3. 即用即生成。我们假设上述情况可以被明确地划分为两个阶段——第一阶段，生成，第二阶段，使用。事实上，极有可能难以区分这两个阶段。这种方式就是，在对行做插入的过程中，查找相应的代理键是否存在。如果存在，就把它找出来并使用。如果不存在就生成一个新的代理键来使用。

概念练习 8：

试指出"即用即生成"方式的优点和不足之处。

4.5.1.3 含时间维的代理键

代理键技术主要适用于对象数据，而这些对象数据则用来表示对象的各种状态。状态的持续时间通常由时间段来描述，而时间段既可以用单一的时间点来表示，以构成无间隙的时间链；也可以直接用一对时间点（起始点与结束点）来描述若干时间片断。这种对象表的主键一般由对象键加上表示单一维度时间段的单个时间点或者表示状态及有效性历史这两种时间维度的两个时间点构成。

通常可以用两种方法来构建对象目标表的代理键。由于源表的时间点（如"state_start"）本身就是主键的组成部分，所以第一种方法就如 4.5.1.2 节中所描述的那样，时间点也用来生成代理键。至于双时维，则两个时间点都用来生成代理键，如"state_start"和"valid_from"。我们称这种方法为基于主键的代理键，其主要优点是很容易通过主键和外键建立两表的连接，一个基于代理键的等式判别足矣。其弱点在于其不稳定性：正如图 4.4 所描述的那样，若父对象的时间链发生了改变，则围绕该对象的所有代理键都需要被重构，并替换原值。而此时（新值未替换原值）如果立即连接父子表，将会因子表数据行中的代理键已过时而无法获得所有结果。为克服这种情况，要求只要父表的时间链发生变化，就必须更新所有受影响的子表，而这种处理在数据仓储环境下是很痛苦的。另一种"解决方案"是不修改父表中的错误行，而这将导致父表在时间链上出现重叠。

为了从根本上克服这个实质性困难，我们提出了基于对象键的代理键方法，其构建方法仍与 4.5.1.2 节中相同，利用主键的子集——对象键——而不是整个主键生成代理键。这种方法有一个小弱点。因连接父子表所用的主键和外键都是基于代理键的，这样两表连接时就需要再增加一个或两个额外的等式比较：若对象为单时维，则只需增加一个等式；若对象为双时维就需要增加两个等式了。

4.5.2 列数据转换

实现数据仓储的列数据整合主要用到以下几种类型的转换：

1. 数据类型转换。若源列与目标列的数据类型不一致，就需要将源列的数据类型转换为目标列的数据类型。多数情况下，相关数据库管理系统将自动完成数据类型转换。如果数据库管理系统不能自动转换，就只能显式地转换以使源列的数据类型适合目标列。

2. 格式化。如果源列的数据表现形式不符合目标列的要求，为了数据表现的一致性，大多数情况下，要利用相关数据库管理系统的格式化机制。

3. 求子串。有时源列字符串的长度超过了目标列的容量，或目标列只需要源列的一部分，或者一个大的源列数据需要分成多个部分以便存入不同的目标列——无论何种情况，都可以利用求子串来将源列值分割成若干个部分以适应目标列的需求。

4. 连接。有时需要将多个源列连接起来以构成一个目标列值，这种转换主要应用于日期型数据。

5. 分支。这种类型的转换常用于翻译，即：将值从一种形式映射到另一种形式。在实现数据仓储的标准时经常需要进行这类转换。

6. 语义标准化。一个源列的数字可能表示克数，而在另一个源列中可能表示千克数，当这两列对应同一个目标列时，就需要将数值标准化，例如可以将单位都统一为克，或者千克。

7. 计算。这种转换是一种更高级别的转换，因为它是根据公式推导而来的。

8. 以上各种转换的组合。这种情况有可能很复杂。

4.5.3 表模式转换

不仅层次较低的列数据需要转换，而且层次较高的表模式同样需要转换。在数据仓储的实践中，目标数据模型尤其是目标表的模式可能与源应用系统有着天壤之别，即使对应于同一个目标表，不同源应用系统的源表也可能会明显不同。为了将这些不同模式的表整合起来，就需要对这些源表进行相应的转换。

事实上，前文描述的代理键处理就是一种特殊的表模式转换：将两个或者更多列转换为一列，即所谓的代理键。原则上，表模式整合有以下几种类别：

1. 1∶1。一个源表被转换为另一个目标表，这是最简单的一类。

2. M∶1。多个源表被转换至一个目标表，有两种子类：

(1) 垂直型 M∶1。目标表的每一行都仅来自于多个源表中的某一个表。

(2) 水平型 M∶1。目标表的每一行都来自于对多个源表的行连接。

3. 1∶M。一个源表的数据行被分配到多个目标表中,也有两种情况:

(1)垂直型 1∶M。将源表的行按照一定的条件分成若干组,每个组对应一个目标表。

(2)水平型 1∶M。将源表行数据的各列分成若干组,每个组对应一个目标表。

4. M∶N。包含上述子类的各种可能组合。当目标表的结构与源数据模型明显不同时就会出现这种情况。

实际上,上述绝大部分转换类别中都涉及以下具体任务:

(1)明确选取的源表中有多少列需要处理以适应目标表。

(2)确定源表中有哪些列需要映射到目标表的哪些列中。

(3)根据目标表确定源表列的排列顺序。

有时,直接将源表转换成目标表的结构很难实现,甚至根本不可能做到。这种情况下就可以将整个转换过程分解为若干个简单的步骤。每一步产生的中间结果都存入"工作表",通过使用"工作表"让转换过程变得易于实现,且更简单。当数据仓库的构建活动中应用了一些复杂的算法或者很复杂的数据结构时往往采用这种方法。

4.6 完整性保证

一方面,由于源应用系统在技术、结构、软件质量、运行模式等方面的差异以及数据仓库自身的复杂性,我们无法保证从源应用系统获取,并经过数据仓库程序处理的数据在最终存入数据仓库前是没有瑕疵的。另一方面,数据仓库中存储的数据对于组织信誉、承诺、使用和数据仓库的生存权等方面是有战略意义的。通常,在数据仓库的每一个域——预备域、处理域、存储域等——都必须考虑如何保障数据的质量。

经过预备域处理的数据被存储到已预备表区的数据表中,这些数据是干净的、不可细分的、最低粒度的数据。但是,它们并不一定能保证数据的完整性。根据4.3节中数据完整性的定义，数据完整性验证必须考虑多行(实体完整性)甚至多个表(参照完整性)。多数情况下，完整性涉及的行只能在数据仓储的存储域中获得，那么，问题就产生了：到底在何处进行数据完整性保证？最自然的回答是"即用即生成"。对刚刚建立的目标行的完整性验证是在它们进入数据仓储存储域之前进行，例如：应用数据库触发器或其他类似功能。这种方法有两个致命缺陷：效能低下且可维护性差。

设计建议 8：

将完整性验证作为一个单独的目标，并且用一个独立的过程处理。

与"即用即生成"相比较，设计建议8有以下两个好处：

1. 高效能。为了处理大量的数据行，数据库管理系统采用了"逐块处理"，而不是与"即用即生成"处理极为相似的"逐行处理"。两者的效率不在同一个数量级上：数据库管理系统内置了一些专用的数据结构、算法等来进行"逐块处理"。如果完整性保证采用在一个块中集中统一处理的方式，我们就能充分应用数据库管理系统的这种特殊处理能力。

2. 易维护。如果在一个程序中集中太多的功能就会形成超载。超载程序的可读性、可调试性、可扩展性都很差，尤其是在功能和逻辑上很复杂的情况下。从长远看，含有超载程序的系统对组织来说很危险，对用户来说也不方便。下面我们会看到，数据完整性处理非常具有挑战性，而且十分复杂。要使数据仓储易于维护，就应该遵循前面提到的设计建议。

4.6.1 参照完整性保证

参照完整性至少涉及两张表。一张是父表，另一张是子表，子表的外键参照父表的主键。一个表也可能参照自身，这种情况下，表同时扮演了两个角色：一个是参照的子表，一个是被参照的父表。数据仓储必须保证子表的外键值要么存在于父表的主键列中，要么根本就没有值。

4.6.1.1 缺失对象

假设正在处理一个交易表的源数据行，其中某一列，如合同号，作为外键参照其父表——合同表，而合同表存储了所有的合同信息。如果交易表的合同号在合同表中不存在，那么这个交易就没有任何意义。一般而言，应该确保交易表的合同号列中所有的合同号都应该存在于合同表的合同号列中，这样交易表就依赖于合同表（通常情况下是子表依赖于父表）。由于这种依赖关系的存在，必须先更新合同表，然后才能更新交易表，否则，就会出现在合同表中不存在交易表合同号的情况。假如合同表之前已经更新过了，但在验证中还是出现交易表的合同号不存在于合同表的情况，则可能有三个原因：

1. 由于发生数据丢失或拒绝写入，导致合同表中不存在这条合同信息。如果数据有缺陷，那么数据仓储将拒绝写入这行数据，并通知源应用系统的相关责任人。源应用系统将更正这行数据，并在下一次向数据仓储发送数据时再次发送这行更正后的数据。

2. 这行数据的合同号因软件或硬件的错误而被篡改了。通常情况下，这些错误的数据将通过插入操作进入数据仓储，如果不进行专门处理，它们将一直存在。要找出这个错误的合同号，可以检查是否有交易数据引用了该合同号：若该合同号没有被引用，尽管它们是无害的，也应将这个可疑的合同号通知给源应用系统的责任人；如果数据确实有错误，就应该从合同表中删除这笔合同信息。这种检查可以通过数据质量检查系统来执行。

3. 源应用系统还没将合同数据写入合同表。在许多组织机构中，交易数据表和对象数据表并不是由同一个操作型应用系统来维护的，而且数据的传输往往不能同步，即便这些表在同一个源应用系统中，该系统也不一定能确保参照完整性。因此，被参照的业务对象数据的传输迟于相应的事件数据是很正常的。

那么如何解决上述第 1 种和第 3 种情况呢？一种理论上可行的办法就是：先拒绝写入交易数据，待源应用系统传输合同数据后重新发送交易数据时，再将其写入数据仓储。然而在数据仓储实践中，极少采用这种方式。在可能的情况下，自动检错才是上策。使用等待表就是这样一个机制。

在上述场景中，交易数据均未能得到合适的处理。因此，这行源数据将被放入处理环节的等待表区的某个表（等待表）中，而这个表要求与交易表有相同的结构。下次更新数据仓储时，源表中的行将与等待表中的行一起处理，同时清空等待表，并如上述处理。未能得到合适处理的交易行将再次被插入等待表中。数据质量检查系统应识别出那些在等待表中长时间未得到处理的行。

4.6.1.2 未定义代码

正如4.1.1节中分析的那样，使用代码是为了压缩数据并使之标准统一，而代码表实质上是一个翻译表，即，将代码值翻译成其对应的实际含义。事实上，所有的代码表都是父表，它们被各种各样的交易数据、对象数据，甚至代码数据所参照。有些子表只包含少数几列代码，有的可能包含数十个甚至上百个代码列。尽管从数据完备性的角度来看，这些代码数据很重要，但是，在考虑参照完整性时，它们并没有业务对象数据重要。上节描述的交易数据行因为没有包含正确的合同代码，所以这行数据没有意义；但是如果这行数据包含的交易类型不存在于相关代码表中，这对该行数据并不会带来严重后果。换句话说，有些相关的代码，如对象数据的确很重要，而另一些代码则未必。数据的重要与否取决于组织机构的需求和个别的业务需要。处理这类问题有两类方法：一是上述合同号的处理方法；另一类方法的包容性更好，下面将进行描述。

在完整性保证中并不一定检查那些不太重要的代码列。这些代码列虽然存入了数据仓储，但是与这些代码相关的参照行并不一定也存入了数据仓储。如果某些代码的参照行没有存入数据仓储，包含这些代码的数据行也只有在使用时才会出现问题。如果要求生成一份按交易类别分类的统计报表，并且使用代码表来描述交易类型，那么，交易表中交易类型代码不存在于代码表中的数据行都将被忽略。应用下面的方法可以解决这个问题：

1. 找出那些相应代码表中不存在的交易数据（或对象数据）的

代码值；

2. 在相应代码表中插入这些新的代码，并将其描述为"未定义代码"；

3. 将这些未定义代码清单移交相关源应用系统的责任人；

4. 重新发送这些受影响的代码到数据仓储，并更新代码表。

另一种处理未定义代码的简单方法是，在行中为这些代码列设置缺省代码，这些缺省代码应存在于相应代码表中。这种方法的缺点是，用缺省代码代替了实际值，而这个实际值可能对组织十分重要，因此许多场合下不能使用这种方法。

4.6.1.3 预定义代理键

假设需要将4.6.1.1节中介绍的交易行中的合同号根据键映射表转换成一个代理键。需要注意的是，在整个查找过程中，合同号并不存在于键映射表中。因此，没有关于该合同号的代理键，处理这种情况的办法之一是使用4.6.1.1节中描述的"等待表"(Waiting Table)。另一种方法就是下面要介绍的预定义代理键。

如果合同号存在于键映射表中，则可以提取相应的代理键以建立目标交易行；否则就要为该合同号生成一个新的代理键，并在键映射表中插入一个由合同号及新代理键构成的新行，目标交易行也因新代理键的产生而得以建立。这样，我们不需要等待就能得到一个完美的目标交易表和一个完美的键映射表。这似乎是一个完美的更新方案，然而当我们使用数据仓储时却发现目标合同表并没有包含这个合同号的任何信息！这种情况与4.6.1.2节中讨论的未定义代码非常相似。实际上，处理这种情况还有两种变通的方法：一是在合同表中插入一个新行，除代理键外其他列均使用默认值；另一种方法是保持合同表原样不变。

如果采用(预定义代理键)这一方法，就必须定期检查相关对象表以找出所有的这种预定义代理键，并将其发送给相关源应用系统的责任人，让其先在源应用系统中更新这些数据，然后将更正后的数据重新发送给数据仓储。

4.6.2 实体完整性保证

实体完整性规则，或唯一性完整性规则，要求代表实体的主键在给定的域内是唯一的，或者说主键的每一个键值在完整性域内必须是唯一的。如果在插入时违反这一规则，那么这行数据将被拒绝插入。

使用相关数据库管理系统的内置功能和特性可以在"即用即生成"处理方式下确保实体主键的唯一性。用 DBMS 提供的 DDL（数据定义）语言为表定义主键，然后逐行对插入键值的唯一性进行检验。但出于效能原因，许多数据仓库对大数据表不采用这种方式。进一步说，仅仅在处理过程中检查新插入行对确保键值的唯一性是远远不够的。既然新插入行与数据仓库中现有的行共同组成了数据仓库中表的行集，那么也要检查新插入的键值与当前数据仓库中已有的键值是否冲突。正如 4.6 节中建议的，应该采用集中方式对实体完整性进行验证。

4.6.2.1 点唯一完整性：重复键

假设不知表的所有行的键值是否唯一。要保证键值的唯一，就必须找出所有键重复的行。将这些受影响的行按与数据仓库终端用户协商的某种规则排序，排在最前面的行将被写入数据仓库，而其他那些重复的行将被拒绝，这样就能确保点唯一完整性。被拒绝的行将被传送回相应源应用系统的责任人。

重复行是重复键的一种特例，这些行的所有列值都相等。多数情况下，出现重复行说明数据仓库的某些软件有缺陷，应该对数据仓库进行审查。

4.6.2.2 区间唯一完整性：重叠

一方面，从源应用系统生成数据到数据仓库的数据收集以及数据整合，这是一段非常艰难的历程，因而很难保证这复杂的软件和高要求的操作不出差错。此外，为了获得更高的处理效能以及满足高事物吞吐量等要求,有的源应用系统在设计时根本不考虑验证数据的完整性。

而另一方面,在数据仓储实际工作中,查找错误的工作有可能需要花费很长的时间、付出很高的代价,这对于数据仓储系统和源应用系统是一种负担。由于数据仓储不能因为查错而中断运行,这样就要求建立一个能够尽可能对复杂的错误数据进行自动检测并予以更正的机制。下面我们给出一个特殊类型的数据错误的例子——重叠。

4.3.2 节中的图 4.3 描述了一个双时维重叠的例子。由于双时维重叠可能导致错误的报告,并对终端用户的决策造成错误的影响,所以应该先检测出重叠数据并解决重叠问题,然后才能将数据存入数据仓储。因为对源应用系统软件的修改通常是不可能的,所以这项工作只能由数据仓储自身来完成。对于综合而复杂的数据仓储来说,这是一项非常具有挑战性的任务。

图 4.6 显示了图 4.3 中的矩形 A 已经被分解为两个矩形——A1 和 A2。这样处理后的数据就不存在重叠了。

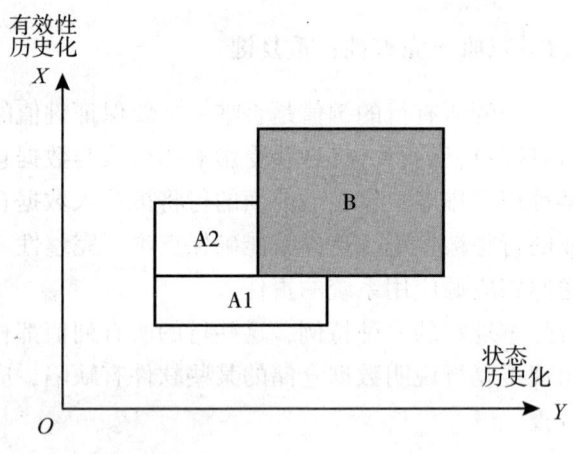

图 4.6 双时维重叠的解决方案

构建练习 4:

在保持矩形个数最少的情况下,对图 4.3 寻求更好的解决重叠问题的方案。

构建练习5：

设计一个算法以解决图4.3提出的双时维重叠问题，并对其给予扩展以解决任意个数的矩形重叠问题。

4.7 错误处理

无论人们愿意与否，数据错误总是不可避免的。源应用系统的软件错误或操作错误，或者因数据仓储在设计、程序开发中存在的错误，这些都可能导致数据出错。一方面，数据仓储中数据的质量至关重要(如4.6节中讨论的)；另一方面，数据仓储的正常运作不能被任何错误所干扰。

实践建议3：

按以下要求处理数据错误：

1. 尽可能地自动更正数据错误。无论如何都应该就自动更正中的转换规则问题咨询数据拥有者。

2. 积极地检测数据异常，拒绝不可能校正的反常数据，并用一个错误表来专门收集这些异常数据。

3. 定期通知源应用系统端的相关责任人有以下事项：

(1) 反常数据；

(2) 其他异常现象。

这样才能尽可能早地更正软件和操作错误。

4. 引入进程管理机制，以便在因数据异常发生局部崩溃的情况下，进程的其他部分仍然能够继续正常运行。

4.8 处理域组件

图4.7概括地描述了本章的主要内容。对此的补充解释如下：

1. 工作表区：对于复杂数据转换，可能需要保留其中间结果；如果数据转换极度复杂，则工作表区还可能被反复使用直到获得最终结果。绝大多数情况下是不会用到工作表区的。

2. 已处理表区：对于数据仓库中的每一个目标表，已处理表区中都有一个模式与之完全相同的影子表。每个周期性更新结果在最终进入数据仓库之前都将存放在已处理表区。这种结构有以下优点：

（1）从结构上看，已处理表区是一个停靠站，它明确了另外两大域——预备域与存储域——的边界；

（2）已处理表区使查错更简单，可以在任何时间执行程序而不用担心对数据仓库带来风险；

（3）将已处理表区的数据存入数据仓库中对应的目标表是一个极简单的操作；

（4）可以根据已处理表区中的数据来撤销刚刚完成的、对数据仓储的存储操作的修改；

（5）最后也是最重要的一点，这种机制可以减少数据备份、恢复时间及资源开销。例如，数据仓储每个周末都要进行完整备份；而除周末外，每天只需备份已处理表区中的表即可，即所谓的变化量备份。如果我们今天要恢复损坏的数据仓储，只需要恢复上周末的完整备份以及本周截至今天的所有变量备份即可，就是这么简单。

3. 等待表区：若源表中的数据行因为某些原因不能得以处理——如未能验证外键，或者不满足某些业务规则，那么这些数据就只能等待条件成熟了再进行处理。为了解决这个问题，可以在该区中为每个源表建立一个结构完全相同的影子表来存放这些数据行。

4. 错误表区：每个源表在本区中都有一个对应的影子表。除了源表的所有列外，每个影子表都有一些额外的列以存放各种错误的相关信息。此外，本区中还设置了一些专门的表用以存放错误及日志的信息。

5. CIE 流：CIE 流代表处理域的主要处理流程。在处理过程

第 4 章 处 理 域

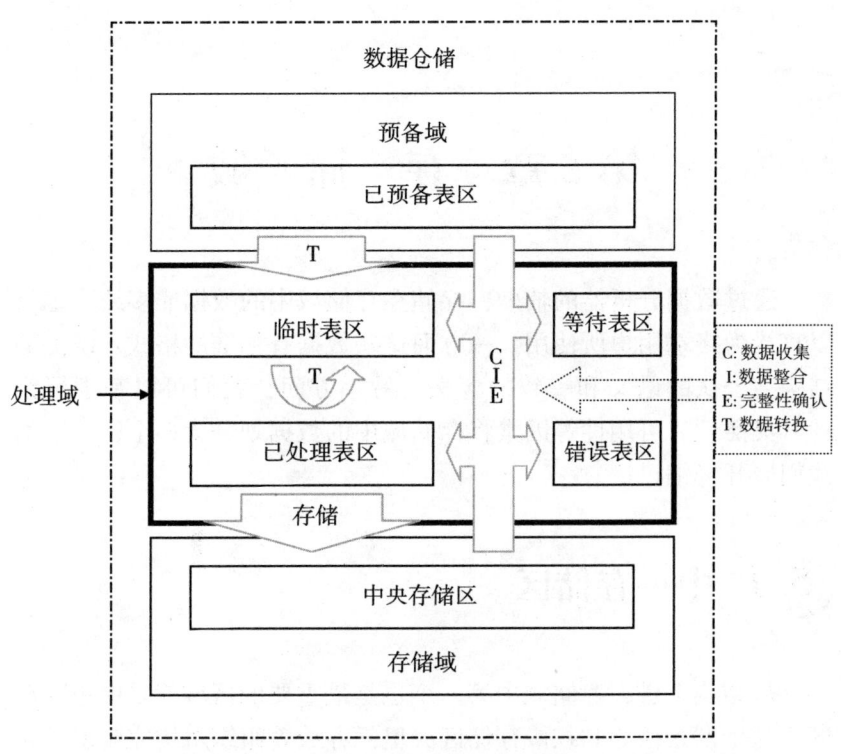

图 4.7 处理域的结构

中，诸如数据的收集、转换、参照完整性验证等都是即时逐块处理的。CIE 流从已预备表区的数据出发，带上等待表区中可获取的数据。如果需要，CIE 流会使用工作表区。如果检测到数据错误，错误数据会被写入错误表区。如果数据整合需要键映射表，CIE 流就从存储域的中央存储区获取需要的键映射表。这些操作同样适用于数据完整性的保证。最后，处理完了的数据被写入到已处理表区的对应表中，这些数据最终被存储到存储域的中央存储区对应的目标表中。

83

第 5 章 存 储 域

通过数据分析器的辅助，存储在存储域中的数据或多或少地可以直接为终端用户所使用。一方面这些数据有标准的格式、统一的结构、公认的语义和一致的含义。另一方面，我们可以基于可读性、灵活性、可用性等因素将存储域中的数据划分为多个区。下面我们展开详细讨论。

5.1 中央存储区

从结构上讲，存储域中第一个也是最重要的区域就是中央存储区。这个区是核心和权威存储区，里面存放着组织机构完整的、可供分析的细节数据。对这个区的数据最重要的要求就是数据的完备性、正确性、一致性、完整性以及数据结构的灵活性。这意味着新的、满意的业务信息要求应该不用付出太大的代价就可以得到满足。也就是说，所期望的数据结构可以从现存的结构中直接获得，并且可以完美地获取所需要的数据。如果我们还不能从这个区中获取所需要的数据，那么，这些数据也应该能在不影响现有结构的基础上通过处理后快速获取。

5.1.1 逻辑数据模型和规范化

规范化的关系数据结构使表具有灵活性、准确性，且可以有效避免数据冗余，因而可以满足上述中央存储区的需求。为了理解这一点，我们简要地回顾一下所谓的关系数据结构的范式。

1. 如果表中的所有列都是原子的、不可再分的，那么这个表就满足第一范式（1NF）。

2. 满足第二范式的表必须满足第一范式，并且表中的任何一个非键列都完全依赖于主键。简而言之，非键列描述整个主键。

3. 满足第二范式（2NF），并且表中的每个非键列都只依赖于主键，即任意两个非键列间不存在相互依赖，这样的表满足第三范式（3NF）。

满足第三范式的表被称为规范化的表，否则就是非规范化表。规范化表的优点就是通过该表可以直接获取所期望的信息。非规范化的数据表如果不满足第一范式，用户必须先拆分列才能获得所需要的信息。多数情况下，这种拆分列方式可能无法确保所取得的信息的正确性。满足第三范式的表与满足第二范式但不满足第三范式的表相比较，具有以下优点：

1. 最小冗余。每个数据库由一系列的表组成，其中的每个表都由主键来确定。根据上述第三范式的定义，每个非键列必须提供关于键的一个事实。也就是说，数据库中不存在一个直接描述两个不同主键的非键列或者出现两个不同的数据表中的同一非键列。由此可知，非键列不存在冗余。以上的讨论也可以扩展到数据表的行中。数据冗余会耗费存储空间，因此，满足第三范式的数据库可以有效地降低这种浪费。避免数据冗余的另一根本优势就是可以有效避免异常情况的发生。

当对一个表进行更新操作时，我们不希望产生副作用，即发生所谓的更新异常。如果数据库不满足第三范式，非键列可能出现在多个表中，或者它的值出现在一个表中的多个行中。这时，如果我们仅在一个或多个表中而不是包含这列或者列值的所有表和行中进行更新操作，那么更新完成后的数据就可能不一致。为了确保数据的一致性，更新软件不得不做得非常复杂，并且更新通常要持续相当长的时间。事实上，在这种方式下所有涉及的更新程序都相互关联，形成了一个复杂、不透明并且相互依赖的程序网。它难以理解、调试、维护、扩展和改变。

2. 最大灵活性。上述的无冗余性降低了数据库中表之间的依赖，因而增加了整个结构的灵活性。如果我们认为一个主题——如结构灵活，那么，对其进行改变时与对其他同一目的的主题做出的改变相比较，不会导致更多的成本、努力和麻烦。这里，关于灵活性有两个方面的考虑。

（1）可扩展性。满足第三范式的数据库可以被扩展，当增加新的表时无需对现有结构进行显著更改。保持数据结构稳定性的好处是可以不用对现有数据仓储的处理软件进行更改，也不必对依赖于数据结构的用户应用系统进行调整。总的来说，数据库的成长壮大是通过添加而不是通过更改来实现的。

（2）通用查询。任何依赖于满足第三范式的表的查询，包括未来还不能被预测其细节的查询，都可以平等、对称地得到支持。相反，不满足第三范式的表会使得这些表局限于某种类型的查询，而其他类型的查询则得不到有效的支持。这意味着，任何所期望的新结构可以很容易的，并且是不费力的从现有的满足第三范式的数据结构中获取。

3. 精确性。充分满足第三范式的表以及表之间的关系可以被用来精确地映射现实世界的业务概念以及这些概念之间的相互关系。由于这种精确性，它们很容易被理解。相应地，这种易理解性可以确保数据结构的正确性。

逻辑数据模型是一个组织机构业务领域的抽象数据和关系结构的展示。它应该反映这个领域的业务概念及其之间的相互关系。通常根据实体（即抽象表）及实体之间的关系来组织逻辑数据模型，并通过描述属性或列来丰富逻辑数据模型。一个逻辑数据模型独立于任何特定的数据管理技术。

一般来说，逻辑数据模型是数据仓储的语义和结构的基础。它的正确性是确保存储在数据仓储中的数据及其后续应用的正确性的前提。通常来看，由于许多原因不能完全实现逻辑数据模型。为确保实现和归档的正确性，特别是从长远角度来看，应该遵循下面的建议。

实践建议 4：

保证中央存储区的逻辑数据模型切合实际情况，其中的抽象表完全满足第三范式。

符合第三范式的数据模型具有两个值得一提的质量属性，即数据模型的可理解性和可用性。从一组给定的相关表可以衍生出多组等价的、规范化的相关表，即多个等价的数据模型。为判断符合第三范式的数据模型的质量，首先考虑其可理解性。第二个重要的质量属性是数据模型的可用性。例如，理论上可以用一个通用的、符合第三范式的、由三个通用表组成的数据模型，将世界上所有的正规表加之其各自的列以及这些表之间的关系都建模在一起。当然，这样一个数据模型在实际中是没有用的。

5.1.2 物理数据模型和去规范化

物理数据模型是一个基于其相应的逻辑数据模型的数据存储设计。它需要考虑用以存储数据的数据库管理系统的功能和约束。物理数据模型有两个主要需求：

1. 正确的语义。物理数据模型必须正确地反映逻辑数据模型的业务语义。一个满足这个需求的直接方式是，最大限度地按第三范式将逻辑数据模型中的抽象表或关系各自映射为相应的物理表。

2. 高效能。必须确保根据物理数据模型所存储数据的查询及更新操作得到充分快速的处理。实现这个要求的一个有效方式是对所考虑的表去规范化。简而言之，就是应用满足第二范式的表。

很明显，这两个要求在解决方案上是相互矛盾的。在进一步讨论之前，我们先详细地回顾一下满足第二范式的表。与第三范式相比较，第二范式有下列优点：

1. 高效率。假设表 A 和表 B 都满足第三范式。如果表 A 中有一个参照表 B 的外键，两个表就能相互连接。这种连接操作的结果是一个新的表 C。表 C 不再满足第三范式，但是满足第二范式。这个过程称为去规范化。

从 CPU 的时间消耗和输入/输出的操作要求来看，连接操作是代价最高的关系运算。如果可以减少因查询处理所做的连接操作的数量，那么，就可以提高处理效能。假设我们想连接表 A 和表 B，以获取来自这两个表的某些信息。如果我们知道存在一个表 C(已经通过上述描述的过程建立)，那么，我们就可以不用任何高代价的连接操作而直接访问表 C。使用这种方法，查询处理将变得非常迅速。

2. 特殊查询时编程工作量小。以上的例子说明了如果存在表 C，就无需再做表 A 和表 B 的连接操作以获取来自两表的信息。形式化连接操作，即编程，并不总是很简单的工作。有时，如果许多表的列含义模糊不清，则编程就相当具有挑战性。当然，只有存在合适的去规范化的表时，这个方法才有效。换句话说，对于其他查询类型来说，一切并没有改变。

去规范化是一个使数据仓储高效工作的强有力的手段。然而，去规范化也需要付出以下代价：

1. 破坏了灵活性。正如前面小节所讨论的，去规范化的表在可扩展性和通用查询机制两方面缺乏灵活性。即，表的去规范化程度越高，它的灵活性越差。这是数据仓储所有者付出的总代价中最重要的代价之一。在此可以对比一下在 1.4.4 节中列出的经济方面的要求。

2. 需要更多的存储空间。如上所述，去规范化带来了数据冗余。表的去规范化的程度越高，存储同样信息所需要的存储空间则越大。

3. 导致不一致问题。如前所述，为了避免出现异常，处理软件会非常复杂。

4. 扰乱了可理解性和精确性。过度的去规范化会生成非常复杂的大表，该表隐含了对大量小表的综合。大表中列与列之间的关系以及被综合的小表之间的关系不再可识别。这使得数据的业务语义不清晰，实际上意味着信息的丢失。并且，当使用数据时，非常容易出错。

因此，要谨慎对待有效但却有弊端的去规范化。为了走出这个困局，可以遵循下面建议。

设计建议 9：

关于中央存储区的物理数据模型：

（1）规范化时至少要满足效能和可用性要求。
（2）去规范化时需最大限度地满足灵活性和精确性要求。

设计建议 10：

如果数据仓储的主要源应用系统的物理数据模型已经做了很好的规范化处理，并且数据的质量非常高：

将它作为中央存储区物理数据模型的基础。

这样，可以显著降低在程序开发上的投入。

概念练习 9：

说明上述表 C 满足第二范式。

5.2 分析展示层

一方面由于规范化的数据模型具有精确性（从而数据具有较好的正确性），因此，这种数据模型容易被设计者和工程师们所理解。另一方面，它们通常不适合数据仓储的终端用户使用。这有两个主要的原因：一是这样的模型在本质上是复杂的。二是当终端用户为了业务活动的需要从数据仓储查询信息时，他们通常对于规范化数据模型表示的复杂关系不感兴趣。也就是说，他们需要直接的、能满足他们信息查询需求的另一种数据展示方式，而且由模型所展示出来的关系应该完美地切合他们的业务和分析想象。在这种背景下，我们引入一个介于中央存储区和终端用户之间的分析展示层来展示数据及其之间的关系，以便更准确地切合业务和分析想象，以及更准确地符合终端用户的使用要求。

一个能满足这种展示要求的、看似合理的方法，就是对中央存储区的物理数据模型去规范化，从而符合终端用户的分析设想和使用要求，并直接展示在分析展示层上。然而，这种广泛使用的去规范化处理具有前面小节讨论过的所有明显的缺点。简而言之，从数据仓储所有者付出的总代价，以及长远的、总是不断快速变化的业务领域的角度考虑，这种方式是不可行的。

理论上，仅仅基于中央存储区中相关规范化表的查询，只要采用数据库视图①就可以很经济地满足上述的展示要求。这种方法非常灵活而且不耗费存储空间。然而在实际中，这种方法并非总行得通，其主要原因是，中央存储区的规范化结构与终端用户所期望的数据分析展示层中的数据展示结构有很大差异，要实现前者向后者的转换将产生复杂的查询，这将使其无法满足效能要求。

5.3 效能强化区

效能几乎是大型数据仓库最重要的瓶颈问题之一，是数据仓库可用性的另一面。为了解决效能问题，分析展示层中以展示为目的，并且效能不确定的数据库视图必须物化。为此，我们引入了一个效能强化区，其使用精心设计的去规范化技术，以确保取得有效的、业务所期望的数据和关系展示以及相关的查询处理，并且最终获得数据仓库可用性的整体改善。

与中央存储区相比较，效能强化区不是数据仓库中必需的组成部分。事实上，它是一个外围的、次要的、附属的、补充的部分，并且它的数据来自中央存储区。多数情况下，相关数据管理系统提供的机制，如物化视图②，可用于此。对于其他更具挑战性的情况，则需要用编程来实现，后面的几节中将详细讨论。值得一提的是，应当在效能允许的前提下，适当使用这个组件。这是因为，效

---

① 数据库视图是几乎所有的专业的关系数据管理系统都提供的一种机制。一个数据库视图看起来像普通的物理表并且能够像普通的物理表那样被查询。在这个视图背后，有基于物理表或者其他视图的查询。如果一个视图被查询，那么数据库管理系统处理的将是这视图背后的查询操作。

② 采用物化视图，基于视图的查询结果被预先计算好并且被物理化存储在相关数据库管理系统中，以满足关系到这个视图的快速查询的目的。关于物化视图更多的内容，可以参见 http：//en.wikipedia.org/wki/Materialized view。

能强化区的更新需要大量的时间和系统资源，而且物化时需要相当大的存储空间。简言之，在满足可行性的前提下，效能强化区应该尽可能地使其最小。

总之，中央存储区的数据模型和处理域的相关处理工作重点是数据完备性、一致性、正确性和灵活性。而效能强化区则重点强调数据的可用性。前者可以通过应用规范化所准确表示的关系、约束和业务规则来获得，而后者则通过去规范化完成。在下面的几节中，我们介绍关于效能强化区的一种有效方法。

5.3.1 维度数据模型

在 4.1 节中，我们讨论了事件数据和对象数据。前者常带具有特殊重要性的数字，而后者提供描述前者的信息，如卖给某个客户的啤酒的数量，或者从一个账户转账到另一个账户的金额。这里，进行描述的对象数据是购买啤酒的顾客和参与转账的两个账户。在数据仓储术语中，这类事件数据中的数字称为事实，作为描述者的对象则称为事实的维度。如果我们以这种方式分析数据，我们就是在制订一个维度数据模型。

事实上，这种以事实为中心来看待事物正是人们在日常业务中自然的思考方式。值得指出的是，根据实体-关系分析，事实也就是事件数据，构成实体（即对象数据）之间的展示关系。有趣的是我们注意到对于关系数据建模者来说，他建立模型的基础通常是对象数据表，而对于维度数据建模者来说，他的模型的骨干则是事实表。通常，一个关系数据建模者将他的大模型依据主要的主题分割成为多个所谓的主题区，这些主要的主题即对象。而维度建模者根据事实分割模型。这些行为者群体表明了两类思考方式的显著不同。

基于当前和始于 4.2.2 节所讨论的内容，我们建立了一张对照表，如表 5.1 所示，来总结事物及其联系或在 IT 专业领域中的概念。

表 5.1　　　　　　　　事物及其行为

区域	静态部分	动态部分
World 世界	Things 事物	Behave 行为
Sentence 句子	Subjects 主语	Predicates 谓语
Business Activity 业务活动	Objects 对象	Interactions 相互作用
Object-Oriented Programming 面向对象编程	Object with States 对象及状态	Methods for Behaviours 行为方法
Entiy-Relationship Analysis 实体-联系分析	Entities 实体	Relationships 联系
Relational Data Modeling 关系数据建模	Object entities 对象实体	Relating entities 联系实体
Dimensional Date Modeling 多维数据建模	Dimensions 维度	Facts 事实
Data Classificaton 数据分类	Object data 对象数据	Event data 事件数据
Data Collecting 数据收集	Historicizing 历史化	Archiving 归档

5.3.1.1　雪花模式

维度数据建模的主流结构模式之一是所谓的雪花模式。这种模式中，一个事实与它的描述维度一起形成类似雪花的结构。其中事实是雪花的中心，维度被想象成花瓣。图 5.1 的左面部分给出了说明。

我们注意到，分布在事实周围的维度不必是对称的。事实即图 5.1 中的雪花中心的圆圈。

事实上，从中央存储区中的规范化关系数据模型得到雪花模式并不难。

工作流程 1(模型转换)：

1. 找出与你的业务需求感兴趣的那些数字或者事实；
2. 在关系数据模型中识别出相关的表；
3. 为这些表中的每个表，即雪花的中心，做以下的操作：

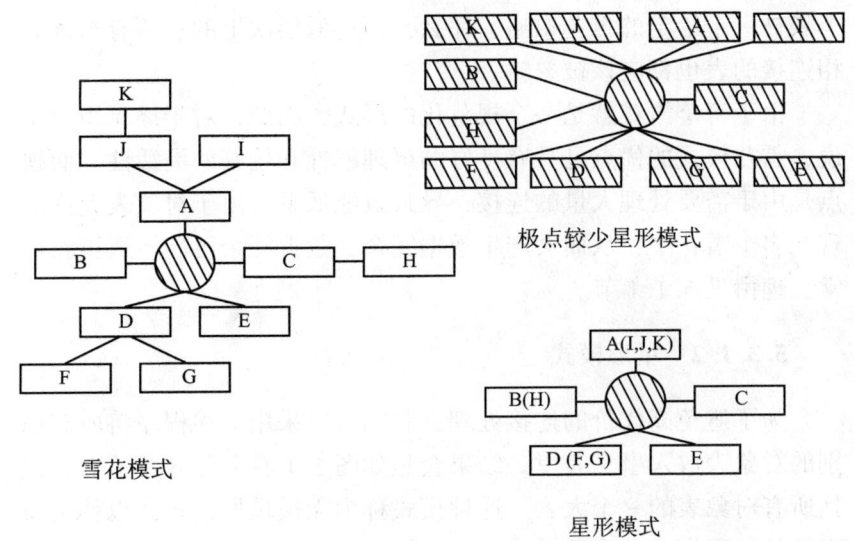

图 5.1　各种维度模式

（1）识别出与中心表直接相连的所有的对象表；

（2）为每个对象表，即第一层的每个对象表，做以下的操作：

1）识别直接与当前对象表相关联的所有对象表，除去前面已经识别的对象表；

2）为每个对象表，即第二层的每个对象表，重复第一层的操作。以此类推。

4. 重复这个识别工作，直到不能再继续为止；

5. 分别将每个雪花绘制在一张纸片上，所有这些纸片就组成了整个模式。

在这个过程中，可能会遇到下面情况，即，一个对象表与较高层次上的多个表相关联。在这种情况下，一方面可以决定保留多个表中的某个表，忽略剩下的表与当前对象表的连接。这是为了保证每个表在雪花中只出现一次。而另一方面，一个对象表允许出现在多个雪花中。

尽管上述过程看起来比较机械，但是它能够被灵活地应用。例如，能决定哪些表应该出现在雪花中，哪些表不应该出现。如果一个表被一个给定的雪花忽略，那么，在更低层次上的、所有与该表相连接的表也都应该被忽略。

由于每个雪花就是一个规范化的形式，因此，对于终端用户来说，雪花模式的优点是具有良好的可理解性和较好的灵活性。而缺点是由于需要处理大量的连接，导致效能低下。由于对象表允许出现在多个雪花中，从而会产生数据冗余，数据冗余可能导致更新异常，理由见5.1.1节。

5.3.1.2　星形模式

为了避免高代价的连接处理，我们可以采用上述程序将所有识别的对象表放入事实表里。结果会是如图5.1右上部分所示的、包括所有对象表的一个大表。这种模式称为无极星形模式，也就是没有极的星形模式。在该模型中连接操作完全消失了。然而，巨大的数据冗余带来了两个严重的问题：

（1）存储需求大。表中的大多数数据是冗余的，数据需要大量存储空间。

（2）更新处理慢。为保证数据一致性，更新程序必须核对所有相关数据，这会消耗大量时间和重要的系统资源。此外，实质上增加了的数据量也降低了后面查询的处理速度。

实际上，这种模式在实践中几乎不用。数据仓储实践中最实用的模式是所谓的星形模式，如图5.1右下部所示。只有与事实直接相连的对象表被看做事实的维度，而所有其他相关的对象表则被分别放入与自己直接或间接相关联的那些维度表中。

星形模式是至此所述的所有方法的折中。对于终端用户来说，星形模式比第三范式模型或者雪花模式更容易理解，尽管它不如上述二者灵活。虽然，它比雪花模式耗费的存储空间多，但是比无极星形模式耗费的少。对于更新所需要的时间，同理，由于避免了大量的连接操作，因此对星形模式的查询比对第三范式模型或雪花模式更容易，并且处理速度也更快。实际上，星形模式数据是分析展示层最期望的一种形式。简言之，在满足灵活性的前提下，改善了可用性。

设计建议 11：

如果期望多维展示，效能强化区的物理数据模型可以依据星形模式来做。

5.3.2　特殊结构

除了维度结构，在效能强化区通常还应用其他一些结构，旨在改善可用性，即更好的可理解性、更高的效能和更少的预备处理。例如人们通常感兴趣的聚合、汇总或者预计算的效能指标等。对于简单的例子，即，对于那些能通过单一可高效执行的查询给予表达的例子来说，可以采用数据库视图而不需要多余的存储空间。这是在 5.2 节中开始时介绍分析展示层时的基本想法。否则，聚集、汇总或者计算的结果必须被物化，例如，采用物化视图。有时，这些计算是非常复杂的，并且涉及中央存储区的许多张表(或者效能强化区的许多表)。

5.3.3　模型转换

除去上述提到的特殊结构，我们应该确保中央存储区和效能强化区有各自的、统一的存储方法，如前者采用第三范式，后者采用维度结构。假设是这种情况，现在的问题是，如何将满足第三范式的数据库转换为一个星形模式结构。事实上，此转换不仅是5.3.1.1节中所描述的简单的结构转换，而且还有优化问题要对付。如果星形模式和历史化同时发生，更是如此。这个挑战就是如何确保平稳、优化的转换。

5.4　使用数据区

使用数据区由表集合构成。每个这样的表集合可以被认为是一个使用数据集，同时也可以看做一个 1.3.2 节中介绍的部门数据仓储。即，使用数据集主要被组织机构的某个部门使用，并满足该部门的特定信息和展示要求。但使用数据集和部门数据仓储之间有两个本质的不同：

  1. 内容一致性。部门数据仓储通常相互独立，而使用数据集彼此相关，尽管多数情况下是非直接相关。由于后者从相同的数据源得到数据，即，都是基于中央存储区和效能强化区的分析展示层，使用数据集中的数据是一致的，可以相互比较的①，而部门数据仓储则不是这样。

  2. 更新一致性。使用数据集的更新通常是相互协调的，而部门数据仓储仅仅根据他们各自的业务需求和特征进行各自更新。

  物理结构上，所有的使用数据集不必安装在相同的计算机系统上，即，实现分析展示层的硬件系统上。并且，所有的使用数据集不必采用相同的结构化方法来构建。在数据仓储实践中，一些使用数据集以所谓的立方体②形式被安装在分散的计算机系统上是很典型的，这些立方体由多维数据库管理系统所管理，而其他的使用数据集则以关系的形式存储在其他系统中。

  一方面，不是每个源于分析展示层的数据表集都被认为是一个使用数据集。作为使用数据集，数据表集必须满足以下三个标准：

  1. 更新。使用数据集的更新是由整个数据仓储的更新来安排的。比如一个工作站、笔记本电脑或者个人辅助设备上的数据来自于分析展示层，其应用目的是离线分析。但这样的数据一般不被认为是使用数据集，因为它们的更新通常不是由数据仓储的更新来安排的。

---

  ① 在文献中，使用数据集合也被称为依赖的数据集市。
  ② 在数据仓储环境中，一个立方体是另一种信息展示的形式，类似于一般的表。它由事实集合和描述事实集合中的每个事实的给定的多个维度构成。出于效率的原因，立方体中的所有这些元素在物理结构上必须被放在一起。这是真实的立方体或者立方体表与 5.3.1 节中描述的关系数据表所展示的立方体之间的本质区别。管理这些立方体表的软件被称为多维数据库管理系统。

2. 转换。使用数据集的转换由脚本、程序、工具等来完成。这些转换机制的制造、发布和控制由数据仓库管理系统负责,无需任何个人操纵、调整或者定制。

3. 原始性。使用数据集不应包含来自于该区域中的其他使用数据集中的表。也就是说,使用数据区中的所有的表都应该直接从分析展示层得到,而不是从使用数据区自身得到。实践中,出于优化考虑,这个标准并非总是严格地得到执行。例如,如果加载表 A 的代价非常高,并且表 B 可以很容易地从表 A 得到,那么从分析展示层的原始表中得到表 B 是不合理的,尽管这从体系结构的角度来看更清晰。事实上,现在应该看看把表 A 放入效能强化区是否更合理。

另一方面,比如工作站上 MS Excel 工作表中的数据,只要它的更新是由整个数据仓库的更新来安排,转换脚本由数据仓库管理系统发布而非定制,并且数据也是直接从分析展示层得到的,那么它就是一个相当好的使用数据集。

总的来说,使用数据区具有非常大的自由度。为满足人们的需求,可以选择任何结构范式(关系、维度或者其他)及任何形式(表、立方体、平面文件等)。因此,对于转换形式、算法、工具应用等来说,自由度也是非常高的。最后但同样重要的是,某些使用数据集可以基于数据库视图,在分析展示层中被单纯的定义,而无需任何物化。

5.5 访问控制层

存储在数据仓库中的数据被访问,即读取、更改或者删除操作。然而,这些存取操作必须在一种可控的方式下得以执行。如 1.4.5 节中提到的,这是对数据仓库的一个基本要求。

最终并抽象地来说,访问控制层涉及两个主题集。一个是数据仓储用户的集合,即自然用户或过程用户;另一个是存储在数据仓储中的数据元素集,这个集合具有最小粒度,即列值。这两个集合通过第三个集合连接到一起,这第三个集合就是访问操作集,即读取、更改和删除。这个关系可以被形式化地表示为:

{用户 i} {访问操作 j} {数据元素 k}

理论上,根据业务和安全要求,访问控制的任务就是设计和实现一个二维访问控制矩阵,如图 5.2 所示,在这个矩阵中,每列 U_i 表示一个用户,每行 D_j 表示一个数据元素。矩阵条目 A_{ij} 是一个访问操作集,它可以为空,表示不许被访问,或者为了读取、更改和删除操作而各自包含任何一个 r, c, e 的组合。

例如,如图 5.2 所示的访问控制矩阵中,条目 A_{22} 表示用户 2 可以读取、更改和删除数据元素 2,而条目 A_{32} 表示用户 3 不能对数据元素 2 做任何访问。

	User 1	User 2	User 3
数据元素 1	r, c		r, e
数据元素 2	r, e	r, c, e	
数据元素 3	c	c	r, e
数据元素 4	r, c, e		r, e
数据元素 5		r, e	

图 5.2 访问控制矩阵

但是,这仅仅是问题的一个理论阐述。实际上,这个方法是不可行的,因为数据仓储有上兆的数据元素及成千上万的用户。如果以这种方式控制访问,计算机系统除了为核查访问权限而读取巨大的访问控制矩阵外,什么都不能做,因为矩阵的数据量比数据仓储自身的数据量还要大。另一个访问控制方面的挑战是访问控制矩阵的维护,因为所涉及的两个主题集都是动态的。

多数情况下，访问控制的可行解决方案取决于合适的用户组织及恰当的数据元素聚集。也就是说，访问控制矩阵的规模必须得到实质性的削减，以使其具有可用性和可维护性。为了达到这个目的，让我们来做以下分析。

理论上，且从个人角度来说，一个组织机构中的用户不需要访问任何数据。个人在组织机构中承担某种功能角色，由此要承担相应的任务。因此，个人想要访问数据是因为他要完成的任务有相应的信息要求。也就是说，功能角色决定了所要完成的任务，任务决定了所需要的信息，信息要求定义了需要访问的相关数据元素。所有这些信息必须发生在组织机构的业务环境中。

一个用户可能同时具有多个功能角色，而一个功能角色可以分配给组织机构中的多个用户。一个功能良好的组织机构必须根据组织的整体业务模式和战略来定义良好的组织功能角色，否则，就会出现各种各样的冲突，组织机构可能除了处理自身问题外什么都做不了。总之，这个功能角色组织是组织机构日常业务的一个思考框架。

设计建议 12：

1. 利用业务组织的功能角色组织作为你访问控制规划的基础。
2. 根据业务需求给用户明确地分配相应的功能角色。
3. 采用数据库机制，如数据库角色或组，实现这些功能角色。

通常，根据功能角色，组织机构中有三类用户：

1. 单一功能用户：这些用户仅被分配一个功能角色，多数情况下，他们都是新员工或者组织中的基层员工。
2. 多功能用户：这些用户被赋予多个功能角色。多数情况下，他们都是有经验的员工或者组织中的资深员工。
3. 通用功能用户：这些用户被赋予所有可能的功能权限。总的来说，这类用户不是业务人员，而是管理访问控制机制的技术人员。在组织机构中仅有极少数这类用户。

实践中，数据仓储工程师很难对功能角色组织的优良性产生影响，尽管他们时而会指出可以对其进行改善的地方，这是一方面；另一方面，即数据方面，他们决定了整个访问控制机制的可用性。也就是说，他们对于数据的组织具有决定性影响，以使其能有效地满足下列对访问控制的要求：

（1）管理成本低；

（2）出错率低。

单个的数据元素，如单独的列值，对于组织机构的业务来说没有意义。甚至，单独的表对于完成业务任务来说也不会有太大帮助。仅仅当这些表被有意义地组合起来形成某种业务环境时，才能被某个功能角色利用，以适当、高效地完成它的任务。

设计建议 13：

1. 从横纵两方面，分析单一功能角色需要的表数据。

2. 根据这些分析结果，从逻辑上选择表数据，并且分别用数据库视图来展示它们。

3. 根据功能角色的信息要求对数据库视图分组，力求建立不相交的组，并保持组的数量最小化。

4. 通过数据库机制，如数据库或模式，来实现数据库视图组；并把它们放在数据仓储的访问控制层。

对于迄今为止所描述的数据仓储，我们推荐两个访问控制层。一个是必需的，包括整个分析展示层；另一个是可选的，是为使用数据集而建立的。总之，第二层是建立在第一层的基础上的。

最后但同样重要且值得一提的是，访问控制层应该仅以访问控制为目的。中央存储区和（或者）效能强化区中，任何形式的数据元素转换都应该通过分析展示层或使用数据集的视图来实现。

5.6 存储域组件

图 5.3 是关于以上描述的图表性总结。

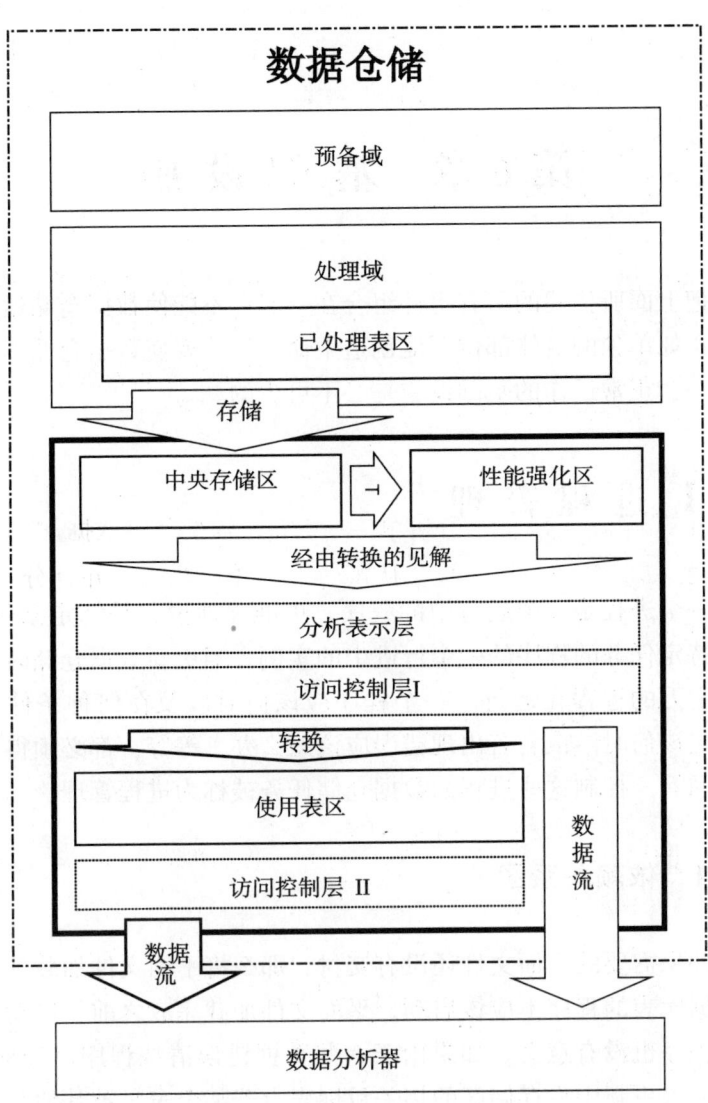

图 5.3 存储域结构

第6章 基础设施

把上面所描述的所有组件组合在一起并不能使数据仓库运作起来，正如单独的身体部位不能创造生命一样。要使数据仓库工作起来，一套正常运作的基础设施是必不可少的。

6.1 进程管理

一个进程是一个运行中的程序，更准确地说，是特定条件下，执行特定任务的程序的一个行进中的实例。当更新数据仓库时，有成千上万的进程在运行。一个程序应该何时以及在何种条件下开始、应该何时结束、若出现错误应该怎么办，等等，都必须得到完美地回答。控制这些进程的数据仓库任务被称为进程管理。

6.1.1 依赖关系图

如果需要的平面文件还没有交付，那么将平面文件加载到相应的数据库表的程序不应该启动。平面文件加载完成之前，启动表的清洗程序也没有意义。如果由于一些数据错误清洗程序已经崩溃，就不应该更新中央存储区的相关目标表。若某个表是被其他几个子表参照的父表，则不应启动这几个子表的更新程序。

事实上，所有这些单一的依赖关系形成一个所谓的依赖关系图。图中的每个节点表示一个平面文件或表，即3.1.1节中定义的所谓数据集。如果有从数据集A指向数据集B的一条边，我们称数据集B依赖于A，这条边被称为一条依赖关系边，它表示一个操作,将 A 作为这条边的输入,B 作为这条边的输出。即,仅当数据集 A 已经准备好,即成功地交付或加载了数据集 A,加载数据集 B 的程序才能启动。

通常,一个企业数据仓储的依赖关系图可能很大,因为它包括前面所描述区中的所有数据集。此外,数据仓储的依赖关系图必须是绝对正确的,因为任何错误都可能破坏数据仓储的整个周期更新,甚至整个数据仓储。但是所有这些数据的存储非常简单。图中的每条边可以看成是具有三个列的行,第一列存放开始节点,第二列存放结束节点,第三列存放操作。因此,对存储整个图而言,带有三个列的简表已经足够。这个表被称为依赖关系表,它是进程管理组件的信息基础。需要指出并且很重要的是,进程管理的依赖关系图不允许包含循环。例如,图 6.1 中的图不允许有从节点 I 到节点 F 的边,否则,节点 F,H,I 将组成一个环。在图论中,这样的图被称为有向无环图。如果在依赖图中有一个环,数据仓储更新将会一直不停地运行下去。

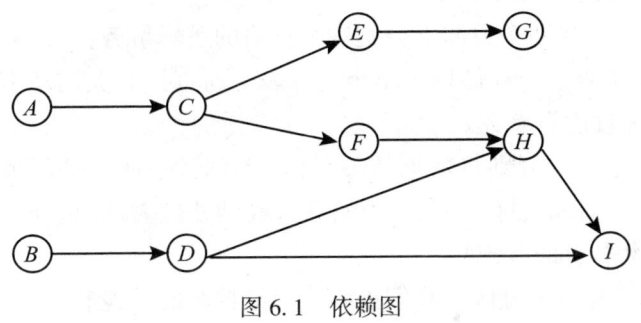

图 6.1 依赖图

此外值得一提的是,并不是所有数据仓储中的依赖关系都必须通过依赖关系图来管理。实际上,许多简单的依赖关系已用不同的程序或脚本硬编码了,这已是软件工程中的一个惯例。无论如何,如参照依赖等更复杂的依赖关系应该由依赖关系图来管理。

6.1.2 事务模型

如果在数据仓储更新期间,由于硬件缺陷、软件错误或数据错误导致进程崩溃，我们应该怎么做？在常规的操作型应用系统中，在处理事务时，一旦发生错误，相应的数据库管理系统将回滚当前事务，并撤销当前事务对数据库中数据的所有改变，如同什么也没有发生一样。此后，事务可以再次干干净净地重新启动。这里，我们使用术语"事务"，来表示使数据从一个意义明确的状态（例如，入账前的账户状态）到另一个意义明确的状态（例如，入账后的账户状态）的进程。但是，在数据仓储实践中，这种方法通常不可行。这是因为，相比于一个常规的操作型应用系统中事务处理的平均数据量而言，数据仓储的数据处理量更加巨大。一个回滚可能比事务处理本身持续的时间更长。我们必须用事务模型来划分这样巨大的事务。下面代表了一种可能性：

1. 我们把整个数据仓储的每次更新，包括中央存储区、效能强化区和所有使用数据集，看成单个根逻辑事务。这个事务处理的任务是，在一个更新周期内用预备域接收的所有平面文件更新存储域中的所有表。

2. 可以在两个方向上分割这个粗略的逻辑事务：

（1）垂直。与存储域中单个目标表更新直接相关的所有进程建立一个垂直逻辑事务。

（2）水平。分别将数据从一个区（例如，平面文件区或预处理表区）带到后面的区（例如，原始表区或已处理表区）的所有进程构成一个水平逻辑事务。

3. 合并两个分区，我们得到许多细粒度的叶逻辑事务。其中，每个叶逻辑事务处理是有意义的，因为事务处理之前和之后的数据集状态是明确的。

4. 用程序、脚本等实现的叶逻辑事务代表了相应的技术事务，它们可以得到所使用的数据库管理系统的有效支持。

在数据仓储实践中常常遇到这样的情况，技术事务是成功的，但相应的逻辑事务却是错误的。此时，逻辑事务必须回滚。通常，数据仓储所使用的数据库管理系统不支持这个功能。

原则上，如果一个逻辑事务（如预备域内或处理域内的一个水平逻辑事务）应该回滚，那么，到目前为止通过该事务加载到表中的所有数据必须在没有数据库管理系统的支持下完全删除。为了撤销存储域中表的变化，需要一些专用程序，因为我们只能删除当前的变化，而不是存储在那里的所有数据。需要强调的是，无论是逻辑事务还是技术事务，一个事务的完全撤销是这个事务成功重做的前提。

最后但同样重要的是，这里的每个事务都可以被看成是前一节中描述的、依赖关系图中的一条依赖关系边。理由如前所述，它们的执行应该由进程管理组件来控制。

6.2 元数据管理

6.2.1 元数据

抽象地说，IT 环境中的元数据是那些赋予语义给比特和字节等实际数据、及/或定义系统行为的数据。换句话说，如果没有元数据，那么计算机中只有比特和字节，将没人、没软件、没硬件能理解它们。一般来说，有两类元数据：

1. 操作型元数据。操作型元数据是决定系统行为的元数据，因而，它们对数据仓储的操作是不可或缺的。因此，它们也被称为参数元数据。对业务用户而言，操作型元数据存储在数据仓储中的某个地方，但是，它们并非总能理解操作型元数据，因而对此类元数据也不感兴趣。

2. 文档元数据。文档元数据是旨在描述相应主题的元数据。因此，它们也被称为描述型元数据。与操作型元数据相反，文档元数据的无效性不会影响数据仓储的操作。文档元数据的例子有：一个加载程序的文档或一个表中列的语义描述。不像硬件或软件，普通业务用户或开发人员都可以理解文档元数据。

值得指出的是，操作型元数据通常包含描述性信息。虽然这只是一个副产品，但是，它们可以作为文档元数据来用。在本书中，我们将不再进一步讨论文档元数据。

6.2.2 采集、管理和利用

数据仓库中的操作型元数据，或简称元数据可以分为以下几类：

1. 对象元数据。对象元数据描述诸如表、列等数据对象。例如表名、列名、列类型或列长度、表的主键等。原则上，在数据仓储中有两个地方存储对象元数据：

（1）数据库目录。几乎每个数据库管理系统都有其存储对象元数据的存储区。这个存储区被称为数据库目录。当创建诸如表、数据库视图或索引之类的数据库对象时，相应的对象元数据通过数据库管理系统自动地存储在数据库目录的相应元数据表中。

（2）用户定义表。对一些数据仓储实现而言，附加的元数据表是必需的。这些表将由数据仓储工程师定义和创建。同样的情况也出现在元数据采集和管理中。这类用户定义表的例子是对象数据表的业务键，而数据库目录中的这些业务键通常是无效的。

2. 关系元数据。对许多数据仓储实现而言，定义数据库对象之间关系的元数据对其功能是至关重要的。6.1.1 节中讨论的依赖关系就是一个例子。从源表列到相应目标表列的映射是另一个例子。关系元数据的表主要由数据仓储工程师直接或间接地、手动或用一些工具自动地给予定义、创建和维护。

总之，操作型元数据是相对特定对象的。也就是说，每个表有它自己定义的元数据，每个列有它自己的指定元数据，且每个目标列有它自己的、从相应源列来的映射。在这本书中介绍的数据仓储构建的新方法特别关注对元数据的利用。我们将在后面具体讨论。

6.3 对象组织

通常，为了存储数据，存储区的永久对象或预备域、处理域中的临时对象及成千上万的表都可能被利用。此外，还有一些有各种特征的对象如平面文件、数据库视图等也常被利用。没有一个清晰的组织，要获得所有这些对象的概观是非常困难的，而这又将使数据仓储的开发、维护和操作变得困难重重。因此，有必要用一个合理的方式来聚集这些对象，并用相关系统提供的有效工具来组织它们。

设计建议 14：

1. 按照其各自的体系结构功能来划分数据仓储对象。
2. 如果可行，使用数据库或用户这类的机制，而不是用命名约定来区分这些对象分区。

图 6.2 表明了至今为止所描述的数据仓储基础设施的一个示

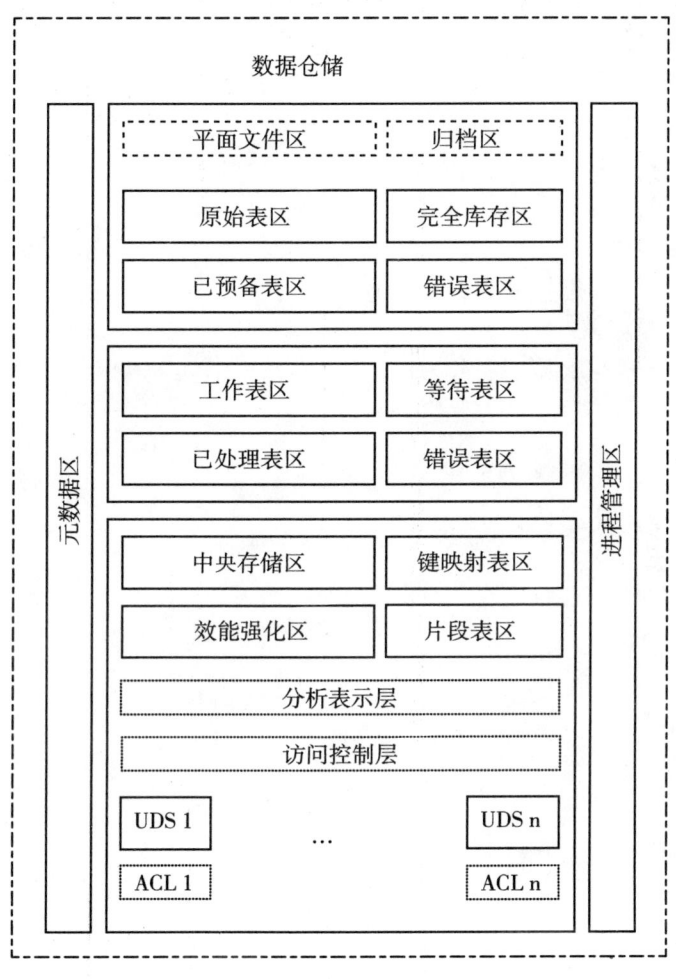

图 6.2 数据仓储对象的组织

例，其中使用了以下缩写：

UDS 是使用数据集的缩写。

ACL 表示访问控制层。

TA 是术语"表区"的简称。

注意，我们在这里使用术语"层"来专门表达纯数据库视图的集合。

第二篇

组件、算法与技术

  在第二篇中,我们将重点关注具体的算法、这些功能的实现技术以及第一篇描述的设计问题的处理技术。本篇的亮点之一是其中的构建练习。如果成功地做完了这些练习,也就具备了构建第一篇所描述的那个综合而复杂的数据仓储所有必需的基本元素。至于如何将这些元素给予组合以得到一个可运行的数据仓储,则是第三篇的主题。本篇的陈述将根据第一篇介绍的体系结构组件的对应顺序展开。

第 7 章 数据预备

7.1 平面文件加载

假设我们遵循 3.1.2 节中给出的设计建议 2，即数据仓储主要接收来自源应用系统的平面文件。用下面的方法，可以使加载机制非常简单且快速适用。

7.1.1 平面文件加载器

要将平面文件加载到一个表中，就必须先在数据库中创建此表。依据 3.2.4 节中给出的设计建议 4，该表应与相应的平面文件结构一致，当然，也许会使用一些统一的附加列来存储技术信息。在实践中，我们通常把从相应源应用系统的负责人处获取平面文件的模式作为第一步。

设计建议 15：

1. 如果可能，原始表区中表各列的数据类型应该与对应目标表各列的数据类型保持一致。

2. 若上条无法实现，如果可能，它们应该与源应用系统端对应源表各列的数据类型保持一致。

3. 最后的选择是将所有列都设为 VARCHAR[①] 类型。

[①] VARCHAR 是指所有已知的数据库管理系统均支持的一种列的数据类型。它意味着一个可变长度的字符串，其最大长度可以被指定。若存储的字符串长度小于最大长度，则不会在列的最后补充空格。这样可以减少数据库的规模。详情见 http://en.wikipedia.org/wiki/Varchar。

4. 仅仅定义一个主键作为这些表的约束条件。

7.1.2　平面文件加载脚本

为了将平面文件载入表，必须先构建一个加载脚本。按常规，这个脚本的核心部分是从平面文件的数据字段到对应表列之间的映射。对每一个平面文件/表的组合而言，这部分内容是动态和特殊的。通常，脚本的其他内容都是静态和通用的，并且不依赖于具体的平面文件/表的组合。这一点对于几乎所有主流数据库管理系统的所有加载工具都是有效的。

在这种情况下，一个最重要的事实就是关于这些表模式的所有信息(这些表模式对于构建加载脚本的映射至关重要)都存储在 6.2.1 节中提到的所谓数据库目录中。表一旦创建好了，这些信息对于我们构建加载脚本而言就唾手可得了。

假设遵循以上提到的设计建议 2，设计建议 4 和设计建议 12。

算法 1(平面文件加载器)：

1. 从数据库目录提取欲加载的表列信息；
2. 根据它们的序列号对这些列进行排序；
3. 构建数据字段与对应表列之间的映射；
4. 构建包含平面文件位置的加载脚本的剩余部分；
5. 将上述两部分合并以建立最终的脚本；
6. 运行这个刚构建的脚本。

注意：

1. 依照设计建议 4，表中的列应与平面文件数据字段的排列顺序一致。

2. 依照设计建议 4，若平面文件的数据字段长度不固定，则表的每一列都应能容纳相应的数据字段最长的值。

3. 脚本必须按照当前使用的加载工具的语法来构建。

4. 当构建脚本的静态以及通用部分，即上面的第 4 步时，它可能包含一些可变参数，如并行率、检查点、错误次数限制等。

5. 通常情况下，生成的脚本是一个文件，并将存放于相关操作系统的文件系统中。这是因为加载工具一般都由操作系统而不是数据库管理系统来调用。

6. 实际上，所有这些功能都可以由一个单一的脚本提供，例如 shell 脚本。

7. 事实上，这个算法适用于加载符合上述约定的所有类型的平面文件。换句话说，这是一个通用算法。

实践建议 5：

为平面文件的模式说明设计一个标准格式，并让源应用系统的负责人使用它。

构建练习 6：

1. MS EXCEL 工作表的标准格式包括三列：表名、列名和列数据类型(含长度信息)。

2. 在你的练习数据库中用相关列创建一个元数据表以存放标准格式工作表里的所有内容。

3. 用标准格式工作表将内容载入元数据表。

4. 开发一个能够生成创建相关表的 SQL 语句的程序，使其能通过标准格式工作表指定的、存储在元数据表里的内容实现该载入功能。

构建练习 7：

1. 编写一个 shell 脚本，该脚本拥有前面算法 1(平面文件载器)提到的所有功能。

2. 如果成功地完成了构建练习 7，那么无论源应用系统多复杂，你都无需任何编写工作就能将其传送的数据载入到数据库中。

7.2 变化量识别

正如 3.2.6 节中讨论的，源应用系统并不总是向数据仓储传送数据变化量。如果相关的源应用系统只能周期性地传送完整的源数据，那么数据仓储就应该有它自己的变化量识别机制。

变化量是指当前接收到的完整数据与前一个完整数据之间的变化部分。要准确识别这个变化量就必须满足以下条件：

1. 前一个完整数据可以直接使用。根据我们定义的参考体系结构，这些数据被存储在预备域的完整数据表区的表中，如表3.1所示。

2. 新旧两个完整数据拥有完全相同的模式。即，自上一次传送完整数据后，当前完整数据的模式不应该改变。至少与数据仓储相关部分必须是相互一致的。

假设 FS_new——当前完整数据和 FS_old——前一次的完整数据满足上述两个条件，并设这两个表的主键为 pk。

算法2(变化量识别器)：

1. 单纯插入(INSERT)部分：FS_new — FS_old，当 pk_new ≠ pk_old；

2. 单纯删除(DELETE)部分：FS_old — FS_new，当 pk_new ≠ pk_old；

3. 修改插入(INSERT)部分：FS_new — FS_old，当 pk_new = pk_old；

4. 修改删除(DELETE)部分：FS_old — FS_new，当 pk_new = pk_old；

5. 将这四个部分合并得到完整的变化量。

注意：

1. 依据标记"INSERT"或"DELETE"，可以将已识别的行插入数据仓储或将其从数据仓储中删除。

2. 算法2中的前四步的顺序可以颠倒。

3. 不必总将变化量划分为上述四个部分。因此，建议先作一个详尽的需求分析。典型的情况如下：

(1)许多情况下，不必严格区分两个 INSERT 部分。因此，第1步和第3步可以合并为一步：FS_new — FS_old。这样处理之后编程将会更简单，而且执行效率更高。

(2)对于4.2.2节中定义的正在归档的事件数据，既不允许修改也不允许删除。这样一来，算法2就可以简化为 FS_new — FS _old。

（3）仅当数据仓库存储的数据不允许被单纯删除时，DELETE 部分应有区别的给予忽略，即不考虑单纯删除部分。但是，在任何情况下修改删除部分都是需要考虑的。

4. 事实上，这个算法适用于满足上述假设的、所有完整数据对的变化量识别。即，如同 7.1.1 节中所描述的文件加载程序一样，它也是一个通用算法。

构建练习 8：

为 1，2，3，4 四个部分分别用一条 SQL 语句实现算法 2。

在成功完成构建练习 8 后，对 1.3.1 节中定义的单源数据仓库而言，实际上已经构建了主要组件。至此，本书中关于单源数据仓储的内容全部介绍完毕。

7.3 列　清　洗

正如在 3.2.7 节中讨论的，按照数据仓库的要求和标准，源应用系统传送来的数据是不能保证完全清洁的，而清洗这些数据就是预备域的任务之一。

7.3.1 缺省值

每个数据仓库中出现的数据类型都应有其标准的缺省值，尤其是在中央存储区。对数据仓库而言，大多数能成为数据仓库源应用系统的操作型应用系统应该有各自标准的缺省值。因此，应该有可能建立一个至少含有以下列的翻译表：

1. 源应用系统；
2. 数据类型；
3. 该数据类型的内部缺省值；
4. 在数据仓库中与该数据类型相应的标准缺省值。

该表中的一行表示，若讨论中的列来源于给定的源应用系统、具有指定的数据类型且有规定的内部缺省值,那么该行应该包含数据仓库中指定的标准值。

7.3.2 列清洗器

对于不能确保数据类型的源应用系统,应该建立一个至少包含以下列的更正表:

1. 源应用系统;
2. 源表;
3. 数据类型为 VARCHAR 的源列;
4. 源列的错误值域;
5. 在校正的情况下,这个列正确的缺省值;
6. 当检测到一行包含错误的值时,应该采取的附加行动。

该表中的一行意味着,若给定的源应用系统的源表提供了错误的值,则该行可以给出适合于数据仓库的正确值。如果需要采取附加的行动(如将包含错误值的行写入错误表),那么该行动将被执行。

可以用以下的附加列扩展更正表:

1. 源列格式,如用 VARCHAR 类型存储的形如"YYYYMMDD"或"YYYY-MM-DD"的日期。
2. 数据仓库中目标列的数据类型,如日期或时间戳。

带有这些附加列的行意味着源列的值通常应该按照指定格式转换成给定数据类型的目标列的值。如果根据定义判断出这些转换结果的值是错误的,那么用指定的正确缺省值填充这些目标列。

值得一提的是,这种描述是基于一个假设,即目标列和源列具有相同的名称,符合 3.2.10 节中的最小设计原则 1。在实践中,除了更正表中专为源表和源列设计的信息之外,对于给定的源应用系统,列值组合的个数可能是很小的。这样我们就可以使用标准的缩写约定或标志来简化描述。例如 C8_to_D 表示将 VARCHAR 类型的源列值前 8 个字符转换为数据仓库中日期的标准形式"YYYY-MM-DD"。当然,这里假设我们已知相关的源应用系统总是用

"YYYYMMDD"格式来存储日期，而实际上许多源应用系统也正是采用这种格式来存储日期的。最后同样重要的是，如果源应用系统能确保数据类型，例如它是基于数据库管理系统的，就不必在更正表中为源应用系统建立记录了。因为源数据库管理系统能按数据仓储要求的格式导出数据，且数据仓储所基于的数据库管理系统能根据要求自动准确地转换字符串。

假设上述讨论的转换表和更正表都存在。

算法3(列清洗器)：

1. 从数据库目录中提取讨论中的源表列，根据它们的序列号进行排序。

2. 如果转换表、更正表是存在的，则合并转换表、更正表或两者中相应的行。

3. 对于包含在一个或两个表中的每一个列，根据表中提供的信息，相应地构建转换表和/或更正表的片段。

4. 构建两个列表：

（1）目标列表：从数据库目录中读取这些列。

（2）源列表：使用与目标列表相同的顺序：

1) 如果这个列在步骤3中已经处理，那么取结果片段；

2) 否则，从数据库目录中获取它。

5. 构造一个语句：INSERT INTO <目标列表> SELECT <源列表> FROM 源表。

构建练习9：

基于上述算法，开发一个通用程序来生成一个SQL语句，为任意给定的源表进行列清洗。

7.4 行 过 滤

正如3.2.8节中的解释，即使我们只考虑变化量，即自从最后一次更新后的变化，也不是所有从源应用系统中传递过来的行都与数据仓储有关。例如：至少从经济观点来看，对所谓在周期内变化的数据是不应该做进一步处理并存储到数据仓储里的。对它们的处理可能消耗系统大部分的存储和处理能力。预备域的下一个任务是从交付的数据中过滤无关行。此外，它还经常需要识别剩下行的相关操作以便正确地更新数据仓储。这通常可以与行过滤问题一起解决。

7.4.1 日志机制

在对一般性不予限制的情况下，为了简单起见，我们假设将要处理的行来自于源应用系统端的日志机制，且由五个部分组成。每行的第一部分是标识顺序的序列号，这些行被添加到源应用系统端的日志中。第二部分是对象键或用这些行来描述的事件的序号。注意，即使在一个更新周期内，一个对象或一个事件也可能由多行来描述。第三部分是时间点，即，对象数据的"state_start"或事件数据的"occurred_on"。第四部分是包含描述内容的行的业务信息。每一行的第五部分表示两个基本操作(Elementary_Operation)中的一个，即，INSERT 或 DELETE，如 3.2.8 节中图 3.2 所示。总之，输入行具有下面的模式：

Sequence_No	Object_key	Time_Point	Business_Information	Elementary_Operation

假设输出行，即处理后剩余的行，有下面的模式：

Object_key	Time_Point	Business_Information	Elementary_Operation	Original_Operation

其中 Original_Operation 是指操作型应用系统在相应记录上执行的原始操作，即插入一条新记录、删除一条已存在的记录，或修改一条已存在的记录。在行过滤时必须标识每个剩余行的 Original_Operation。仅保留与数据仓储相关的行以做进一步处理，其余的都

按这种方法过滤掉。此外值得一提的是，后面的处理将不会再使用 Sequence_No 了。这样它就不必再保存在输出行里。

7.4.2 行过滤器

假设输入行和输出行分别具有以上描述的格式。

算法 4(行过滤器)：

1. 通过对象键和时间点组合，对所有行进行分区。

2. 在每个分区内，根据序列号升序排列所有行，注意排序后分区内的第一行和最后一行。

3. 对每一行做以下操作：

（1）如果某行是分区中的第一行且基于该行的基本操作是 DELETE，那么该行是有用的；

（2）如果某行是分区中的最后一行且基于该行的基本操作是 INSERT，那么该行是有用的。

4. 对每一有用的剩余行，做以下操作：

（1）如果在这个行上的基本操作是 DELETE：

1）同时，如果该行是分区中的最后一个剩余行，相关的原始操作为 DELETE；

2）否则，相关的原始操作为 MODIFY。

（2）如果在这个行上的基本操作是 INSERT：

1）同时，如果这个行是分区中的第一个剩余行，相关的原始操作为 INSERT；

2）否则，相关的原始操作为 MODIFY。

注意：

1. 事实上，上述输出行的模式代表了已预备表区中表的通用模式；

2. 建议用图 3.3 来检验算法 4(行过滤器)。

构建练习 10：

假设按照上述两个模式分别建立两个表，使用上述算法编写一条 SQL 语句以过滤输入表中的行，用相应的基本操作和原始操作将余下的行写入输出表中。

构建练习 11：

开发一个通用程序，使其能基于上述模式的任意给定输入/输出表，自动生成构建练习 10 所编写的 SQL 语句。

构建练习 12：

将构建练习 9 和构建练习 11 所编写的程序合并成一个程序，以生成一条 SQL 语句。该语句能对任意给定的符合上述约定行模式的输入表进行列清洗和相关的行过滤。

7.5 数 据 导 出

通过与数据库链接等机制，我们可以直接连接源应用系统和数据仓储。这样数据仓储可以直接接收源数据作为数据库表，而不是平面文件。由于有可重启性或可溯源性这样的要求，所以，所有加载到数据仓储的数据必须归档为平面文件。因而我们不得不导出已收到的表数据，并将其归档为平面文件。此外，1.2 节中提到的许多业务使能器也以平面文件的形式从数据仓储接收数据。因此，我们需要一种机制来导出表数据并将其转成平面文件。这实际上是 7.1 节中所描述的平面文件加载的一个反向操作。用类似的思路，我们可以做出同样快速可得且易于使用的导出机制。

为了将一个给定表的数据导出到一个平面文件中，这个表必须存在于数据库且包含数据，并且，必须事先知道平面文件的名称和位置。如果相关表与平面文件具有相同的列顺序，那么重启时将生成的平面文件的数据重新加载到原始表也是很方便的。

要将一个表的数据导出到一个平面文件中，正如同平面文件加载一样，必须事先构建一个具体的导出脚本。这一脚本的核心部分是对当前导出表中数据的选择，对于需要导出数据的每个表而言，这部分是特殊的。这个脚本的其他部分是静态的、通用的且独立于具体的表，正如平面文件加载一样。

算法 5（数据导出器）：

1. 从数据库目录中获取要导出数据的表列信息。

2. 构造一个 SQL 语句以从刚刚提取的列中选择数据，其中，根据给出的序列号的顺序进行列连接，并通过给定的分隔符分隔。

3. 构建包括平面文件位置在内的导出脚本的剩余部分。

4. 将这两部分合并在一起构建最终的脚本。

5. 执行刚刚构建的脚本。

注意：

1. 不要更改列的顺序，以便无需重新排序就能将导出的平面文件重载入原始表中。

2. 通常，无法保证一个行的每一列都有已知值，因此有必要在算法 5 的第 2 步中加入处理这些未知值的语句。

3. 创建脚本必须遵循所使用的数据导出工具的语法。

4. 当构建脚本的静态和通用部分，即算法 5 的第 3 步时，应该包含并行率、错误限制等这样一些可变参数。

5. 一般而言，最后生成的脚本是一个文件，并存放于相关操作系统的文件系统中。这是因为往往是操作系统而不是数据库管理系统来调用这些数据的导出程序。

6. 算法的所有功能可以集成在一个单一的脚本中，如 shell 脚本。

7. 事实上，这个算法也是一个通用程序，就像其逆操作——平面文件加载器一样。

构建练习 13：

编写一个 shell 脚本以实现上述的所有功能。

第8章 数 据 处 理

上一章我们介绍了五个基本算法。利用这些算法，数据仓储能对从源应用系统接收的数据进行预处理，并存入预备域的已预备表区中。本章将介绍对预备好的数据进行进一步处理的算法和技术，以便将这些数据永久地存入数据仓储，方便后续的分析。

8.1 数 据 收 集

正如1.1节中所讨论的，数据仓储的主要任务之一就是收集业务快照或由操作型应用系统产生的操作型数据，以便建立业务史或分析型数据。本节将介绍实现这个任务的算法。

首先，我们考虑4.2.1.3节中描述的对象数据的双时维历史化。假设输入行有以下的通用模式：

Object_Key	state_start	state_end	Business_information	Elementary_Operation	Original_Operation

实际上，从操作型应用系统交付过来的对象数据有两种情况：

情况 A. 两个历史化列，即状态开始(state_start)和状态结束(state_end)，都填写完整，这意味着围绕给定对象键的所有行构成了一个格式良好的时间链，也就是对象状态历史。

情况 B. 状态结束(state_end)的有关信息为空，但同时我们知道对象的历史是无间隙的，如：代码数据就被认为是这种情况。

对于这两种情况，结果行均可采用以下的通用模式：

Object_Key	state_start	state_end	Valid_from	Valid_to	Business_information	Elementary_operation

8.1.1 对象建史器

假设输入行及输出行分别采用上述的模式：

算法 6(对象建史器)：

对于输入表中的每一行 Input，建立对应的输出行 Output 如下：

1. Output．Object_Key： = Input．Object_Key；

2. Output．state_start： = Input．state_start；

3. 若是情况 A，则 Output．state_end： = Input．state_end；

4. 若是情况 B，则 State_end： = ′31-12-9999′；

5. Output．Business_Information： = Input．Business_Information；

6. 如果 Elementary_Operation = ′I′；

（1）Output．valid_from： = CURRENT_DATE；Output．valid_to： = ′31-12-9999′。

（2）Output．Elementary_Operation： = ′I′。

7. 如果 Input．Elementary_Operation = ′D′：

（1）从数据仓储中提取要删除的行，执行以下操作：

1）为该行做两个副本；

2）对于第一个副本：Output．Elementary_Operation： = ′D′；

3）对于第二个副本：

（2）Output．valid_from： = Input．valid_from；

Output．valid_to： =CURRENT_DATE - 1；

（3）Output．Elementary_Operation： = ′I′。

如果数据仓储中没有这个行，则拒绝该输入行。

注意：

1. "A： =B"表示将 B 的值赋给 A。

2. CURRENT_DATE 是一个提供当前日期的系统函数，几乎所有数据库管理系统都有提供此功能的类似函数。

3. Elementary_Operation(基本操作)为"I"的输出行,表示该行将被插入到数据仓储中。

4. Elementary_Operation(基本操作)为"D"的输出行,表示将从数据仓储中删除该行对应的行。

5. 输入表中原始操作的信息并不用于对象状态的历史化。

6. 如果输入表中的行和数据仓储中对应表的行在 state_start 和 state_end 上存在重叠,使用上述算法的处理过程不会改变这种重叠。

7. 如果在单时维历史化(unitemporal Historicizing),即没有有效性历史化时出现情况 B,常常会出现重叠现象。也就是说,新行与现有行的状态间隔常常会出现重叠。

8. 无论出现何种情况,算法 6 都能正常工作。即,它既不检测重叠,也不受重叠的干扰。本章后面将会详细讨论如何处理重叠。

构建练习 14:

给定两个符合上述模式的表。利用算法 6,对于情况 A 写出三条 SQL 语句:

(1)第一条语句:用"INSERT"作为基本操作,从相应的输入行中构建出一条对应的输出行;

(2)第二条语句:用"DELETE"作为基本操作,从相应的输入行中构建出一条对应的输出行;

(3)第三条语句:识别出应该被拒绝的输入行。

8.1.2 事件归档器

现在,我们观察事件数据的归档。假设存储于已预备表区的输入行具有以下的模式:

Event_Number	occurred_on	Business_information	Elementary_Operation	Original_Operation

输出行具有以下的模式：

| Event_Number | occurred_on | Archived_on | Business_information | Elementary_Operation |

事件归档有两种情况：第一种是操作型应用系统生成的数据不必被各自操作型应用系统所修改；第二种是允许操作型应用系统对事件记录进行一些更正。实践中第二种情况是合理的，例如：校正打字排版错误。因此，输入数据上的基本操作与原始操作就有不同的组合了。

算法7(事件归档器)：

为输入表 Input 中的每一行，按照以下步骤在输出表 Output 中建立对应的输出行：

1. 如果 Input.Elementary_Operation = 'I' 且 Input.Original_Operation = 'I'，则：

（1）Output.Event_Number : = Input.Event_Number；

（2）Output.occurred_on : = Input.occurred_on；

（3）Output.Business_Information : = Input.Business_Information；

（4）Output.archived_on : = CURRENT_DATE；

（5）Output.Elementary_Operation : = 'I'。

2. 如果 Input.Elementary_Operation = 'D'：

（1）若 Input.Original_Operation = 'D'，则不做任何处理；

（2）若 Input.Original_Operation = 'M'，则执行以下操作：

1) 从数据仓储中提取要更正的对应行；

2) 准备好已提取的行的两个副本：

第一个：Output.Elementary_Operation : = 'D'；

第二个，仅做：

① 找出 Input.Elementary_Operation = 'I' 且 Input.Original_Operation = 'M' 的输入行，其对应的输出行 Output.Business_Information : = Input.Business_Information。

② Output.Elementary_Operation : = 'I'。

(3)若在数据仓储中不存在这个要更正的输入行,则拒绝该输入行。

注意:

1. 在实践中,通常对象数据也允许进行更正,因此算法 7 中更正的处理技术同样也被算法 6 所利用,对于这种情况,在算法中将要考虑输入表中关于原始操作的信息。

2. 上述两个算法中,我们都隐含了"输入表的对象键、事件编号以及业务信息均与输出表一致"这个假设。该假设只是为了简化问题的表述,而这在数据仓储中并不经常出现。后面章节中我们将讨论如何处理更一般的情况。

构建练习 15:

给定两个符合上述模式的表。与构建练习 14 类似,用 SQL 语句实现算法 7(事件归档器)。

构建练习 16:

做以下操作:
(1)扩展算法 6(对象建史器)以允许对数据进行更正;
(2)用 SQL 语句实现扩展后的算法 6。

8.1.3 行存储器

最简单的情况是,输入的数据经过算法 6(对象建史器)或算法 7(事件归档器)处理之后就准备存入数据仓储了。根据数据仓储的参考体系结构,这些数据现在位于处理域已处理表区的相关表中。原则上,我们假设所有这些已处理过的数据存储在以下通用模式:

Primary_Key	Business_Information	Elememtary_Operation

上述模式中的 Primary_Key(主键)包含对象数据的 Object_Key(对象键)、事件数据的 Event_Number(事件编号)、代码数据的 Code_Number(代码编号)、对象及代码数据的 state_start、valid_ from，或事件数据的 occurred_on、archived_on 等时间信息。Business_Information（业务信息）则由一般的业务信息加上对象和代码数据的 state_end、valid_to 等时间数据构成。另假设存储域的中央存储区的目标表具有以下通用模式：

Primary_Key	Business_Information

很明显，两个模式之间的唯一区别在于输出表比输入表少了 Elememtary_Operation 这一列。

假定输入表和目标表分别具有上面描述的模式。

算法 8（行存储器）：

1. 从目标表中删除所有符合以下条件的行：

Target. Primary_Key = Input. Primary_Key and Input. Elementary_Operation = 'D'；

2. 将输入表中符合下列条件的行写入错误表（不带 Input. Elementary_Operation 列）：

Target. Primary_Key = Input. Primary_Key and Input. Elementary_Operation = 'I'；

3. 将输入表中符合以下条件的所有剩余行全部写入输出表（不带 Input. Elementary_Operation 列）：

Input. Elemantary_Operation = 'I'

注意：

1. 通常情况下，我们假设每个输入表都有一个对应的错误表。除了包含输入表的所有列外，错误表还包含如错误类型、时间戳等之类的附加列。

2. 由于中央存储区的目标表不可能含有与待插入行有相同主键的记录，因此当向目标表插入数据时，第 2 步不是必需的。如果软件及操作都没问题，目标表中就不会存在与对应输入行有相同的 valid_from（生效时间）或 archived_on（归档时间）的行。因为 valid_from 或 archived_on 是 Primary_Key（主键）的一个成员，所以步骤 2

的条件将不可能得到满足。

3. 如果因某些不当操作导致算法被重复执行，那么步骤 2 是必不可少的。但这样一来，第 3 步就显得多余了，因为经过第 2 步的处理后，输入表中已经没有任何需要插入的数据了。

构建练习 17：

给定两个符合上述模式的表，用 SQL 语句实现算法 8。

8.1.4 行移除器

在系统的开发、测试或操作过程中，无论人们愿意与否，都会出现一些不正确的处理。如果刚刚存储到中央存储区的数据行不正确，那么应该怎么办？当然是从数据仓库中移除这些不正确的行。但是如何移除呢？下面的算法给出了这个问题的一个解决方法。假定输入表及目标表分别符合上面描述的模式。

算法 9(行移除器)：

1. 删除目标表中所有符合下列条件的行：

Target. Primary_Key = Input. Primary_Key and Input. Elementary_Operation = 'I';

2. 除了 Input. Elementary_Operation 列外，将输入表中符合下列条件的所有行写入目标表：

Input. Elementary_Operation = 'D'。

注意：

1. 此处我们假设输入表的原始内容已经使用了。也就是说，算法 8 的第 2 步没起作用，否则算法 9 就不能正确运行。

2. 算法 9 可以看做是在以下限制条件下算法 8 的逆操作：

（1）仅当算法 8 在此之前刚运行过，算法 9 的运行才是适当的和有意义的；

（2）仅当算法 9 在此之前刚运行过，才能正确地再次运行算法 8。

构建练习 18：

给定符合上述模式的两个表，用 SQL 语句实现算法 9。

构建练习 19：

假设关于表主键的信息存储在元数据表中。使用某种编程语言（如：perl，shell，存储过程等）开发一个通用程序。在给定目标表的情况下，系统能够自动生成实现算法 8 和算法 9 的 SQL 语句。注意，模式信息可以从数据库目录中获取。

8.2 数据整合

在 4.5.1 节中，我们广泛地讨论了对象标识整合这个主题。为了更容易理解，我们甚至提出了几个具体的解决方案。本节中，为了方便引用，我们用统一格式重写前面提到的主要过程。此外，我们打算将此处的过程并入到前面介绍的算法 6(对象建史器)和算法 7(事件归档器)中去。

对于 4.5.2 节中描述的列数据整合问题，我们可以运用列数据转换来解决。即，按照各自的整合要求将源列值转换到对应的目标列。实现这一任务的主要方法就是所谓的映射表，该表指定了源列与目标列之间的映射关系以及它们各自的转换。实际上，7.3.1 节中描述的算法 3(列清洗器)所用的翻译表就是映射表的一个特例。

针对 4.5.3 节中所讨论的表模式整合问题，可以使用表模式转换来解决，即，相关源表的列经过选择、分组、连接、排序等操作以建立相应目标表的模式。8.2.4 节和 8.2.5 节中将会讨论如何实现表模式的整合。

8.2.1 代理键生成器

我们使用 4.5.1.2 节中所给的实例，即两张输入表 A、B 及输出表 T 的模式分别为：

输入表 A：

Object_Key_A	Business_Information_A	Elementary_Opration_A

输入表 B：

Object_Key_B	Business_Information_B	Elementary_Opration_B

输出表 T：

SK_T	Object_Key_A	Object_Key_B	Business_Information_T	Elementary_Opration_T

另外，还有两个相应的键映射表 A_T、B_T：

SK_A	Object_Key_A

SK_B	Object_Key_B

此外，假设对于表 A 或表 B 的每一个新产生的对象键，都能在相关的表内自动生成新的代理键。使用 SQL 中的聚合函数 MAX①，如 MAX(MAX(SK_A)+1，MAX(SK_B)+1)，可以轻松实现这一点。如果数据仓储所使用的数据库管理系统中 IDENTITY COLUMN②(标识列)的功能是可利用的，那么它也可以被用来产生新的唯一代理键，但是，这两张表的值域应该单独定义。假设给定输入表 A 和它的键映射表 A_T。

---

① MAX 或 MAXIMUM 是一个 SQL 的标准聚合函数。使用 MAX，可以确定表列中的最大值。关于 SQL 聚合函数的更多信息，参见 http://en.wikipedia.org/wiki/Aggregatefunction。

② 关于 IDENTITY COLUMN 的更多信息，参见 http://en.wikipedia.org/wiki/Identity column。

算法 10(代理键生成器)：

将表 A 中所有在表 A_T 的 Object_Key 列中无对应值的对象键插入到表 A_T 的 Object_Key_A 列中：

(1)若标识列(IDENTITY COLUMN)可用，则同时将 NULL 插入到 SK_A 列中；

(2)否则，将 MAX(MAX(SK_A)+1，MAX(SK_B)+1)同时插入到 SK_A 列中。

构建练习 20：

1. 使用带有 IDENTITY COLUMN(标识列)功能的数据定义语言定义一个键映射表。

2. 假设 IDENTITY COLUMN(标识列)不可用，写一条 SQL 语句实现使用聚合函数 MAX 生成唯一代理键的算法 10。

8.2.2 键转换器

假设给定输入表 A 及其键映射表 A_T。此外，我们假设用算法 6(对象建史器)来对表 A 中代表对象的行进行历史化，并写入输出表 T。由于可以应用代理键方法，为了这一目的，就需要对算法的第一步，即 Output_Object_Key：= Input_Object_Key，进行扩展。

算法 11(键转换器)：

对于输入表 A 中的每一行：

1. 根据条件 A.Object_Key_A = A_T.Object_Key_A 识别键映射表 A_T 中的行。

2. 提取 A_T.SK_A 列的值。

注意：

1. 现在，算法 6(对象建史器)的第一步可以扩展为以下形式：

(1)处理输入表 A 时：T.Object_Key_A：= A.Object_Key_A；
　　　　　　　　　　T.SK_T：= A_T.SK_A；

(2)处理输入表 B 时：T.Object_Key_B：= B.Object_Key_B；
　　　　　　　　　　T.SK_T：= B_T.SK_B。

2. 在实践中，算法 6（对象建史器）或算法 7（事件归档器）中 Output. Business_Information： = Input. Business. Information 这一步没有这么明确，这是因为业务信息中的许多列实质上是外键，而这些外键不得不转换为代理键，接下来就要将这些键引用到相应有代理键的对象表中的主键上去。事实上，此处描述的算法 11（键转换器）对外键转换同样适用，甚至可以与迄今为止所讨论的主键转换同样的方式来进行。

3. 原则上，被视为对象表主键的代理键仍然是外键。该外键引用了相应键映射表的主键。也就是说，尽管键映射表只是纯技术助手，但它们却是最终的父表，而所有其他包含业务信息的表均是子表。当然，这仅仅是从一个纯抽象的视角考虑。

构建练习 21：

给定输入表 A、对应的键映射表 A_T，以及输出表 T，用 SQL 语句实现算法 11（键转换器）。

8.2.3 列数据转换器

假设我们有以下模式的映射表：

Target_Table	Target_Column	Source_Table	Source_Column	Transformation	Selection_Condition

该表的每一行表示最细粒度下的列数据转换。即：通常情况下，目标表（Target_Table）中行的目标列（Target_Column）的取值直接来源于相应源表（Source_Table）中行的源列（Source_Column）。除此之外，若源列的值不能直接用于目标列，则需要应用上表中提供的转换。无论如何，源表的行都必须满足选择条件以保证目标表的数据质量。转换列（Transformation）是一个强有力的工具，它可以包含任何能出现在有效的 SQL 语句的 SELECT 列表或可以被直接赋值给目标列的合法术语，例如：SUBSTRING、CAST、CONCATENTATE、CASE 等应用于源表的一列或多列的函数，而选

择条件(Selection_Condition)则是针对每个目标表定制的。需要注意的是，一个映射表可以包含多个目标表的列数据转换信息。

假设已经给定了上述的映射表。我们的目标是自动创建一条 SQL 语句，以根据映射表中提供的相关信息实现源列到目标列的数据转换。

我们知道，与上述目标相关的 SQL 语句有以下的语法模式：

INSERT　　　INTO　Target_Table（Target_Column_1，Target_Column_2，…，Target_Column_n）

SELECT　　　Source_Column_1，Transformation_2，…，Source_Column_n

FROM　　　　Source_Table

WHERE　　　Selection_Condition

下面的算法可以构建满足要求的 SQL 语句。

算法 12(列数据转换器)：

1. 提取目标表的所有行。

2. 遍历所有提取的行并创建以下两个列表：

(1) 目标列表：

1) 如果目标列表为空，则使用第一个目标列(Target_Column)填充该列表；

2) 否则，将新目标列追加到目标列表，并用逗号前置分隔。

(2) 源列表(如果转换列是可用的，则使用转换列，否则就用源列)：

1) 若源列表为空，则用第一个转换列或源列填充该列表；

2) 否则，将新的转换列或源列追加到源列表，并用逗号前置分隔。

(3) 按照上面描述的模式，使用刚刚构建的两个列表来构建完整的 SQL 语句。

(4) 如果 Selection_Condition 不为空，则将该条件作为 WHERE 子句加入到上面生成的 SQL 语句后面。

注意：

1. 多数情况下，列数据转换器被用来转换前一节给出的表的所谓"Business_Information"部分。

2. 一般而言，为了简化复杂的术语，一些特殊符号可以被引入 Transformation 列，用来指代频繁出现的、某个特殊的源应用系统与目标列的组合。

构建练习 22：

给定上述映射表。使用你最喜欢的程序设计语言实现算法 12（列数据转换器），以构建上述用 SQL 语句表示的模式。

构建练习 23：

将算法 12 中创建列表的技术应用到算法 7（事件归档器）中。基于 8.1.1 节中所给定的表，使用你最喜欢的程序设计语言实现一个通用程序，以生成事件归档的 SQL 语句。

8.2.4 关系代数运算符

在 4.5.3 节中，我们系统地分析了表模式转换的基本类型。使用上述介绍的映射表，这些类型中的多数均可得以实现，其原因在于目标表中仅仅那些有用的列才在映射表中拥有对应行。换句话说，可以将映射表作为一个列投影机制来利用。更令人惊讶的是，前面介绍的列数据转换机制也可以作为表模式转换机制来利用。实际上，此处介绍的处理手段正对应于关系代数中的"投影"运算。在进一步讨论之前，我们先回顾一下关系代数里的几种运算符。

关系代数①有六种基本运算，亦即：

1. 选择。从输入表中挑选出符合条件的行，忽略其余的行。输出结果仍然是一个与输入表具有相同模式的表。输出表的记录行数通常小于输入表的记录行数。

2. 投影。从输入表中选择若干列输出，忽略其余的列。输出结果仍然是一个表，但是其结构与输入表不同。如果数据行没有因

---

① 关于关系代数的更多详情，可以参见 http://en.wikiedia.org/wiki/Reklational_algevra。

为减少了列而出现重复记录，输出表的记录行数与输入表的行数就是相同的。

3. 交叉连接(笛卡儿积)。将两个表组合成一个表，其中一个表的每一行都与另一个表的每一行组合成一条记录。运算的输出结果仍然是一个表，该表包含两个输入表的所有列。

4. 并集。将两个模式完全相同的表的记录合并到一起，输出结果仍然是一个表，其模式与输入表完全相同，如果不考虑重复记录，则其记录行数等于两个输入表的记录行数之和。

5. 差集。给定两个模式完全相同的表，从第一个表中挑选出不存在于第二个表的记录作为运算结果。很显然，与上述各运算一样，输出表仍然是一个表。

6. 重命名。对输入表的列名进行修改，从而生成一个新表。输出表与输入表的列数和行数都完全一致，但列名不同。

以下三点值得关注：

1. 因为上述这些运算符的操作对象都是一个或多个表，且其结果也是一个表，所以关系代数是闭合的。这就意味着可以利用这些运算符对输出表进行进一步的操作，直到满足设定的条件为止。

2. 如果去掉上述这六个运算中的任何一个，关系代数的表达能力都将受到影响。从这个意义上来说，上述六种运算构成了关系代数的基本运算。任何其他运算都可以由这六种基本运算符的组合来实现。例如所谓的自然连接运算可以由交叉连接运算加上选择运算来实现。

3. 关系代数，尤其是上述这六种基本运算符，构成了 SQL 的理论基础；而 SQL 则是当今所有关系数据库管理系统都支持的语言。

现在，请读者试着回答以下问题：

1. 应用关系代数的哪一种基本运算能够实现 4.5.3 节中给出的哪一类表模式转换？

2. 还需哪些算法和数据结构以实现这些基本运算？

为了引用方便，此处重述 4.5.3 节中的一些内容：

1. 1∶1。一个输入表被转换为一个输出表。这有两种类型：

(1) 不更改列名：

1) 将输入表的所有列作为候选项，应用投影运算生成输出表。

2) 映射表也能应用于这种类型的转换：对于输入表与输出表的每一个对应列，在映射表中都分别用一行来记录，而且要求输入表和输出表对应列的列名要相同。

(2) 更改列名：

1) 可以使用重命名运算符；

2) 映射表同样可以应用于这种类型的转换：对于输入表与输出表的每一个对应列，在映射表中都分别用一行来记录。然而，输入表和输出表对应列的列名可能不相同。

2. M：1。多个输入表进行转换后得到一个输出表，这种情况有两种子类：

(1) 垂直型 M：1。在这个子类中，输出表的每一行都仅来自于一个输入表，即：输出表的行的全集来自于各自输入表的所有行的并集。

1) 并集运算应用于每个集合对应于一个输入表的情形。

2) 映射表同样可以应用于转换的这种子类，因为对于每个输入表，按照上述 1：1 的方式在映射表中都有一个对应的行的集合。

(2) 水平型 M：1。在这个子类中，输出表的每一行都是多个输入表中行的连接。

1) 交叉连接可以应用于转换的这个子类。

2) 目前我们还没有任何算法和数据结构来处理转换的这个子类。下一节将介绍处理这个子类所必需的内容。

3. 1：M。一个输入表的行数据被分配给多个输出表，同样也就有两个子类：

(1) 垂直型 1：M。在这个子类中，输入表的行能够按照某些标准进行分组，每个组对应一个输出表。

1) 选择运算可以应用于从输入表中挑选出满足输出表条件的行集，并经转换后写入输出表。

2) 映射表，尤其是 Selection_Condition（选择条件）列能够用来从输入表中选择满足条件的行经转换后写入输出表。

（2）水平型1∶M。在这个子类中，输入表的列能够按照某些标准进行分组，每个组对应一个输出表。

1）投影运算可以应用于从输入表中挑选若干列，经转换后写入输出表。

2）映射表同样可以应用于这个子类：对于每一个输出表，仅有相关的列才在映射表中有对应的行。映射表包含 m 个这样的列对的分组，每个分组对应着 m 个输出表中的一个。

4. N∶M。上述列出的基本子类的所有可能的组合。

利用关系代数运算符的相应组合可以实现N∶M。

从上述分析可知，除了水平型M∶1子类外，表模式转换的所有基本子类都可以通过映射表技术来实现。此外，在不考虑交叉连接和求差集的情况下，映射表这种转换机制拥有和关系代数一样的表达能力。为了实现表模式转换的所有类别，并获得与关系代数完全等同的表达能力，接下来我们要介绍"连接构建机制"。注意，利用所谓的外部连接就可以实现求差集的运算。

8.2.5 连接构建器

假设有一个连接表，具有以下的模式：

Left_Table	LT_Column	Math_sign	Right_Table	RT_Column

该表中的每一行数据表示表 Left_Table 的 LT_Column 列值和表 Right_Table 的 RT_Column 列值在满足运算符号 Math_sign 条件下 Left_Table 和 Right_Table 的一个自然连接。这里的运算符号是指"="、">"、"<"、">="、"<="或"<>"等关系运算符中的一个。两个表的连接可能需要这个连接表的多个行，其中每个行代表一个连接条件，并且假设所有这些条件都用逻辑运算符"AND"来连接。此外，多个表的连接可以采用相似的方法来完成。

假设给定了一个上述结构的连接表。我们知道相关的SQL语句有以下的语法模式：

```
SELECT    *
FROM      Left_Table_1      JOIN Right_Table_1
ON        Left_Table_1. LT_Column_1_1  Math_Sign_1_1
          Right_Table_1. RT_Column_1_1
AND       …
AND       Left_Table_1. LT_Column_1_m    Math_Sign_1_m
          Right_Table_1. RT_Column_1_m
                    JOIN    Right_Table_2
ON        Right_Table_1. RT_Column_2_1   Math_Sign_2_1
          Right_Table_2. RT_Column_2_1
AND       …
AND       Right_Table_1. LT_Column_2_n   Math_Sign_2_n
          Right_Table_2. RT_Column_2_n
                    JOIN    Right_Table_3
                    …
```

应用下面的递归算法，依据上述给定连接表提供的元数据就可以生成一个符合上面连接语法的 SQL 语句的字符串。我们将上述模式中的 Left_Table_1 作为算法的根表。

算法 13(连接构建器)：

递归部分(Input_Table(输入表))：

1. 从连接表中提取 Left_Table 等于参数 Input_Table 的所有表对的行。

2. 对于每一个表对，提取所有行，并且构建如下的连接条件字符串：

(1)对于每一个提取的行：

1)建立一个形如 <Left. Table. LT_Column> <Math_Sign> <Right. Table. RT_Column> 的字符串；

2)除了最后一个字符串以外，将其余的字符串用"AND"连接起来以得到一个连接条件字符串。

3. 在第 2 步生成的字符串后面加上"JOIN Left_Table ON "，得到现在的连接字符串。

4. 若 Right_Table 值出现在连接表的某些行的 Left_Table 列中，则递归调用本算法的递归部分，并用这 Right_Table 值作其调用参数(Input_Table)。

5. 将第 4 步调用所生成的连接字符串追加到现在的连接字符串后面。

6. 向调用程序返回所生成的连接字符串。

主体部分(Left_Table_1)

1. 使用"SELECT * FROM Left_Table _1"语句来初始化输出字符串。

2. 将"Left_Table _1"作为 Input_Table 参数来调用递归部分。

3. 将通过这个调用构建的连接字符串追加到输出字符串的尾部。

4. 在输出字符串的尾部添加";"。

注意：

1. 实践中，在包含复杂连接的 SQL 语句中一个表可能出现多次。对于这种情况，可以使用所谓的表别名来区分同一个表在连接中的不同角色。要实现这个目的，就得在上述介绍的连接表中增加两个附加列，LT_Alias 和 RT_Alias。

2. 事实上，这个扩展连接表的所有行构成了一个有向图——连接图。与 6.1.1 节中所描述的依赖关系图相似，连接表的一行记录中两个表分别表示连接图的两个节点，而记录行本身则构成了一条由左侧表所代表的节点指向右侧表所代表的节点的有向边。

3. 如果 SQL 语句的语法正确，则其对应的连接图就应与依赖关系图一样是无环的。然而一个表与自身的连接也可能是有意义的，但这样就会形成一个环。为了避免这种环，在一条 SQL 语句中就必须为同一个表的不同实例指定不同的别名。

4. 算法 13 实际上相当于图论中图的遍历。从一个起点(例如 Left_Table_1)开始，遍历到所有表，更准确地说，是遍历到所有能够到达的表的别名。也就是说，通过有向边直接或间接地与所有表连接起来。

5. 进一步说，算法 13 采用了深度优先遍历方法。即：从一个节点出发，在所有可直达的邻节点中，首先访问第一个节点；并以此节点为起点访问其第一个可以直达的节点，如此继续，直到所有第一个节点都访问完毕，再返回上一级向下访问第二个节点，直到不存在未访问且可直达的节点为止。与此相对的另一种遍历算法称为广度优先，该算法采用分层访问的思路，先将给定节点的所有邻节点都访问完毕后再访问下一层。在我们的连接构建器算法中，如果采用广度优先，则连接字符串的生成顺序将不同于之前采用深度优先的生成顺序。

6. 所有这种图的遍历都可以用来检查有向图是否存在环。如果某个节点在遍历中出现两次，则该图就存在环；否则就不存在环。因此，图的遍历可以用来检查应用于进程管理中的依赖关系表以及本节所描述的连接表中的数据的正确性。

7. 在实践中，连接运算是一个既强大又复杂的主题。要使前述算法更具实用性，对算法进行以下方面的扩展处理是必需的：

（1）不同类型的连接。如左外连接、右外连接、完全连接和内连接等；

（2）与各个连接相关的附加连接及选择条件；

（3）仅仅出现在 SQL 语句中 WHERE 子句里的各种选择条件。

8. 以左外连接①为例，关系代数的求差集运算可以用左外连接来表示，这样，我们也展现了一个与关系代数有完全相同表达能力的新机制。

9. 上述给定的语法模式并没有为选择条件提供 OR 运算符。如果在连接条件中需要 OR 运算，那么完全可以将该 SQL 语句拆分成两条结构完全相同但条件不同的语句，且用并集运算将两条语句的结果合并起来。

构建练习 24：

给定上述连接表，使用你最喜欢的编程语言实现算法 13（连

---

① 关于外连接的更多详情，可以参见 http://en.wikipeida.org/wiki/Join_%28SQL%29。

接构建器），以构建 SQL 语句的上述模式。

构建练习 25：

用上面各"注意"中提到的那些因素扩展连接表，并扩展算法 13（连接构建器）以生成带复杂条件的 SQL 语句。

构建练习 26：

将算法 12（列数据转换器）和算法 13（连接构建器）合并：

（1）在映射表中增加 ST_Alias 列，以存储源表的别名；

（2）应用算法 12（列数据转换器）生成要转换列的列表的字符串，即 INSERT-SELECT 列表，并用该列表替换本节开始描述的模式中的"SELECT *"。

（3）将算法 13 生成的字符串追加到上一步生成的字符串后面。

构建练习 27：

将构建练习 26 的生成结果与算法 11（键转换器）合并。

构建练习 28：

将构建练习 27 的生成结果与算法 6（对象建史器）合并。

8.3 参照完整性保证

在 4.3 节中，我们分别讨论了关于域完整性、参照完整性和实体完整性的三种语法规则。尽管现代数据库管理系统为确保上述三类完整性提供了基本的确保机制，但是由于数据仓储的环境复杂，必须通过程序来确保这三类完整性。在 7.3 节中，我们展示了一种确保域完整性的技术，即算法 3（列清洗器）。在本节中，我们将展示确保参照完整性的技术。

8.3.1 等待空间管理器

出于简化的目的，到目前为止，我们总是隐含地假设，对正在处理的目标表列而言，相应的源列总是有一个有效的值。然而在数据仓储实践中，这个假设并不是总能够得到满足的。

让我们考虑下面的场景。源列是一个参照了父表(也是源表)主键的外键，则这个源列应该被映射为参照了相应目标表的父表主键的目标外键列；而且，仅仅当父目标表中存在相应的被参照的主键值时，这个外键的值才被认为是有效的。换句话说，若相应的父源表的行还没有被源应用系统提交，则目标表也不能包含相应的行。或者更准确地说，就是相应的主键、外键或者源列的值不能被认为是有效的，最终导致整个源数据行不能被接受、不能插入到数据仓储的目标表中。

为了最小化拒绝量，或者最大化数据可用性，这里需要考虑两件事。第一，必须在相应的子源表之前处理父源表。为了达到这个目的，在进程管理中必须使用依赖关系图。第二，在被明确拒绝之前，子源表的记录行应该等待父源表的记录行一段时间。为了等待，每个子源表应该有一个相应的等待表 C_W，这个等待表与原始的源表有相同的模式。

算法14(等待空间管理器)：

1. 将等待表 C_W 中的所有行放入源表 C 中；

2. 清空等待表 C_W；

3. 执行对源表 C 的处理；

4. 在处理过程中，当表 C 中某行的外键在其父表 P 中找不到一个相应的主键值时，将此行放入等待表 C_W(此处理对表 C 中所有行有效)。

注意：

1. 通常，父表 P 是一个在子源表 C 之前已经处理过的目标表。总的来说，这样一个目标表的源表应是源应用系统中子表 C 的父表。

2. 实践中，一个源外键是否找得到一个相应的目标主键，这个问题不能被直接回答。为此，子源表和父目标表之间的连接在许多情况下可能是必要的。例如，一个源外键被映射成为一个代理键，这个代理键是一个相应的子目标表的外键，并且参照父目标表的主键。在这种情况下，必须应用算法11(键转换程序)通过源外键将子源表与相应的键映射表连接起来，得到相应的代理键。然后，再检查这个代理键的值是否存在于父目标表的主键中。

3. 大多数情况下，在多次更新后，等待行能找到它们各自的主键。等待太久的等待行应该从等待表中永久地移除。通常，在这些情况下的相关外键值是一些数据错误的结果，应该将这些数据错误告知源应用系统的拥有者。

4. 在许多数据仓储的实践中，当外键值没有找到相应父表中的主键值时并没有采用等待表技术。

（1）在第一种情况下，对于分析要求而言，外键是不重要的。在这种情况下，目标外键可以采用一些默认值，相应的源记录行将不放入等待表(实际上，在不需要检查其他外键的情况下，不必创建等待表)。

（2）在第二种情况下，源应用系统和数据仓储的相关机制确保了在子源表处理开始之前，主键值已经被处理并将其存储于父表中。在这种情况下，如果外键值没能立即找到所它对应的主键值，那么等待相应主键值的下次出现是没有意义的，外键值肯定涉及一个数据错误。源行应被立刻拒绝并且交给源应用系统的拥有者去调查。

构建练习 29：

用父子关系定义两个表。用 SQL 语句来实现算法 14(等待空间管理器)。

8.3.2 外键处理器

在保证参照完整性的前提下，或者更准确地说，在确保主键/外键关系处理的前提下，关于列数据转换有两种情况需要区分。第一种情况，根据源外键的父主键来检查源外键值，并且目标外键值与源外键值相同。这里，检查是为了确认源外键值的有效性。第二种情况是，源外键值和目标外键值不同。也就是说，发生了一些值变换。代理键就是这种情况的一个例子。这种情况处理起来不仅是要验证有效性，而且是为了列数据或者甚至是表模式转换。现在，让我们考虑一个具有以下模式的外键表：

T_Table	T_Column	Default_Value	Waiting?	S_Table	S_Column	P_Table	P_S_PK_Column	P_T_PK_Column

  为了能紧凑地展示，这里使用了一些简写。其中，"T"表示"Target"，"S"表示"Source"，"P"表示"Parent"。这样，我们有 Target_Table（目标表）、Source_Column（源数据列）等。父表 P_Table 的列 P_S_PK_Column 包含相应父表 P 的主键列（PK），PK 与源数据列（S）（即 S_Column 列）连接。同样的，P_T_PK_Column 列包含相应的父表 P 的主键（PK）列，而这个 PK 列与目标列 T_Column 相对应。

  总的来说，一个表可能具有多组有主键特征的列，即，它们中的任何一个可以被认为是表的主键。我们称这样的组为候选键，并且每个表的候选键可以被看做是一个组合键。多个候选键的一个很好的例子是代理键的键映射表。代理键是一个候选键，而对象键列构成了另一个候选键。总之，上表中的 P_S_PK_Column 列包含了父表候选键的一个列，P_T_PK_Column 列是基于父表的其他候选键。在值交换的情况下，两列的值一般是不同的。至于有效性验证，两列应有相同的值。

  这个外键表的每个行表示以下事实。为了取得 T_Table 的 T_Column 列的值，S_Table 的 S_Column 与 P_S_PK_Column 列连接。相应的父表 P_Table 的 P_T_PK_Column 包含 T_Column 的值。如果这样的一个值不存在，如因为 S_Column 与 P_S_PK_Column 列值的任何一个都不匹配，若这时 Default_Value 列提供一个有效值，则这个值此时将被用于 T_Column 列。否则，如果 Waiting? 列包含一个"No"，这条行数据就立即被拒绝。如果 Waiting? 列包含一个"Yes"，这行数据将被插入相应的等待表。注意，为了处理一个单个的外键，这个外键表可能包含不止一行。

  假设已经给定以上所示的外键表。下面的算法将构建一个包含 SQL 语句的字符串，而这条 SQL 语句能给目标列赋予有意义的值。

算法 15(外键处理器):

1. 用 INSERT INTO <T_Table> [<T_Column>] 来初始化 INSERT-字符串。

2. 为 T_Table 和 T_Column 的给定组合从外键表中取出所有相关行。

3. 为这些行的每一行:

(1)构建一个字符串"<S_Table>.<S_Column> = <P_Table>.<P_S_PK_Column>";

(2)用"AND"连接这些字符串,得到一个除了最后一个字符串外的连接条件字符串。

4. 用"FROM <S_Table> LEFT OUTER JOIN <P_Table> ON"构建"FROM-字符串",上一步中构建的连接条件字符串跟在它的后面。

5. 如果 Default_Value 有一个有效值,构建 SELECT 字符串使用"SELECT COALESCE [<P_Table.<P_T_PK_Column>, <Default_Value>]"。

6. 否则,用"WHERE <P_Table>.<P_T_PK_Coumn> IS NOT NULL"来构建 WHERE 字符串,并用 SELECT 字符串"SELECT <P_Table>.<P_T_PK_Column>"来构建 SELECT 字符串。

7. 将所有已构建的字符串组合在一起:<INSERT-string> <SELECT-string> <FROM-string> <WHERE-string>。

8. 如果 Waiting? 有一个值,调用算法 14(等待空间管理器),即,构建以下字符串:

(1)用语句"INSERT INTO <S_Table> SELECT * FROM <W_Table>;"将源表与等待表 W_Table 合并;

(2)用语句"DELETE FROM <W_Table>;",删除等待表 W_Table;

(3)"INSERT INTO <W_Table> SELECT <S_Table>. * <FROM-string> WHERE <P_Table>.<P_T_PK_Column> IS NULL"。

9. 如果 Waiting? 有一个值是"No",构建以下的字符串:

"INSERT INTO <E_Table> SELECT <S_Table>. * <FROM-string>

WHERE <P_Table>. <P_T_PK_Column> IS NULL;"。

注意：

1. W_Table 表示在 8.3.1 节中介绍的源表的等待表。

2. E_Table 表示错误表，该表收集在源应用系统中出错的行，并将这些数据提交给源应用系统的相关负责人。该表包含源表的所有列，也能增加额外的列来存储数据错误。

3. 由于外键表的去规范化，必须设定一些假设和约束来保持数据的正确性。例如，如果不止一行涉及给定的外键，那么所有行中 P_T_PK_Column、Default_Value，或者 Waiting? 三个列的值必须分别相同。

4. 在实际中，一个目标表可能同时有许多外键，复杂的对象表或者大事件表就是典型的情况。因此，对于一般的情况，SELECT-string 包含许多父列、FROM_string 包含许多连接字符串，等等。为了简化表达，上述算法仅处理一个目标外键(列)。很明显，这里描述的原则可以适用于任何类型的外键。

5. 事实上，外键处理程序可以被认为是连接处理的一个特例。这里，仅涉及一层连接操作，因而不会发生递归。

6. 在第三步，仅考虑"AND"运算，因为"OR"运算符不符合逻辑，所以它不可能用在外键处理的环境/参照完整性的环境中。

构建练习 30：

将至今为止讨论的所有算法组合起来构建一个综合算法如下：

(1)应用算法 15(外键处理器)的相关内容来扩展算法 12(列数据转换器)，以构建 INSERT-string 和 SELECT-string。

(2)将算法 13(连接构建器)和算法 15 的相关内容(外键处理器)组合起来构建 FROM-string。

(3)将算法 13(连接构建器)和算法 15 的相关内容(外键处理器)组合起来构建 WHERE-string。

(4)将所有这些字符串放在一起构建一个完整的 SQL 语句。它包括数据收集、数据整合以及参照完整性确保机制。

8.3.3 代码表补充器

如 4.1.1 节中解释的那样,数据仓储处理的数据包含许多代码。理论上,包含在数据(对象数据,事件数据甚至是代码数据)中的代码是参照相应代码定义表的外键。它们应该在数据处理过程中得到验证,例如,应用算法 15(外键处理器)。由于下面三个主要原因,代码验证在数据仓储实践中并非总是能完成的。

1. 效能。外键处理是一个资源密集型的操作。若将所有的代码都当成通常的外键来处理,则数据处理效能可能会成为一个严重的问题。

2. 复杂性。如算法 15(外键处理器)所示,外键处理不是一件小事。如果我们处理一个复杂表中的所有代码,例如,一个大事件表,那么我们就有可能需要用此程序处理成打的外键。

3. 重要性。对于分析要求来说,代码数据的有效性通常不被看得如作为外键的对象键那样重要。

然而,如果数据中的一些代码没找到它们的定义,或者至少在相应的代码定义表中没找到相应的行,那么对于后者的分析是非常不方便的。为了使用数据中那些代码表中缺失的代码,我们采用下面代码信息表。

| T_Table | T_Column | C_Table | C_Column | Default_Definition |

该表中的一行表示目标表 T_Table 的 T_Column 列是一个代码,相应的代码表是 C_Table,并且相应的列是 C_Column。若 C_Column 列值未知,则使用默认定义的 Defalult_Definition 的值。

假设给定了代码信息表。出于简单性考虑,我们假设所有的代码表仅有两列,一个存储代码,一个存储代码的定义。下面算法将构建一个包含 SQL 语句的字符串,而这个 SQL 语句是来自目标表的新代码(这些新代码在代码表中还没有定义)来补充代码表。

算法 16(代码表补充器):

对于代码信息表中的每一行:

(1)构建下面的字符串:

"INSERT　　INTO　<C_Table>
SELECT　　DISTINCT　<T_Column>, <Default_Definition>
FROM　　　<T_Table>
WHERE　　 <T_Column> NOT IN
　　　　　[
　　　　　SELECT<C_Column> FROM <C_Table>
　　　　　];";

(2)执行该 SQL 语句。

注意:

1. 事实上,该算法并不能直接确保参照完整性,其目的在于为随后的分析改善数据的可用性。

2. 该算法能被用来改善数据质量。也就是说,代码表中具体默认定义的所有代码可以被集中在一起,并移交给源应用系统的负责人。如果代码是错误的,包含这些代码的相应数据行将被更正,并重新发送给数据仓储。如果代码数据忘记发送给数据仓储了,那么现在就可以将其与有意义的定义一并发送。

构建练习 31:

给定如上描述的代码信息表。根据算法 16(代码表补充器),应用你最喜欢的语言编写一个生成器来生成一条 SQL 语句。

8.4　实体完整性保证机制

一个表必须满足实体完整性。通常情况下,这意味着表的主键值必须是唯一的,由于这个原因,该需求也被称为唯一完整性。如 4.3.2 节中提到的,在数据仓储实践中有两种与唯一完整性相关的类型:一种是点唯一完整性,这种类型可以由现代数据库管理系统很好地处理;另一种是区间唯一完整性,它必须通过编程来处理。违反区间唯一完整性的数据就被认为包含了重叠,如图 4.3 所示。

在本节中,我们首先介绍一个算法来检测数据重叠,然后介绍另一个算法去确定重叠所涉及行的优先权。然后,我们展示一个算法来分解两个行之间的重叠,即,一个基本系列的重叠。通过集成所有这些组件算法,我们得到最终解决重叠问题的算法,使得包含重叠的数据立即可用,而无需拒绝它们。为了展示其通用性,我们在双时维历史化环境中描述这些算法,但是它同样适应于单时维环境。

8.4.1 重叠检测器

假设给定了如 8.1.1 节中所描述的输入对象表 Input_Table,其模式如下:

Object_Key	state_start	state_end	valid_from	valid_to	Business_Information

该表包含可能涉及重叠的行。为了收集 Input_Table 表中涉及重叠的行,我们使用与相应输入对象表具有相同模式的输出对象表 Output_Table。此外,假设 Input_Table 中的每一行 R 已被完善定义,即,关系 R.state_start <= R.state_end 和 R.valid_from <= R.valid_to 总成立。然后,通过下面的算法检测 Input_Table 表中涉及重叠的行,并将其放入 Output_Table 表。

算法 17(重叠检测器):

```
INSERT    INTO              Output_Table
SELECT    DISTINCT          R1.*
FROM Input_Table            AS      R1
        INNER JOIN
        Input_Table         AS      R2
ON   R1.Object_Key     =         R2.Object_Key
```

AND	R1. state_start	<=	R2. state_end
AND	R2. state_start	<=	R1. state_end
AND	R1. valid_from	<=	R2. valid_to
AND	R2. valid_from	<=	R1. valid_to
AND	[		
	R1. state_start	<>	R2. state_start
OR	R1. state_end	<>	R2. state_end
OR	R1. valid_from	<>	R2. valid_from
OR	R1. valid_to	<>	R2. valid_to
	];		

注意：

1. 保留字"ON"后的谓词被称为重叠条件。R1 和 R2 分别表示两行，当且仅当它们满足重叠条件时，才相互重叠。

(1) 根据 4.3.2 节中给出的重叠定义，在双时维环境下构建重叠条件的第一部分，即，两个时间的维度必须被同时考虑。

(2) 第二部分确保讨论中的任何行 R1 不与自身连接。

2. 为了得到 Input_Table 表中不涉及重叠的所有行，将上述重叠条件取反。我们可以通过这个方式过滤出涉及重叠的所有行。

概念练习 10：

验证当且仅当两个行满足上述连接条件时，它们才是相互重叠的。

8.4.2 优先权决定器

让我们快速分析一下有相同对象键的两个行相互重叠的情况。为了继续我们的讨论，我们使用图 4.3，其中双时维历史化的每个对象行表示一个矩形。矩形 A 表示这个区域中对象状态是"A"，矩形 B 同理。两个矩形互相重叠的部分是这两个矩形公共的区域。若数据包含这样的共同区域，即一个对象在同一时间点有不止一种状态，则该数据是不正确的。不正确的数据将导致不正确的报告、错误的分析、错误的反馈，最终导致错误的决策和行动。简而言之，公共区域必须被消除。从矩形 A 的角度来说，这个公共区域相应的对象状态应该是"A"，从矩形 B 的角度来看亦然。哪个选择是正确的呢？或者更务实地说，哪个矩形更重要，需要保留，而另外一个则可被忽略？

事实上，重叠解决方案最初始的任务是为重叠矩形或者行设置优先权规则。这些规则决定了当两个矩形重叠时，哪个矩形更重要将被保留。依据源数据的语义、分析的要求等，每个组织都可以有自己的优先权规则集合，且集合中的所有规则都是正确的。下面我们推荐的规则集可以被看做设置读者自己的规则集的一个参考，它来源于下面给出的基本假设。

假设：

在一个不断完善的环境中，信息出现得越晚，它越可能是正确的。

注意：

1. 在不断完善的环境中，每个人都尝试尽最大努力以便达到他们共同的目标。即，所有的努力都在向共同改善的方向进行着。在其他环境中，对个人最好的并不总是对其他人最好的。

2. 在这种环境下，观察得越久得到的信息越多，经历得越多越有可能得到正确的信息。因而，数据产生得越晚、交付到数据仓储越迟，也就越可能正确。

3. 当然，不排除后来产生的数据是错误的情况。但这种可能性比起较早出现的信息产生错误的可能性要小得多。

4. 在一些特殊情况下，最先被交付的信息是决定性的，其他信息则是次要的。对于这样的环境和情况，应该制定特殊的假设。

设计建议 16（优先权规则）：

假设给定与上述 Input_Table 表具有相同模式的对象的两个行。应用下面规则来确定两行中哪一行更重要：

（1）列 valid_from 的值越大，该行就越重要，因此，需要保存。如果在这点上没有区别，则转下一步。

（2）列 state_start 的值越大，该行就越重要，因此，需要保存。如果在这点上没有区别，则转下一步。

（3）列 state_end 的值越大，该行就越重要，因此，需要保存。如果在这点上没有区别，则转下一步。

（4）列 valid_to 的值越大，该行就越重要，因此，就需要保存。如果在这点上没有区别，则转下一步。

（5）存在重复主键错误或者不满足点唯一完整性。在这种情况下，从这些行中随机选出一行来保存，另一行将被分解。

我们认为列 valid_from 的值是最重要的，因为源应用系统端所做的相应修改必须直接先于数据仓库对该行(由 valid_from 表示)的处理。这样，我们可以从对行的处理操作(即从列 valid_from 值)得出在源应用系统进行修改的时间点。这是规则(1)的合理性。

对象的两个行可以在同一时间点、不同的状态区间，被传递给数据仓库。通常，后一条记录的区间晚于前面记录的区间，因此，我们有了规则(2)。而规则(3)和规则(4)有点主观。无论如何，我们必须决定哪一行要保留，从而进行算法的处理。规则(5)是整个流程的紧急出口。下面的算法被用来决定重叠行的优先权。

算法 18(优先权决定器)：

1. 对违反点唯一完整性的、具有同一主键值的所有行，留一除余。

2. 将所有剩余行按系列<valid_from, state_strat, state_end, valid_to>的升序排列。

3. 根据上述排序结果，给每一行分别分配一个升序优先权编号 Priority_No。

注意：

1. 如果对象行 R1 和 R2 相互重叠，并且 R1. Priority_No > R2. Priority_No，根据设计建议 16 中给出的优先权规则，那么行 R1 保持不变，行 R2 应该被分解。

2. 如果采用另一中优先权规则，这里所采用的列的系列可能是不同的。

3. 输出的每个行有唯一的优先权编号。

实践建议 6：

将你的优先权规则集作为一个建议提交到源应用系统的所有者和业务部门，并征得他们的同意。

8.4.3 双时维重叠的基本组合

用 4.6.2.2 节中的图 4.6，我们展示了通过分解两个矩形中的一个矩形来解决这两个矩形之间的重叠问题。很明显，这不是该问题的唯一解决方法。例如，矩形 B 可能被分解而不是矩形 A。然而，根据设计建议 16 给出的第一条优先权规则，既然矩形 B 的 valid_from 值比矩形 A 的大，那么矩形 B 就应该被保留。此外，也能采取图 8.1 所描述的解决方案来解决重叠问题。

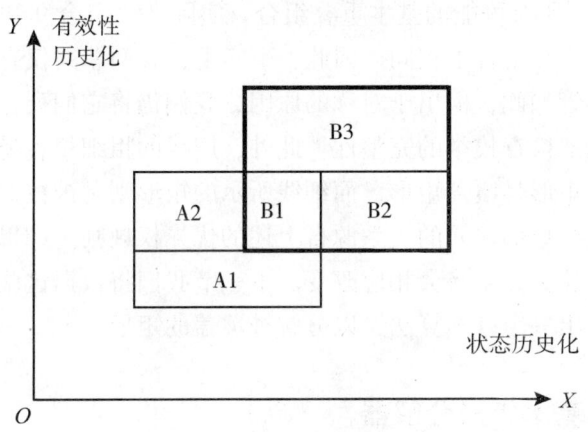

图 8.1　其他可能的解决方案

也就是说，矩形 B 也被分解了。这个方法有两个主要的缺点：

1. 结果数据包含太多的行。例如，图 8.1 包含了 5 行而不是图 4.6 中所示的仅仅 3 行。得到的行越多，需要的存储空间就越大，为处理查询所需的 CPU 时间越多，等待查询结果的时间越长。

2. 时间段被明显地缩短了。时间段的缩短，特别是状态段的缩短，会对数据质量产生不必要的损害，并且会更多地对结果数据的语义产生实质性的影响。例如，一个合同中状态 B 的原始区间是从 2010-01-01 到 2010-12-31。根据图 8.1 所示的解决方法，相应的矩形被分解为两个。一个是从 2010-01-01 到 2010-05-31，另一个是从 2010-06-01 到 2010-12-31。从形式上看，它们是正确的。但是，在实际业务中，合同毕竟没有这样的两个时间区间。

因此，应该使结果行的数目尽可能地少，并使所涉及的行尽可能地保持不变，这是一个质量要求。由于这个原因，我们坚持图 4.6 所示的方法，也就是仅分解重叠所涉及的两个行中的一行。下面的讨论中，我们称被分解的矩形为被覆盖矩形，例如在上述例子中的矩形 A；而保持不变的矩形被称为覆盖(其他矩形的)矩形，例如如图 4.6 所示的矩形 B。

事实上，两个矩形之间重叠的排列组合的数量是有限的。图 8.2 枚举了所有可能的基本重叠组合。实际上，组合 9 和组合 0 分别与组合 3 和组合 1 相同。因此，事实上，我们总共仅有 8 个基本组合。尽管如此，但出于对称的原因，我们仍将它们列在图中，以便能快速地检查枚举的完整性。此外，用线的粗细很容易看出，粗线所示的矩形是覆盖矩形，而细线所示的矩形则是被覆盖矩形。很明显，这些矩形之间的关系源自上述的优先权规则。如果应用了其他规则，那么关系将会相应改变。下一节我们将根据这些矩形之间的关系给出一个基本算法，以分解被覆盖的矩形。

8.4.4 基本矩形分解器

图 8.2 中的被覆盖矩形可以按照如图 8.3 所示的那样被分解。

分解形成的结果矩形称为片段。根据它们与覆盖矩形的相对位置，所有片段可以被划分为四组。为了使展示更加直观，在图 8.3 和表 8.1 中使用以下标记：

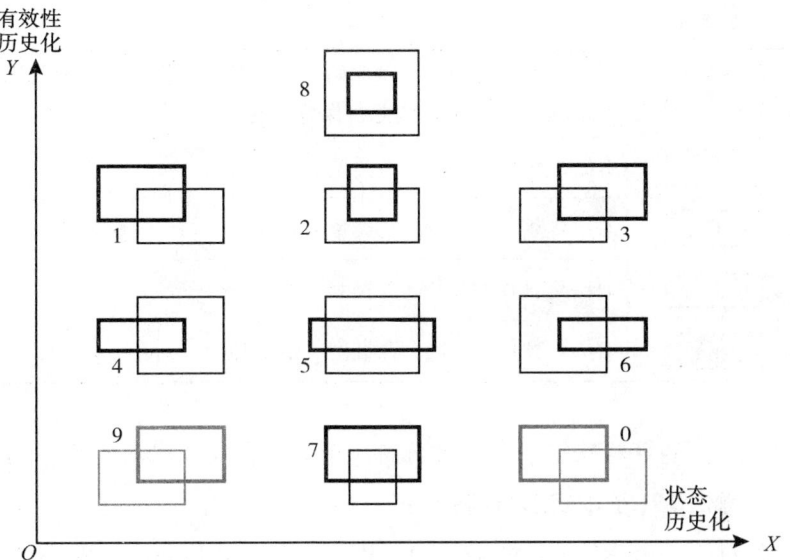

图 8.2 矩形重叠的基本组合

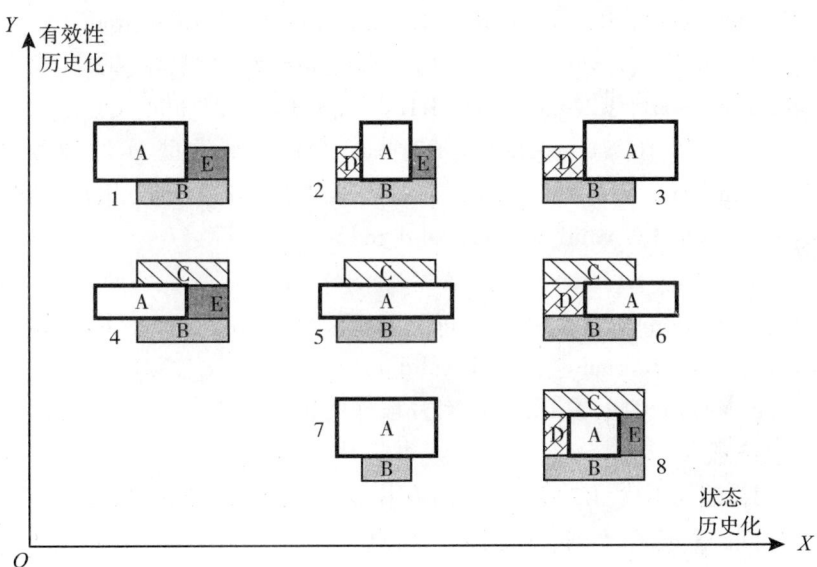

图 8.3 矩形重叠的基本分解

表 8.1

A	A：类型 A 的矩形，是原始的覆盖矩形。根据优先权规则，它们将不被分解，因此将保持不变。
B	B：类型 B 的片段，在类型 A 的下方。
C	C：类型 C 的片段，在类型 A 的上方。
D	D：类型 D 的片段，在类型 A 的左侧。
E	E：类型 E 的片段，在类型 A 的右侧。

下面的算法确定了一个被分解矩形的片段属于哪种类型。

算法 19（基本矩形分解器）：

对于一个覆盖矩形对{R1，R2}，若 R1.Priority_No > R2.Priority_No，则按以下步骤分解 R2：

1. 如果 R1.valid_from > R2.valid_from，则类型 B 的片段是 <R2.state_start, R2.state_end, R2.valid_from, R1.valid_from-1>。

2. 如果 R1.valid_to < R2.valid_to，则类型 C 的片段是 <R2.state_start, R2.state_end, R1.valid_to+1, R2.valid_to>。

3. 如果 R1.state_start > R2.state_start，则类型 D 的片段是 <R2.state_start, R1.state_start-1, MAX[R2.valid_from, R1.valid_from], MIN[R2.valid_to, R1.valid_to]>。

4. 如果 R1.state_end < R2.state_end，则类型 D 的片段 <R1.state_end+1, R2.state_end, MAX[R2.valid_from, R1.valid_from], MIN[R2.valid_to, R1.valid_to]>。

5. 将 R1 和上述 R2 的所有片段作为输出。

注意：

1. 记住 R1，R2 及 R2 的所有片段都具有相同的对象键。它们包含同一对象在不同时间段内的信息。

2. 在一个大数据库里，有数千甚至数百万个对象。但是，围绕着一个对象的分解不受其他对象的影响。也就是说，在这个方面它们是相互独立的。

8.4.5 重叠消除器

算法 19(基本矩形分解器)仅对成对的矩形有效,甚至对于三个两两相互重叠的矩形 R1、R2 和 R3 也是这样。例如,即使当 R1 重叠了 R2,R2 重叠了 R3,或者 R1 同时重叠了 R2 和 R3 时,分解操作也必须逐对进行。在这种情况下,操作结果形成的片段可能以其他的排列形式而相互重叠。因此,必须进一步解决这种情况,或者更准确地说,必须反复地执行算法 19 所述的解决过程,直到不存在任何重叠为止。

假设集合 Original 包含原始矩形,这些原始矩形在解决程序开始时可能相互重叠,但它们是完善定义的、且没有重复的主键。我们给这些矩形分配一个唯一持久的识别码 Orig_id,并根据优先权规则,同时给它们分配一个唯一持久的优先权码 Priority_No。即使各矩形在后面的处理过程中被分解许多次,这两个号码也不会改变。而且,我们用集合变量 Input 和 Output 来存放上述提到的每个分解迭代的输入和输出。下面的算法解决了原始集合 Original 中所有的重叠,以使经过有限次的迭代后 Output 不含重叠。

算法 20(重叠消除器):

用算法 18(优先权决定器)给 Original 中的每行赋予一个 Orig_id 和一个 Priority_no,并将所有的行插入 Input:

1. 将算法 19 应用于 Input 中的每个矩形对,在此

(1) 若矩形对的 Priority_No 不同,则依据其 Priority_No 进行分解;

(2) 否则,即刻使用算法 18 以确定其各自当前的优先关系并进行分解,将结果写入 Output 中。

2. 使用算法 17(重叠检测器)之非重叠条件于 Input,为 Output 识别出无重叠矩形。如果它们还不在 Output 中,就将其插入

Output。

3. 消除 Output 中有相同 Orig_id 的其他完全重叠的片段。

4. 消除 Output 中有完全相同区间但 Priority_No 较小的片段。

5. 将算法 17(重叠检测器)应用于 Output 来检查现在是否还有重叠:

(1) 如果还有, 将 Output 中的所有矩形插入到 Input 中, 清空 Output, 并转到第二步;

(2) 如果没有, Output 包含最终的无重叠矩形集合。

8.4.6 重叠解决举例

为了给读者关于算法如何运作的一个具体印象, 我们将在这节给出一个示例。图 8.4 显示了重叠的初始状态:两个不重叠的矩形(I, II), 同时与另一个矩形(III)相互重叠。

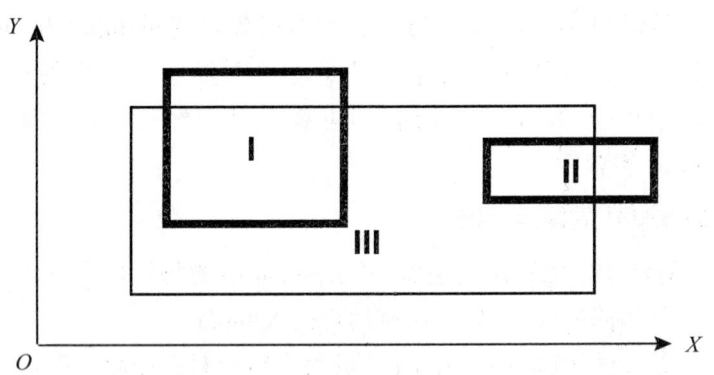

图 8.4 初始状态

从矩形 I 出发, 矩形 III 被分解。当第一次迭代完成后, 我们得到以下的图形, 如图 8.5 所示。

从矩形 II 出发, 矩形 III 被分解。经过第一次迭代后, 我们得到以下的图形, 如图 8.6 所示。

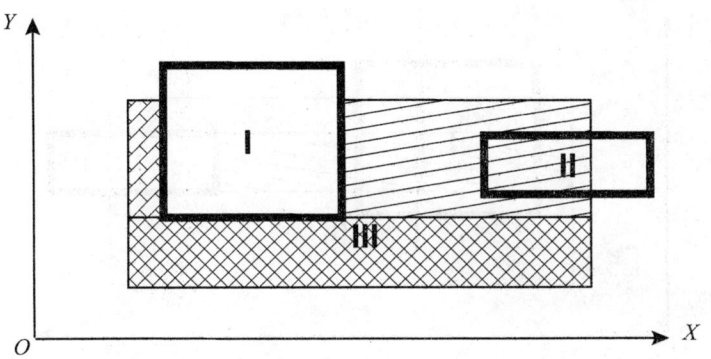

图 8.5　从矩形 I 出发的第一次迭代后的结果

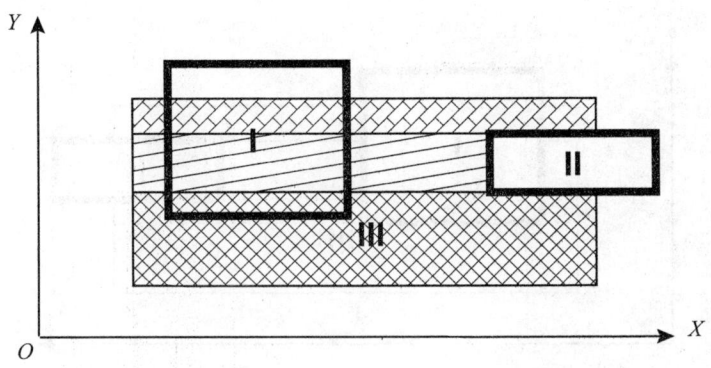

图 8.6　从矩形 II 开始的第一次迭代后的结果

经过上述两次迭代后,将图 8.5 和图 8.6 叠加,我们得到下面的图形,如图 8.7 所示。

此处,应该注意的是,B 型矩形从图 8.5 中消逝了,因为它已经完全被图 8.6 中另一个具有相同 Orig_id 的同类矩形所覆盖了。考虑到篇幅的原因,在第二次迭代后不再展示其图形。我们不仅必须再次从矩形 I 和矩形 II 出发分解矩形,而且还得从第一次迭代产生的每个结果片段出发。在第三次迭代完成后,我们得到以下图形,如图 8.8 所示。

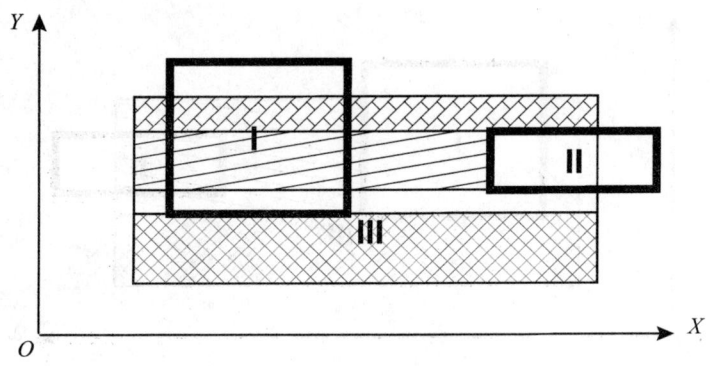

图 8.7 第一次迭代后的叠加结果

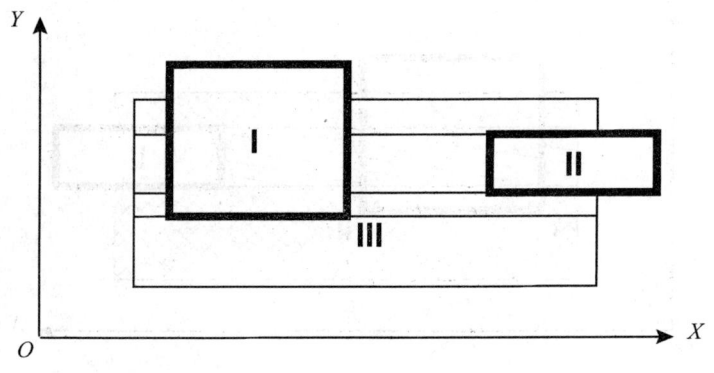

图 8.8 第三次迭代后的结果

现在图中的所有矩形都是无重叠的了。但此处有点小纰漏：矩形 I 左侧的三个小矩形源自相同的父矩形 III。因此，它们代表正在处理的对象的相同状态。由于在那里所涉及的状态区间没有改变，所以它们可以合并成一个，以便最小化矩形的数量，且不影响数据的语义。对于这类优化，我们可以利用后面 9.2.4 节中将讨论的算法 24(遍历压缩器) 和算法 25(相邻压缩器) 之类的时间链压缩法，以使最终的图形看起来如图 8.9 所示。

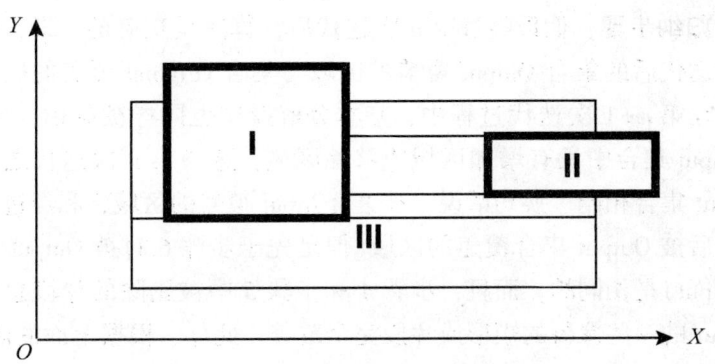

图 8.9　经时间链压缩后的结果

8.4.7　分析

8.4.7.1　正确性

正确性的定义：经过任意次迭代后，如果被 Output 集合保留下来的矩形和片段覆盖的区域与被原始 Original 集合中的矩形覆盖的区域完全相同，则解决方案的算法是正确的。

引理 1：算法 20(重叠消除器)是正确的。

证明：我们将数学归纳法应用于证明过程中的迭代次数。

基础：很容易验证图 8.3 枚举的和算法 19(基本矩形分解器)使用的所有基本分解都是正确的。在第一次迭代执行算法 20 时，通过应用某些基本分解操作对来分解集合 Input 中的所有矩形(步骤 2)，这里 Original 集合等于 Input 集合(步骤 1)。如上所述，每个分解操作各自都是正确的。即，它们没有增加额外的区域到被原始矩形覆盖的区域，或从这些区域中移除一些区域。总之，没有对 Input 集合进行增加或移除。而且，步骤 4 和步骤 5 中被删除的片段总是被 Output 中保留的矩形或片段完全覆盖。换句话说，经过这次迭代后，被集合 Original 覆盖的区域和被 Output 覆盖的区域是相同的。这样，经过第一轮迭代后，算法是正确的。

归纳步骤：假设经过第 n 次迭代后，算法是正确的。即，经过这轮迭代后的集合 Output 覆盖的区域与集合 Original 覆盖的区域相同。在第 $n+1$ 次迭代过程中，基本分解操作也同样被应用。这样，在 Input 集合中没有增加区域或移除区域，这与第 n 次迭代之后的 Output 集合相同。换句话说，被集合 Input 覆盖的区域，和经过这次迭代后被 Output 集合覆盖的区域(但是先于步骤 6 时被 Output 替换的 Input)是相同的。而且，步骤 4 和步骤 5 中被删除的片段总是被 Output 的一些保留的矩形或片段完全覆盖。此外，根据上面的假设，被集合 Original 覆盖的区域和在这个时间点上被集合 Input 覆盖的区域是相同的。这样，经过 $n+1$ 次迭代后，算法也是正确的。

因为基础和归纳步骤都被证明是正确的，所以，现在根据数学归纳法原则证明了算法是正确的：经过任意次迭代后 Output 所保留的矩形和片段所覆盖的区域与原始集合 Original 中的矩形所覆盖的区域是相同的。即，引理 1 成立。

证毕。

8.4.7.2 收敛性

矩形尺寸的定义：一个矩形的尺寸是分别投影到其两个时间轴上的时间点的数目之和。这些时间点定义其覆盖矩形的时间段，并且仅仅位于这个矩形的两个时间段内。

根据这个定义，图 8.4 中矩形 III 的尺寸是 6，图 4.3 中矩形 B 的尺寸是 2，而不是 1，因为它所包含的单个时间点，被投影并计算了两次，其中每个时间轴一次。如果一个集合包含 $n+1$ 个矩形，其中矩形的最大尺寸可以是 $4*n$。需要提及的是，采用算法 19 的分解操作一直在这样的时间点上执行。

收敛性的定义：假设集合 Original 包含重叠。如果经过有限次的迭代后的集合 Output 中不存在重叠了，那么重叠解决算法收敛。

引理 2：算法 20(重叠消除器)是收敛的。

证明：假设我们有关于一个对象的一组可能相互重叠的矩形集合。将算法 19 应用于集合中的所有矩形对。一个单独的处理迭代将产生一个新的矩形集合。应用算法 20 时，这类处理迭代要执行多次。每次迭代之后，矩形或者片段的结果集合 Output 通常可以划分成三个子集：

覆盖子集：根据优先权规则，这个子集包含原本是 A 型的覆盖矩形，及源自于被覆盖矩形(但现在也是 A 型)的某些分解的覆盖片段。即，它们都与其他片段重叠，但是现在没有被其他矩形覆盖。注意矩形优先权的确定是无环的。即，在一系列覆盖矩形中总是存在优先权最高的一个。这样，如果算法是收敛的，那么在处理过程开始时该子集是非空的，且在处理结束时应被清空。

被覆盖子集：这个子集包含被其他矩形和片段覆盖的矩形和片段，并且也可能覆盖其他的矩形和片段。它们在下一步迭代(步骤 2)中会变小。如果该子集现在是空的，覆盖子集也一定是空的。此时，处理也就完全结束了(步骤 6)。

无覆盖子集：如果我们多次执行这样的迭代，可能有来自前面迭代的覆盖子集或被覆盖子集的、现在不再涉及任何重叠的矩形和片段。该子集包含这样的无重叠的矩形和片段。经过整个处理之后，该集合展示最终的结果。

对于收敛性来说，使矩形变小是算法的一个关键特征，这在算法的步骤 2 中完成。也就是说，在这一步中，每个被覆盖的片段将被分解成为一个或最多四个更小的子片段。另一方面，这些片段从来没有被合并过。简言之，每个矩形仅仅向一个方向上发展——变小的方向。其他的关键特征是步骤 4 和步骤 5 中完全被覆盖的片段的消除。

假设在处理开始时，被覆盖子集中最大矩形的尺寸是 m，并且所有最大的后继片段仍在被覆盖子集中。因为在每次迭代时，真正的分解操作也在并行执行，那么最多 $m-1$ 次迭代后，所有这些最新的后继片段的尺寸必须是 1。如果一个片段的尺寸是 1，则它要么插入到无覆盖子集(步骤 3)的无重叠片段，要么插入到一些区域完全覆盖的片段(这些区域作用于步骤 4 和步骤 5 的删除操作)。这对于所有其他被覆盖的矩形来说也成立。因此，此时没有任何覆盖其他矩形的片段。换句话说，覆盖子集现在是空的。那些由先前迭代产生的、放在覆盖子集的矩形现在属于无覆盖子集。简言之，覆盖子集和被覆盖子集现在是空的，并且现在所有的矩形都在无覆盖子集中。即，Output 仅仅等于无覆盖子集。这样，经过有限次的迭代，即，最多 $4*n$ 次（这里 $n+1$ 是 Original 集合中涉及重叠的矩形的数量）后 Output 将是无重叠的。这样，引理 2 成立。

证毕。

8.4.7.3 质量最优

质量最优的定义：假设 Original 集合包含重叠。如果最终集合 Output 中的矩形或片段覆盖区中任意点的状态，等于覆盖该点的原始集合 Original 中具有最高优先权的矩形状态，那么消除方案的算法是质量最优的。

引理 3：算法 20（重叠消除器）是质量最优的。

证明：我们考虑被最终集合 Output 中的矩形或片段所覆盖区域中的一个确定点 x 的状态。假设点 x 被原始集合 Original 中的两个矩形 A 和 B 覆盖。覆盖这点的区域中矩形 A 具有最高优先权，B 是覆盖该点的其他矩形。简言之，我们有 $A.Prio\_No > B.Prio\_No$，其中 A 和 B 都覆盖点 x。

在处理过程中，算法的步骤 2 分解 A 和 B。对于覆盖点 x，结果一定是保留 A，消除 B。A 的一部分可能被另一个矩形覆盖，因此它也可能被分解成为片段。然而，所有这些后继片段都保持与 A 相同的状态。最重要的是，在点 x，因为 A 的最高优先权假设，导致 A 没有被覆盖。换句话说，在任何关于点 x 的迭代中，A 或者它的后继片段从来没有被完全删除。当处理过程结束时，根据引理 2，最终集合 Output 是无重叠的。也就是说，仅有一个矩形或片段覆盖了点 x。这恰恰是矩形 A 或 A 的后继片段中的一个。这点独自决定了点 x 的状态，即 A 的状态。这样，引理 3 成立。

证毕。

8.4.7.4 有效性

有效性的定义：如果重叠解决方案的算法正确、质量最优、并且收敛，则此算法是有效的。

命题：算法 20 是有效的。

证明：根据引理 1，算法是正确的；根据引理 3，算法是质量最优的；根据引理 2，算法也是收敛的。由此，根据有效性的定义，算法是有效的。

8.4.7.5 数量最优

数量最优的定义：给定一个矩形集合 Input。如果构建从集合 Input 中得到的矩形集合 Output 的算法具有以下特点，则此算法是数量最优的：

1. Input 和 Output 各自覆盖的区域相同。
2. Output 中的矩形无重叠（Input 允许出现重叠）。
3. 与具有以上两个特点的所有其他可能的矩形集合相比较，Output 中的矩形数量最少。

约束条件：算法的操作可以分割被这些矩形所覆盖的区域，但不允许合并这些区域。

如图 8.8 所描述的例子所示，算法 20 不是数量最优的。我们不知道任何一个数量最优的算法，但数量最优的算法正是我们想要的。

第 9 章 数 据 存 储

我们已经完成数据的收集、整合,并且其完整性已经得到验证。现在,为了使用数据应将其存储起来。第 5 章中集中讨论了数据存储的问题,本章我们将介绍几种关于数据存储操作的技术和算法。

9.1 关系数据操作

在 5.1 节中,我们介绍了在中央存储区环境下关于数据模型规范化和去规范化的几条基本的设计建议或标准。本节中,我们将展示在该环境下几项具体的技术和可应用的模式。为了决定哪项技术应使用与否,关键是要看其能否满足对中央存储区的主要要求,即,业务变化时数据的正确性和数据结构的稳定性。

9.1.1 IS-A 关系

从语义上来看,"一个客户就是一个业务伙伴"是一个正确的表达,且表示两个抽象对象、对象类、或客户和业务伙伴实体之间的有效关系。但是反过来,根据我们的常识,"一个业务伙伴是一个客户"显然是不完全正确的。因此,IS-A 关系是一个有向关系。一个客户是一个业务伙伴,一个供应商是一个业务伙伴,一个顾问也是一个业务伙伴。这三个关系中最明显的是它们都正确地指向了一个单一实体,即业务伙伴。这三个实体之间可能有但不是必须有直接或间接的关系,它们之间的关系依赖于所处的环境。但这个

"多对一"的模式是实质性的。事实上，现实世界中人类认知对象及对象之间的关系时，这种简单的关系模式是最常用的关系模式之一。而且，我们知道"一个业务伙伴是一个伙伴"、"一个组织是一个伙伴"，等等。这样就能建立起关系层次结构。基于这种模式，一个巨大的知识库就能清晰地组织起来。这方面著名的例子是达尔文为物种的科学分类而建立的分类学。

作为一个好的实践，为建立数据仓储而作的数据分析或逻辑数据建模的第一步是确认组织的业务领域的所谓主题区。在每个主题区，应该有一个诸如伙伴、位置、渠道、合约、产品和服务、组织、推销活动、股票、交易之类的主要实体直接或间接地与许多次要实体紧密相关。判断一个主题区的选择是否合适的有效方法之一是，检查它的主要实体是否是另一个考虑中的主题区的主要实体。如果"是"，那么这一考虑中的候选主题区是不合适的。我们称这一方法为 IS-A 测试。

实践建议 7：
将使用 IS-A 测试确认主要的主题区作为逻辑数据建模工作的第一步。

总体来说，正确确认组织业务领域的主题区并不是一个很大的挑战。只要留心人们常说或常写的术语，并明白它们的父术语就行。实际上，在主题区内分析实体之间的关系是一个非常大的挑战。在每个刚确认的主题区中识别所有 IS-A 关系是数据分析的有力手段。这将被认为是逻辑数据建模的第二个主要步骤。实际上，上面列举的每个主题区至少有一个 IS-A 层次。在相应的主题区将所有主要的 IS-A 层次被确定后，其数据模型就有了一个可靠的框架。剩下的工作就是确认主题区中余下的实体和它们之间的关系，它们大多不是 IS-A 关系。我们把该方法称为 IS-A 分析。

实践建议 8：
在每个主题区应用 IS-A 分析是逻辑数据建模努力的第二步。

事实上，IS-A 关系中有两种情况或两个重要方面应该予以清楚的分析，尤其是在数据仓储环境下。

1. 是成员之一(IS-An Element-Of)/强调共性。史密斯先生是扑克牌俱乐部的成员，米勒女士也是扑克牌俱乐部的成员。如果我们注意找出共性，这些实体则是具有共同属性的集合元素。例如：史密斯先生和米勒女士都是扑克牌俱乐部的成员，且他们可以用性别、年龄、会员等级等来予以描述。以这个观点观察事物，我们可以把行看做成员，表看做成员集。例如：关于史密斯的行是扑克牌俱乐部表中的一行，而关于米勒的行则是该表中的另一行。

2. 是子集之一(IS-A-Subset-Of)/强调差异。客户集是业务伙伴集的子集，供应商集也是。对业务伙伴而言，如果我们对实体之间的属性差异感兴趣，那么，我们可以将此集合划分成有不同特征或属性的子集，例如，客户和供应商。如果不感兴趣，这两个子集可以看成是某集合，即业务伙伴集合的一个元素。在实践中，每个子集都用一个单独的表来表示。这实际上正是 IS-A 关系中被数据建模师普遍采用的方式。图 9.1 描述了"是子集之一"关系的一个层次结构，其中箭头表示定向关系。

有时，如果我们没有充分地注意到子集的选择和定义，集合的子集则可能相重叠。例如：如果我们没有充分注意子集的定义，客户的子集可能包含一些供应商，而供应商子集也可能包括组织的一些客户。

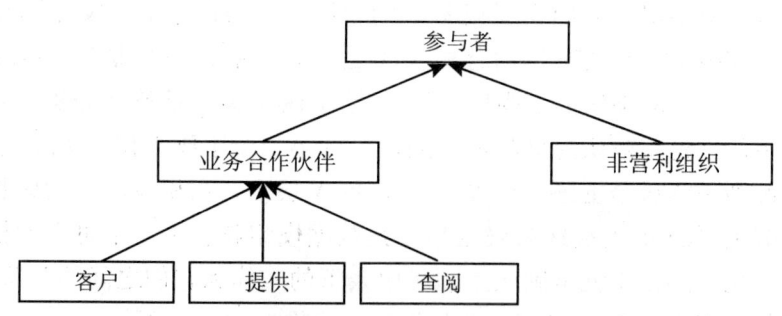

图 9.1 一个"子集之一(IS-A-Subset-Of)"的层次模型

设计建议 17：

- 如果可能，在一个 IS-A 层次结构的同一层选择不相重叠的子集。

9.1.2 递归关系

事实上，大多数 IS-A 关系可以建立层次关系。一些层次关系很小，如图 9.1 所表示的关系。而其他的一些层次关系可能相当大，像生物学的分类层次结构或家谱图。有一些实体间的关系是基于"是成员之一"关系，而对于其他的一些实体，则把它们看成"是子集之一"关系更方便。此外，一些 IS-A 关系是静态的，像图 9.1 给定的关系；而另一些则是动态的。两个最典型的动态 IS-A 关系层次是组织结构和组织的产品系列。在快速变化的商业世界，为满足业务需求，组织结构不得不随着改变。今天可能是面向产品划分的，明天就可能要求面向服务功能进行划分。产品系列的情况也类似。由于竞争的格局和对于市场反应的要求，今天用一种方式组织它们，明天就得用另外的样式来组织它们了。为了获得一个稳定的逻辑数据模型，或更直接地说，为了应对业务变化，而想得到一个稳定、坚实、灵活的数据仓储，我们使用了一个捕捉这样动态"IS-A"关系的技术，如图 9.2 所示。

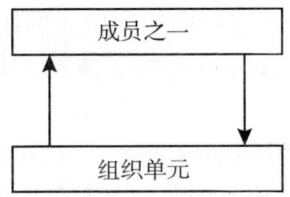

图 9.2 "是成员之一"和递归关系层次结构

图 9.2 中最值得注意的应是利用一个实体表示关系，即图 9.2 中的"成员之一"实体。这样的实体称为关系实体，而其他的实体则称为对象实体。利用这个图，可以将 5 队看做一个组织单元；5 队是 2 组的成员之一；2 组看做另一个组织单元；如此递归循环，2 组是 4 部的成员之一；而 4 部作为一个更深层次的组织单元；4 部

是1局的成员之一；并且继续递归循环。重要的是我们注意到，当读到这些关系语句时，左边的主体可以认为是一个元素，右边的可以视为一个集合。例如：在语句"2 组 IS-An-Element-Of 4 部"，4 部是一个集合，在"4 部 IS-An-Element-Of 1 局"中，它变成了一个成员。

注意：

1. 假定每个实体通过一个单独的表来实现。那么，所有的队、组、部等都存储在同一个"组织单元"表中，它们之间的所有关系被存储在表"是成员之一(IS-An-Element-Of)"中。

2. 实体或表"是成员之一"至少有两个列，表明哪些"组织单元"是从属于它的，哪些是它的上级组织。

3. 如果没有约束，关系网络能存储在这个表中。如果限制每个从属元素仅有一个上级，那么这个结果是一组层次结构。

4. "组织单元"可以有另外的列，像"队"、"组"等单元类别，或者单元的名称。

5. 实际上，为了展示简单的递归层次结构，实体"是成员之一"并非是绝对必要的。如果实体"组织单元"有另外的列表示上级组织，那么，这个关系也可以不用额外的实体来表示。然而，为了展示更复杂的关系或提供更多的关于关系的信息，使用类似"是成员之一"的单独的关系实体会更加方便。例如：使用像技术领导或行政领导等不同层次结构系统的实体就能得以同时表示复杂的关系。

6. 显然，相对组织的结构变化，该层次结构是稳定的。所有事情可以变，但这个结构不会变，因为它是通用的。

7. 交换"组织单元"与"产品组"，我们得到一个全新的环境。尽管如此，由于具备通用的特性，该结构用相同的方法也能工作得非常好。

8. 最后但同样重要的是，这个技术仅对"IS-A"关系的"是成员之一"类型有效。对于其他类型，该技术用起来并不方便。

"是子集之一(IS-A-Subset-Of)"技术的主要优点是：

1. 所涉及实体之间的关系能够直接和直观地从数据模型中

读取。

2. 实体可以有与其他实体不同且具有个性化的列的描述。

该技术的不足之处是用这种方式表示的关系要求具有稳定性。如果关系出现变化，那么，数据模型和相关的软件不得不做相应的调整。在这种情况下，我们说这个模型是不稳定的。实际上，"是子集之一"这种表示方法的优点恰恰是"是成员之一"表示方法的弱点，且前者的弱点正好是后者的优点。

设计建议 18：

如果 IS-A 关系是静态的，那么将其看做"是子集之一"关系。否则，应用递归技术，将其看做"是成员之一"关系。

9.1.3 一个现实世界的模式

在这一节中，我们表述一个现实世界中应用"是成员之一"关系层次结构的模式。图 9.3 显示了医疗保险公司在"服务"主题方面的一个实例。为了表示这一模型，我们采用了 IDEF1X[①] 记号法。

1. 基本服务。这些服务不能再细分。实例包括：

（1）国际法律保护的费用：最多为本地费用的两倍。

（2）医学上必需的和医生指定的辅助手段：根据公司的参考目录，每年报销费用的 90%，但最多不超过 1000 美元。

（3）保险范围和医生根据公司的专门列表(specialty list)所开的处方药。

2. 基本约束。此为一些不可细分的约束。可以为某一基本服务定义多维有效性约束。实例包括：

（1）"年龄组"维是"19-21"；

（2）"保险模式"维是"ABC-24"；

（3）"成本分担"维是"成年人每年 1500 美元的自费"；

---

① 关于 IDEF1X 及其记号法的更多详情，可以参阅：http://de.wikipedia.org/wiki/IDEF1X。

(4)"医院等级"维"EFG,专用区段,全美国"

通常,一个具体的公司在维的数目上有一些限制。

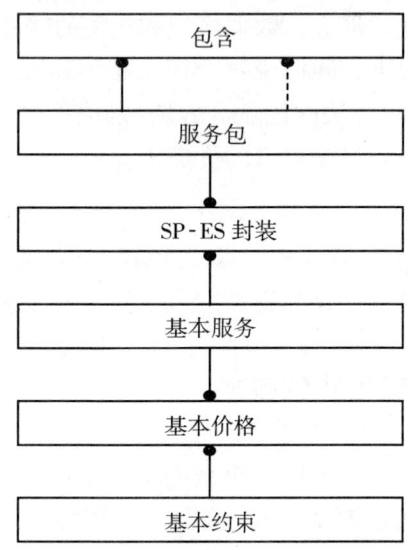

图9.3 一个"成员之一"的递归关系层次的现实世界模型

3. 基本价格。处于有效空间的,由给定的"基本约束"来定义的一个"基本服务"有一个相应的价格,即"基本价格"。通常,它由一个表示正常对象实体——如"基本服务"和"基本约束"——之间关系的关系实体来表示。

4. 服务包(SP)。这是一个"基本服务"、其他"服务包"、或二者都有的包集合,即递归关系。

注意:

(1)服务的这些包集合不是随意的,而是有实际目的的,比如:为了市场、为了销售、为了服务管理、为了控制等。

(2)多合一的"服务包"中隐含着的"基本服务"应是不同的。

5. SP-ES封装。这是另一个关系实体。它用于表示下面的"多对多"关系:

(1)一个"基本服务"可以在多个"服务包"中出现。

（2）一个"服务包"可以包含多个"基本服务"。

6. 包含。这是又一个关系实体，它用来表示"服务包"之间的递归层次关系。

"服务包"Y 包含"服务包"Z。

注意，可以用该实体的一个附加列表示多个层次系统，并指定系统层次的归属。

在对图 9.3 中模型的解释之后，可以看出对许多公司的"组织"主题区而言，这种模式也是有效的，如图 9.4 所示。

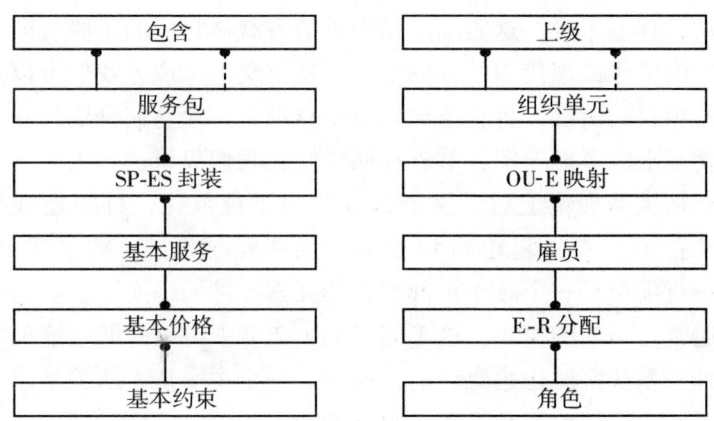

图 9.4 "服务"和"组织"主题区主要结构的对比

概念练习 11：

在你的环境中找出适合该模式的一些实例。

概念练习 12：

确定在你的逻辑数据模型中哪些主题区将"是子集之一"关系作为它们的主要结构，哪些主题区有"是成员之一"关系结构。

9.1.4 主从关系

上面讨论的"IS-A"关系主要与对象数据有关。对于事件数据而言,最典型的关系是所谓的主从关系。一个很好的例子是采购收据,它包含一个头部(主)和一个属于该头部的一组行项目集合(从,细节)。原则上,头部包含事件的总体信息,行项目包含事件所涉及的单个项目的特殊信息。

语法上,主从实体之间是一个 1:M 关系。然而,逻辑上,它们一起表示一个不可分割的主题、事件。这意味着如果没有"从"(细节)实体,那么"主"实体就没有意义;同样,若没有相应的主实体,则从(细节)实体也就不能生存。这在事件环境中是比较特殊的:因为,这对涉及 1:M 关系的其他类实体来说通常不是必要的。从物理上来说,这实际上是一种节省载体材料的手段,即,过去使用的纸张或现代用的存储空间。从语义上来说,我们可以复制每个行项目的头部,将它添加到每个行项目,让它们分别独立。但出于物理上的考虑,即,节省存储空间,我们仅将这些大的行项目分开。从关系理论上看,这个分开代表了规范化,目的是减小冗余。从哲学上看,它也可以被认为是"是成员之一"关系的特例——行项目是一个属于头部的行集元素。然而,实际上,这两个实体通常有不同的模式,这不同于 9.1.2 节中讨论的那些情况。注意这种关系的多层化是允许的,例如:一个主—从—从关系。

虽然主—从关系常见于事件数据之中,如:购物收据、发票、采购订单、声明等,但是它在对象数据中也会偶然出现。例如:一个大项目(主)包含一些子项目(从,细节)。在这个实例中,在很短一段时间内主项目可能没有子项目,但这并不荒谬。

9.1.5 物理处理

为了进行逻辑数据建模或数据分析,我们应该弄明白主题区中的所有 IS-A 关系,以便尽可能好地理解这些数据。像实践建议 4 建议的一样,它们也应该完整地保留在逻辑数据模型中,作为数据分析结果的文档。然而,对于物理数据库设计,即,将逻辑数据模型中的实体转换成物理数据库的表,而将 IS-A 层次结构涉及的每个实体映射成相应的表并不总是最好的办法。如果我们这样做,有两个主要的问题：

1. 数据处理和查询表达的高复杂性。由于详尽的分析，逻辑数据模型可以有非常高的粒度，即，在该模型中可能有大量的实体。用如上所述的逻辑数据模型虽然不是极其糟糕，但在物理数据建模时，如果将它们一对一地映射到物理表，那么最后的结果对于开发人员而言可能会由于太复杂而难以理解。因而，将导致数据处理的程序非常复杂而难以开发和维护。此外，如果终端用户为了他们的信息需求而直接使用这个模型，那么对他们而言，正确地表达其查询将是一个巨大的挑战。

2. 查询处理的低效性。关于某个对象的信息通常是分布在复杂的、高度规范化了的"是子集之一"关系层次结构的多个实体中。为了完整地获得对象的信息，所有涉及的实体或相关的表必须连接或合并在一起，而连接和合并运算都是 CPU 时间消耗和 I/O 请求代价最高的关系运算。因此，如果物理数据模型来自于逻辑数据模型 1∶1 的建模方式，那么查询处理效率很低就不足为奇了。

为了减少数据处理和查询表述的复杂性、提高查询处理效能，最实用和最直接的方法是通过合并那些涉及"是子集之一"关系层次结构的表，从而减少表的数目。对此有两种主要方法：

1. 垂直合并。例如在图 9.1 中，通过表的垂直合并，产生 3 个表而不是 5 个：

（1）"伙伴"+"业务伙伴"+"客户"组合得到"扩展了的客户"；

（2）"伙伴"+"业务伙伴"+"供应商"组合得到"扩展了的供应商"；

（3）"伙伴"+"业务伙伴"+"顾问"组合得到"扩展了的顾问"。

注意：每个扩展表也包含"伙伴"和"业务伙伴"的所有列。这样，如果想得到客户的所有信息，就没有必要再进行连接操作了。实际上，我们已经做好了一个预连接。但另一方面，即使我们仅对位于原始"伙伴"中的少部分列感兴趣，我们也必须处理包含在这三个大表中的所有数据。

2. 水平合并。如果我们想把图 9.1 中"业务伙伴"下的三个表合并成"扩展了的业务伙伴"，我们可以水平合并这些表。这样，表的数目也能相应地减少。如果我们想得到"业务伙伴"的所有信息，由于已经提前做过水平合并，因而没有必要再做合并运算。该方法的缺点是结果表"扩展了的业务伙伴"的行中可能包含一些未知值。这是因为在三个原始表中的列大多数是不相同的。如果有一些是相同的，它们则应该被放在父表中，即"业务伙伴"表中。

实际上，这两种方法通常联合起来使用。例如，上面描述的垂直合并的两个或三个结果表能根据表的较低层次的相似度以及针对这些表的业务问题做进一步的水平合并。通常，当"是子集之一"关系层次合并时，应考虑以下因素：

1. 业务问题。根据这些问题对层次结构部分各自的访问密度，可以将业务问题或对层次结构的访问模式进行分组。这种层次的划分非常适合于合并，其目标是改进查询处理效能和简化查询表达式。

2. 关系的稳定性。尽管"是子集之一"关系通常是稳定的，但并非所有关系都是静态的。仅合并稳定的部分以便数据处理和查询程序保持不变。

3. 对环境关系的复杂性。不同的层次部分可以有不同的、与层次结构之外的其他实体的关系，例如，参照关系。仅合并对环境而言稳定、简单的关系部分。这样，所有与完整性相关的关系就可得以凸显，并能得到明确、专门的维护，以便不折不扣地确保数据的完整性。

4. 较低层次上实体的相似性。如上所述，如果在较低层次上水平合并的实体有很大的区别，那么结果表的数据行中将可能含有大量的未知值。这将破坏数据的质量，并且需要额外的努力来正确地处理数据。

上面的注意事项也可以应用于主—从关系的物理设计。例如，为了改进查询效能，一些主表列可以被复制并且拖到从表中，以避免主表和从表之间的大量连接操作。

如果效能要求需要，模型中所有"是子集之一"的关系层次结构都能合并到一个合理的程度，而不会对数据模型稳定性及数据完整性打折扣。另一方面，遵循以下建议可以保持模型的稳定坚实性以应对业务的变化。

设计建议 19：

在物理数据模型中，"是成员之一"关系层次结构不要去规范化。

概念练习 13：

说明合并"是子集之一"的关系层次结构是一个去规范化操作。

9.2 维度数据处理

9.2.1 M：N 关系

给定两个实体 A 和 B。如果实体 A 的任何一个实例仅被实体 B 的一个实例引用，反之亦然，那么我们说 A 和 B 有 1：1 关系或夫妻关系。如果实体 A 的任何一个实例被实体 B 的多个实例引用，但反之则不然，那么我们就说 A 和 B 之间的关系为 1：M 关系或母子关系。如果实体 A 的任何一个实例能被实体 B 的多个实例引用，反之亦然，那么我们说 A 和 B 之间的关系为 M：N 关系或兄妹关系。

所有这些关系都是逻辑关系。在数据仓储环境中，它们必须用物理表来实现。完成这一过程最简单的方法就是将每个实体映射成一个表。然而，这个方法仅适用于前两种关系类型。在大多数情况下，1：1 关系的实现是将涉及的两个表合并成一个表，从而减少表的数目，这也是一种简化的方法。第二种关系是最典型的关系。在规范化的数据库中，相关联的表主要保留在相应的 1：M 关系中。母表或父表具有被子表的一些外码所参照的主键。第三种关系类型，M：N 关系，不能直接通过两个表来实现。为此，需要另外一个表，即所谓的关联表。对上面的实例而言，需要通过增加一个关联表 R 来展示实体 A 和 B 之间的 M：N 关系，因为这两个对应的表 A 和表 B 对表 R 有各自的 1：M 关系。换言之，对于实体 A 和实体 B 之间 1：M 关系的表示，我们使用两个表 A 和 R 来实现；对于实体 B 和实体 A 之间的 1：M 关系的表示，我们使用两个表 B 和 R 来实现。值得一提的是，若将 9.1.2 节中介绍的关系实体映射成一个表，即关系表，则代表了关联表的一个特例，即层次关系的实例。在那里，表 A 和表 B 从概念上讲将被认为是一个源于对象实体的对象表。

在一个规范化的关系数据模型中，有大量的关联表。它们表示表之间简单而并非重要的关系。然而事实上，它们中的一些决定了数据模型的整体结构——除了 IS-A 关系和递归关系之外——从而成为使数据模型成形的第三股力量。它可能出现在主题区层次上，也可能出现在主题区内。此外，有些 M：N 关系可以被一些数据所指明和描述，而另外一些则不能。我们称前者为量化关系。例如，客户和物品之间"买"的关系是一个量化关系，它能用购买物品的数目及费用来描述。此外，M：N 关系和关联表不仅能表示两个实体之间的双边关系，而且更有趣的是它能表示多个实体之间的多重关系。例如上面提到的"买"的关系能进一步地通过表示购买发生的时间点实体和购买地点的商店实体来指明。

实际上，量化关系是维度数据建模中的主角。若不考虑它们的实际业务意义，则它们都能被抽象地看做事实表。在 5.3.1.1 节中，我们描述了一个将规范化的关系数据模型转换成维度数据模型的工作程序(模型转换)。在程序中，前两步是在规范化的关系数据模型中选择表，即业务需要的量化关系。在 9.2.5 节中，我们将概述一些与事实表及当今通用的处理它们的方法而相关的问题。

正如 5.3 节中的预警，一个规范化的关系数据模型转换成一个维度数据模型时，真正的挑战仅在其同时要求星形模式和历史化时才出现。在接下来的这一节中，我们来应对这个挑战。

9.2.2 多层去规范化器

首先，让我们回顾一下图 5.2 描述的模式。我们的目的是依照给定的雪花模型构建相应的星形模型。如果我们从选定的量化相关表开始观察，即，从维度数据建模的事实表角度来观察，那么雪花模式通常会隐含于给定的规范化关系模型中。图 5.2 中星形模式和雪花模式的本质区别在于维度形状。我们以表 A 开始的维度为例来进行讨论。对雪花模式而言，存在许多被一些关系相互链接的规范化表。实际上，所有这些关系都是 1∶1 关系或 1∶M 关系。与此相反，星形模式的相应表 A 仅与事实表相链接。而且，此表 A 不必包含雪花模式中与表 A 直接或间接链接的所有表的所有列。实际上，这个表是通过对所有与此表直接或间接相关联的表的多层去规范化而得到的，而这又能通过在 8.2.3 节和 8.2.5 节中分别描述的算法 12(列数据转换器)和算法 13(连接生成器)一起来完成。换言之，构建练习 26 的结果就是我们寻找的算法。

算法 21(多层去规范化器)：

1. 使用算法 12(列数据转换器)生成 INSERT-SELECT 列表。

2. 将算法 13(连接生成器)产生的连接字符串添加到上面得到的字符串的后面。

构建练习 32：

将算法 21(多层去规范化器)应用于图 5.2 中给定雪花模式的表 A 和表 D，以分别得到星形模式相应的维度 A 和维度 D。

9.2.3 时间段分割器

我们考虑两个对象，一个是客户，另一个是他的地址。两个对象都拥有描述他们状态的许多属性。其状态的变化如 4.2.1.1 节中的说明，并且假设这些状态将被历史化。然而，两个对象的变化通常不总是同步的。例如，客户分类的变化对地址数据没有影响，反之亦然。假设在物理数据模型中，这两个对象分别由相应表中的行表示，例如，客户和地址。此处，每一行代表一个给定的时间段内讨论对象的一个状态，而给定的时间段由列 state_start 和 state_end 表明。图 9.5 的上部就是对这个情景的说明。

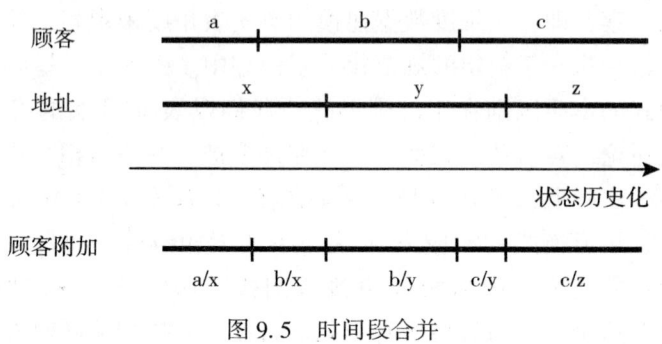

图 9.5 时间段合并

现在，我们假定应用算法 21 将这两个表合并或去规范化成一个表 CustomerPlus。新表的每一行应该有两个原始表的所有相关列，反过来，两个原始表一同描述新对象 CustomerPlus 的状态。新对象的状态由它现在拥有的更多的属性来决定。因为任一属性的任何改变将导致整个对象状态的改变，所以单一对象状态的时间段通常会变得更短。换句话说，对于同一时期，需要更多的行才能正确地表示对象状态的历史。图 9.5 的下面部分就描述了这种情况。此处根据两个原始对象提供的时间段，将新对象的整个时间段切分成更小的时间段。下面的算法可以完成这个切分任务，其中，我们将被扩充的对象称为根对象，余下的称为叶对象。在上面的实例中，表 A 和客户分别是根对象，I，J，K 和地址为叶对象。

算法 22(时间段切分器)①：

1. 用它们的键作链接，连接原始对象。
2. 保留由此产生的根对象键和叶对象键的链接结果对。
3. 利用这些对象键对收集来自所有原始对象的所有时间段。
4. 用这些时间段做下面的操作以得到所有新状态开始(state_start)的时间点：

A 收集所有已存在状态的起始时间点(state_start)；

---

① 该算法由作者的前同事，来自瑞士的 Peter Niederberger 开发。

B 如果它不是无限的，收集所有已存在状态的结束点并加一(state_end+1)作为下一个状态开始的时间点(state_start)。

5. 按降序排列所有已收集的状态起始时间点，对这些时间点做以下操作，以获得相应的状态结束时间点(state_end)，即，新的时间段候选：

A 如果状态开始(state_start)是第一个，那么其状态结束(state_end)是无限的；

B 否则，上一个状态开始(state_start)的前一个时间点是眼下寻找的状态结束(state_end)的时间点。

6. 只保留那些完全包含在原始时间段内的、新的时间段候选作为有效的候选。

为了更好地理解，我们仔细看看图 9.5 描述的场景。作为输入，我们用行 a、b 和 c 表示具体客户对象的状态，用行 x、y 和 z 表示其相关地址对象。这些行状态的时间段是由它们列对的状态开始(state_start)和状态结束(state_end)来决定的。因为这两个对象是相关的，所以他们在算法的前两个步骤就被考虑到了。在步骤 3 中，我们利用第 2 步中得到的客户对象和地址对象的对象键，从如上所列的这 6 个行中可以收集到 6 个时间段。在步骤 4.A 中，我们聚集了 a. state_start、b. state_start、c. state_start、x. state_start、y. state_start 和 z. state_start。在步骤 4.B 中，我们得到了(a. state_end+1)、(b. state_end+1)、(x. state_end+1)和(y. state_end+1)，它们可以作为附加产生的 CustomerPlus 的新行或新状态间隔的开始时间点。这里，有几点值得说明：

（1）(state_end+1)表示对应的状态结束时间点的下一个时间点。

（2）在步骤 4.B 中没有考虑(c. state_end+1)和(z. state_end+1)，这是因为正如图 9.5 所描述的那样，c. state_end 和 z. state_end 被认为是无限的。即，它们分别表示最后状态的结束时间点。逻辑上，它们不必成为最后状态的任意下一个状态。

（3）此时，我们并不关注状态历史是否无间隙。

在步骤 5.A 中，z. state_start 被确定为第一个时间点，新状态间隔对应的 state_end，用 c/z 表示，被设置为无限的。这并没发生在 c. state_start 时间点上，因为，虽然在关于对象客户的集合中它是第一个，但是在上面已收集的 state_start 的新集合中它不再是第一个了。对于新集合，该点和所有余下的 state_start 以及接下来的 state_end 可以分别在步骤 5.B 中得到。即，c/y. state_end = z. state_start-1，b/y. state_end = c. state_start-1，b/x. state_end = y. state_start-1，a/x. state_end = b. state_start-1。此时此刻，我们已经为新对象 CustomerPlus 构建了所有可能的状态间隔候选。它们仅被认为是候选的，因为它们并非都是有效的。例如：如果在原始对象的历史中有一些间隙，那么在这个过程中就可能会产生无效的间隔。步骤 6 的任务是保证有效的间隔被保留。在这个步骤中两个观察是重要的：

1. 到目前为止，已执行的进程没有产生重叠。

2. 新的间隔仅在被完全包含于一些原始的间隔中时，才是有效的。

例如，如果原始的历史有间隙，那么在这个过程中可能产生一些无效的间隔，它将涵盖部分或完整的间隙。很明显，这些间隔不会完整地包含在任一个原始的间隔中。因此，它们没有被看成是 ObjectPlus 的有效状态区间。

注意：

1. 为了使描述更具体，从而更易于理解，我们用对象而不是用表，即对象的集合，来描述算法。

2. 出于相同的目的，我们即使没有提及与多个、处于不同链接层次的叶表，该算法也能正常工作。这就像含有表 A 的图 5.2 所描述的一样，其中表 A 被认为是根表，而 I、J、K 都是叶表。在这个例子中，算法中描述的对象键对有 A.Key-I.key、A.Key-J.key 以及通过对象 J 的键对 A.Key-K.key。

3. 为了简单性和可理解性，我们在上面的算法中仅考虑单时维历史化的情况。事实上，使用下面的对称扩展与双时维历史化后这个算法也运行良好：

1. 在这些时间段内执行下面的操作以得到所有新的 valid_from

时间点：

（1）收集所有现存的 valid_from 时间点；

（2）若它不是无限的，则收集所有现存的 valid_to+1 作为下一个 valid_from 时间点。

2. 将所有这些收集到的 valid_from 时间点按降序排列，并执行下面的操作，以获得相应的 valid_to 时间点，即新的矩形候选。

（1）如果 valid_from 是第一个，那么相应的 valid_to 是无限的；

（2）否则，上一个 valid_from 的前一个时间点是眼下寻找的 valid_to。

3. 只保留那些完全包含在原始矩形中的、新的矩形候选作为有效的候选。

概念练习 14：

假定对图 5.2 雪花模式中的表 A，I，J 和 K 全部进行了状态历史化。将算法 21（多层去规范化器）和算法 22（时间段切分器）应用于这些表，其中表 A 被认为是根，用以构建星型模式的维度表 A。

9.2.4　时间链压缩器

一个对象的状态由它的属性值决定。如果有一个属性值变化了，那么，即使其他属性值保持不变，但是对象仍得到一个新的状态。原则上，这表示在给定的时间内，一个对象拥有的属性越多，越有可能频繁地改变状态。实际上，这意味着，代表状态对象的行越宽，即这个行的列越多，那么在给定的时间段内，需要表示对象的完整状态历史的行就越多。因此，为了维护这个状态历史就需要更多的存储空间和处理时间。

在一个规范化的数据模型中，表通常很窄，即它们只拥有少量的列。因而它们包含很少的冗余，且一般而言，它们变化不频繁。即便发生一些变化，也只发生在个别狭小的规范化表的局部，并且对与它们相邻的相关表几乎没有影响。由于去规范化，尤其因构建星形模式数据模型时维度表的多层次去规范化，使得结果维度表通常明显宽于它们各自原始表或叶表的任意一个。由此可以推断，这

183

将导致相当大的数据冗余，且实质上比规范化数据模型在数据预备方面所需的存储空间更大，且需要系统更多的处理时间。上述实例中，结果维度表 CustomerPlus 有五个行而不是原始表 Customer 中的三个，且它们每个都拥有来自表 Customer 和表 Address 的所有列。此外，如果考虑有效性历史化，那么表示一个对象历史的行数将呈几何增长。这就是对象历史化去规范化的代价。

有两种减少去规范化表尺寸的方法。第一种是减少表拥有的列数，即水平减少。第二种是最小化表拥有的行数，即垂直减少。

1. 水平减少。理论上，去规范化的结果表可能含有原始表的所有列。然而，我们建议在实践中非常仔细地检查结果表的列。实际上，作为分析的输入时，许多结果表中原始表的列并无用处。另一方面，这些无用的列可能会经常变化，反过来又引起许多状态变化，从而为结果表产生相当数量的宽且代价昂贵的行。因此，仅需保留结果表中有用的列。

2. 垂直减少。当一个给定对象的两个行 R1 和 R2 有相邻的时间段时，我们称它们是彼此相邻的，也就是说，R1.state_end+1 = R2.state_start 或 R2.state_end+1 = R1.state_start。在迄今为止的表述中，我们隐含地假设关于一个对象的所有相邻的行都表示真正不同的状态。但是实际上，这个假设不是总能成立的。如果相邻的行表示一个对象的相同状态，那么它们就能合并或压缩成一行，其 state_start 等于这些行中的第一行的 state_start，其 state_end 相当于这些行的最后一行的 state_end。用这种办法，一个表中行的数目就能够得到减少。

如果考虑中的表维护良好，该表则将不应有任何可压缩的相邻行。此外，构建维度表的所有原始表都是不可压缩的，而且所有的列都被结果维度表接受，结果表中也将没有可压缩的相邻行。然而，由于垂直减少，使用算法 21（多层去规范化器）和算法 22（时间段切分器）去规范化后，结果表可能包含可压缩的行。

解决这一问题的典型的速成想法是：为了构建一个结果行，聚集已给定对象的、具有相同状态的所有行；结果行的 state_start 将是这组中第一行的 state_start，且结果行的 state_end 将是该组中最后一行的 state_end，结果行的状态保持不变。仅当第一个时间段和最后一个时间段之间既没有间隙也没有状态变化时，这个简单的方法才能行得通。但是，若把这种方法作为一个通用的方法，就行不通了。下面我们将描述两个算法来正确地压缩这样的时间链。

首先，我们介绍一个准备数据的算法。为了不失一般性，我们假设输入的数据具有下面的模式：

Content	State_start	State_end

实际上，内容（Content）是除了定义时间段的两个时间点外，任意历史化表的所有列的集合，它包含对象键和业务信息列。一个行的内容是包含在 Content 中所有列值的连接，连接是按 Content 中给定的列序来完成的。因此，我们说如果在 Content 中包含的所有列的值都是成对相同的，那么两行的内容也是一致的。算法的输出包含两个表，即内容编码表：

Content	Content_No

和抽象表：

Content_No	State_start	State_end

算法 23（数据抽象器）：

1. 将输入表中内容相同的所有行进行分组。
2. 为每个这样的内容组分配一个唯一的编号，Content_No。
3. 将内容和它相应的 Content_No 插入内容编码表。
4. 通过 Content 将输入表和内容编码表连接起来。
5. 将内容编码表的 Content_No 和输入表的 State_start 和 State_end 作为连接结果插入抽象表。

注意：

1. 抽象表的行数必须与输入表的行数相同，而内容编码表的行数可以少于输入表的行数。

2. 通常，抽象表的存储容量和所需的处理时间明显地少于输入表，尤其是在多层去规范化维度表的情况下。由于这个原因，它是下面高效能压缩的基础。

构建练习33：

把自己练习中的一个对象表作为输入表，并编写SQL语句

(1)创建相应的输出表。

(2)实现算法23(数据抽象器)。

9.2.4.1 遍历压缩器

这节描述的算法使用到4个表。所有这些表与前节介绍的抽象表具有相同的模式：

1. 输入表：用来保存如上描述的抽象形式的输入数据。

2. 输出表：此表包含压缩结果。即，对输入数据中具有相同Content_No值的每一个相邻行的集合，在输出表中有唯一的一行。该输出表的state_start是这个行集中第一行的state_start，其state_end是这个行集中最后一行的state_end。

3. 两个工作表W_I和W_O：这两个表用于保存该算法的中间处理结果。

算法24(遍历压缩器)：

1. 将输入表Input的所有行插入到工作表W_I中。

2. 只要工作表W_I不空，就执行以下操作：

(1)连接工作表W_I和输入表Input。连接条件：W_I.Content_No = Input.Content_No 且 W_I.state_end+1 = Input.state_start；

(2)将连接结果中的 W_I.Content_No、W_I.state_start 和 Input.state_end 插入到前面已清空的工作表W_O中；

(3)比较W_I和W_O中的Content_No和state_start，并将在W_I中但不在W_O中的行插入到输出表Output中；

(4)清空工作表 W_I,然后将工作表 W_O 中的行移至 W_I;

3. 如果输出表 Output 中某行的时间段包含在这个表的任何其他行中,则删除此行。

注意:

1. 在 8.2.5 节中,我们介绍了图的遍历。基于深度优先遍历,我们构建了算法 13(连接生成器)。事实上,算法 24 的基础是广度优先遍历。

2. 在此背景下,输入表的每个不同的 Content_No 值对应一个有向图。在这个图中,节点代表时间点 state_start,有向边代表对应行中给定的从 state_start 到(state_end+1)的时间段。

3. 一个特殊的 Content_No 值对应的图可以包含多个不连通的子图。它们中的许多子图可能仅仅包含一条边。

4. 遍历过程中,最先访问仅有一条边与开始节点相连的所有节点。然后,访问有两条边与开始节点相连的所有节点,依此类推。这是一种广度优先访问或遍历的风格。

5. 上面算法同时遍历通过各自的 Content_No 值定义的所有的图。

6. 如果没有最后的删除步骤,结果表可能包含许多完全重叠的行。

构建练习 34:

给定包含 Content、state_start、state_end 的同一模式的输入、输出表。将算法 23(数据抽象器)、算法 24(遍历压缩器)及所有相关表应用于输入表,以便让输出表包含压缩数据。

9.2.4.2 相邻压缩器(Neighboring Compressor)

让我们用另一种方法考虑一个特殊 Content_No 值的时间段。原则上,仅有四种类型的时间段:

1. 既没有左邻近的时间段,也没有右邻近的时间段。我们记此为 L0-R0;

2. 没有左邻近的时间段,但有右邻近的时间段。我们记此为 L0-R1;

3. 有左邻近的时间段，但没有右邻近的时间段。我们记此为 L1-R0；

4. 既有左邻近的时间段，也有右邻近的时间段。我们记此为 L1-R1。

为了压缩，应该用这些时间段类型做下面的操作：

1. L0-R0：这种类型的时间段是独立的，因此不能被压缩。它们必须保留在输出表中。

2. L0-R1：每个这种类型的时间段是第一个，即相应的可压缩的时间链的最左边的一个。它们被用于各自时间段集的压缩。

3. L1-R0：每个这种类型的时间段是最后一个，即相应的可压缩的时间链的最右边的一个。它们被用于各自时间段集的压缩。

4. L1-R1：这种类型的时间段位于一些可压缩的时间段的集合中。它们既不是各自的可压缩的时间链的第一个，也不是最后一个。因此，可以将它们从输入表中删除，或在进一步的处理时给予忽略，二者都不会影响输出数据的正确性。

假设输入表和输出表与上节描述的算法 24 用的表是一样的。下面的算法需要使用一个虚拟工作表，即分类表。这个工作表有两个附加于输入表模式的列，即 L_Neighbored? 和 R_Neighbored?。存储在这个表的行是按照上面设定的条件决定的。

Content_No	State_start	State_end	L_Neighbored?	R_Neighbored?

算法 25（相邻压缩器）[①]：

1. 对于输入表的每一行：

（1）如果该行的左邻近行与其有相同的 Content_No 值，则设它的虚拟列 L_Neighbored? 为"Yes"，否则为"No"。

（2）如果该行的右邻近行与其有相同的 Content_No 值，则设它的虚拟列 R_Neighbored? 为"Yes"，否则为"No"。

---

① 该算法由作者的同事，来自瑞士的夏力（Li Xia）开发。

2. 将满足 L_Neighbored？="No"并且 R_Neighbored？="No"的所有行插入到输出表中。

3. 所有余下的满足 L_Neighbored？="No"或者 R_Neighbored？="No"的行按 Content_No 和 State_start 排序，并分配给它们一个均分并四舍五入后的整数序列号，即 Pair_No。

4. 这个中间结果是由虚拟表 L 和自身 R 通过 Content_No 和 Pair_No 连接而生成的表，条件是 L.state_start < R.state_start。

5. 将连接结果的 L.Content_No、L.state_start 和 R.state_end 插入到输出表中。

注意：

1. 由以上关于时间段类型 L1-R1 的说明可知，L_Neighbored？="Yes"或 R_Neighbored？="Yes"的行被忽略了。

2. 步骤 2 处理 L0-R0 类型的行；算法的余下部分处理 L0-R1 和 L1-R0 类型。

3. 事实上，该算法与算法 24 都假定输入数据是良好的。即，无重叠部分，且对每一个给定的行，state_start 值决不大于对应的 state_end 的值。

4. 因为输入数据的良好，步骤 3 中已排序的行正是那些在步骤 5 中为各自的输出行交互递交 state_start 或 state_end 的行。即，对于作为输出行的同一可压缩的时间链，第一行递交 state_start 值，第二行递交 state_end 值。对于另一个可压缩的时间链而言，第三行递交 state_start 值，第四行递交 state_end 值。依此类推。

5. 如果对序列号系列"1，2，3，4，5，6，7，8，…"的序列号进行均分并四舍五入，结果序列是"1，1，2，2，3，3，4，4"。

构建练习 35：

给定包含 Content、state_start 和 state_end 的具有相同模式的输入和输出表。

（1）应用算法 23（数据抽象器）和算法 25（相邻压缩器）于输入表，以使输出表包含压缩数据。

（2）比较算法 24（遍历压缩器）和算法 25（相邻压缩器）的效能行为。

9.2.5 事实处理

在9.2.1节中我们提到事实——多数是量化关系——通常是维度数据建模的主角。它们包含了为后续分析而建立信息基础的数字。对数据仓储工程师而言，如何用一个实际可用的形式准备事实是另一个主要挑战。

为了得到更易于分析的维度数据的展示，应该在所谓的立方体而不是事实表中准备事实。每个这样的立方体有确定数目的维度，每个维度有确定数目的元素。客户是一个典型的维度，商品是另一个维度。组织的每个具体客户都是这个维度的元素。对一个电话公司而言，客户维度可能包含数百万个元素，对一个零售商而言，商品维度的元素数目可能是数千个。另一个潜在的大维度是时间，每个相关的公历日可以是这个维度的一个元素。一个立方体是单元格的集合，每个单元格由固定数目的元素来确定。这些确定元素来自于定义立方体的相应的维，因此这个固定数目实际上正是定义立方体的维的数目。更重要的是，对于立方体的所有已定义维度的每个元素的结合，在立方体中恰好有一个与之对应的单元格。对于一个高效率、极灵活的分析，这个数据结构是至关重要的，因为高度标准化、已排序和对称的数据组织，使得对单个单元格的高效存取成为可能。

让我们考虑一个实例，即一有三个维度 A，B 和 C 的立方体 F。假定 A 有两个元素 a_1 和 a_2，B 有三个元素 b_1，b_2 和 b_3，C 有三个元素 c_1，c_2 和 c_3。在这个例子中，立方体 F 有18个单元格，分别由 $<a_1, b_1, c_1>$，$<a_2, b_1, c_1>$，$<a_1, b_2, c_1>$，$<a_2, b_2, c_1>$，…，$<a_2, b_3, c_1>$，$<a_2, b_3, c_2>$ 和 $<a_2, b_3, c_3>$ 决定。每个单元格可以包含一些数值。然而，并不要求每个单元格都有值。另一方面，为了存储每个单元格，需要一定的存储空间。像上面提到的那些立方体，每个立方体都拥有一定数目的维，每个维又各自包含大量的元素，存储空间的消耗可能非常大，以至于没有一个系统能够承受，且在一个合理的时间内完成其预备工作。然而另一方面，在实际中立方体的大多数单元格是空的。这就是为什么在实际中对应的表能用更小的存储空间和更少的处理时间来处理相同数量信息的原因，即，表中仅存储带有数值的单元格。

如何去除立方体中的空单元格以致在不丧失立方体有价值的效能和灵活性的情况下节省存储空间和处理时间，是多维数据库管理领域最重要的研究课题之一。目前已开发了许多技术，其中一些技术已经在商业系统中得以实现。一般来说，现在，为自己的数据仓储去实现这些技术而不是购买已有的产品已不是一个好主意了。因为这个原因，我们将不在这本书中介绍这些技术了[1]。

在许多情况下，立方体是使用数据区的内容。在效能强化区，事实存储在表中，正如事件数据存储在中央存储区一样。如果不需要聚合、汇总、或特殊的计算，那么所有对事件数据可用的技术和算法，像算法7、算法10~算法15，也可用于事实表。通常，对需要聚合、汇总、或特殊计算的事实表，需要使用专门的SQL语句来特殊处理。

9.3 访问控制

在5.5节中，我们简要地分析了访问控制问题，简洁地用建议的形式给出了最初的考虑。假设组织机构的功能角色是意义明确的，且如设计建议12建议的那样已经被恰当地映射到了数据库角色。并且假设表数据需求分析及借助于数据库视图的相应逻辑数据的选择都做得很好。此外，如设计建议13所建议的，根据功能角色的信息需求，进一步假设这种方式获得的数据库视图被分配到已命名的视图组中。那么，整种方法剩下的工作就是分配已命名视图组上的访问权限给已定义的数据库角色。

---

[1] 关于多维数据库管理领域技术的更多信息，参见韩家炜，堪博，《数据挖掘：概念与技术》，2006.3，或安德雷斯，霍尔格：《数据仓库系统：设计、计划、应用》，2008.12。

用这种方式建立的访问权限分配是稳定的、易理解的。在已命名的视图组中，诸如表/视图模式或表/视图成员等任何低层次的变化对访问权限分配没有任何影响。尽管在数据仓储实践中这样的变化会频繁出现，但是该稳定性可以确保极低的管理成本。由于所有的信息都是根据组织机构的业务来进行组织的，所以相关人员理解和处理信息比较容易，从而操作性的错误率极低。图 9.6 是整个思想的简要说明。

图 9.6　访问控制模式

图 9.6 中的分析展示层包含基于查询的数据库视图。如 5.2 节中所介绍的，该查询用于选择和转换存储在中央存储区和/或效能强化区的物理数据元素。访问控制区对应于图 5.4 描述的访问控制区 I，包含所谓的命名视图组，它通常由数据库、模式或类似的机制来实现，这些命名视图组由数据库视图组成。应该指出，对于逻辑上重组的物理存储数据元素来说，命名视图组是一种有效的、强有力的方法。其之所以有效是因为使用该方法的便利性以及没有任何物理的、代价昂贵的数据移动和麻烦的数据复制。

图 9.6 中的"选择"表示在访问控制区的某个命名视图组中，与视图对应的每个查询进行对从分析展示层传递来的相应视图的垂直列和水平行的有关选择。

有两点需要强调：

1. 分析展示层的视图旨在通过转换改进展示。若有必要，所涉及的转换可能非常复杂。

2. 通过水平和/或垂直选择，访问控制区的视图仅用于访问控制。也就是说，这里不允许转换。

为保持低管理成本，应遵循下面的建议。

设计建议 20：

1. 尽量保持这些视图简单，大多数情况下都使用 CREATE VIEW View-X AS SELECT ＊ FROM Table-X。

2. 仅在由于安全原因而必须隐藏一些数据元素时，才使用更复杂的视图。

3. 不要用访问控制视图进行任何类型的转换。

4. 转换仅通过分析展示层来完成。

通常，用数据库角色来实现的"功能角色"与包含在访问控制区的命名视图组之间的关系通过"映射"来定义。每个功能角色可以在一个或多个命名视图组上有访问权限，而为了完成它们各自的任务，一个命名视图组会被一个或多个功能角色所需。换句话说，两者之间的关系是 M：N。当下，对每个专业数据库管理系统而言，将数据库或模式的访问权限赋予一个数据库角色已是一个基本功能了。另一个基本功能是为一个数据库用户分配一个数据库角色，即，该用户由此获取数据库角色拥有的相关数据库对象上的所有访问权限。这个功能被用于"分配"的实现。反过来，它又表达了已经在 5.4 节中描述的"功能角色"和"用户"之间的 M：N 关系。

迄今为止已描述的访问控制模式也适用于 5.6 节中提到的使用数据区周围访问控制层 II 的访问控制。此外，这个描述是从业务用户的视角来完成的。事实上，整个思想也完全适用于从事开发、测试或操作等活动的技术用户。对于此类用户，应该用包括预备域和处理域在内的数据仓储的所有其他表来扩展分析展示层。此外，图 9.6 中给定的模式中的所有其他组件必须使用附加元素以作相应的扩展。在许多情况下，某些命名视图组可以保留给此类用户。

第三篇

构建范式及元数据驱动通用操作器

在第二篇中,我们介绍了各种算法和技术。仅当这些算法和技术在数据仓库背景下被集成为一个个有实际意义的单元时,其使用价值才会体现出来。实际上,只有在范式的层次上加以考虑时,它们对于构建数据仓库的最终意义才会体现出来。本篇,我们提出一个数据仓库构建的新范式。我们对此新范式仅在第 1 章 1.6 节数据仓储构建方法的介绍中给予了简略提及。

第10章 范式基础

10.1 传统范式

在1.6节中，我们回顾了构建数据仓库的传统方法，即手工的老 ELT 方法、工具辅助的新 ETL 方法，以及工具辅助的现代 ELT 方法。现在我们指出，所有这些构建数据仓库的方法，无论采用何种方式，或是否使用工具，原则上都遵循以下步骤：

1. 依照组织机构的业务战略、需求和现状，体系结构团队制定出包括算法、标准、约定及其他内容的数据仓库体系结构指南。

2. 根据体系结构团队提供的体系结构指南，设计团队一个个地进行包括映射规则、程序说明书及其他内容在内的程序设计。

3. 遵照设计团队的程序说明书及映射规则，开发团队一个个地实现所有的 ETL 程序。

4. 按照相应的程序设计说明书和映射规则，测试团队一个个地测试由开发团队开发的这些程序。

一般组织机构中，一个数据仓库的源应用系统可能有数十个，每个源应用系统可能会提供数百张源表。因此，整个数据仓库会包含成千上万个程序。更严重的是：

1. 我们将面对成千上万的映射规则和程序说明书，所有的程序按照它们来进行开发。在程序开发和维护的过程中，只要程序有任何改变，就要及时更新相应的说明书。如果因为交付的时间压力、预算的限制等因素不能完成该任务，那么这些映射和说明书就会逐渐降低可信度并最终失去意义。这样一来，实际上，到最后程序就都无文档记录了。此外，一些资深开发人员并不会始终遵照设计说明书进行开发。在这种情况下，我们不能期望他们会在开发工作完成之后再去更新相应的程序说明书。

2. 这样大量的程序不可能由一个人在短时间内开发。而是需要一个大的开发团队和很长的开发时间。因此，又会面临以下两个方面的问题：

(1) 大量的开发人员(程序员)意味着：
1) 他们有不同的工作风格和思考方式；
2) 他们对开发工具掌握的技术水平不同；
3) 他们对于数据库管理系统和 SQL 的掌握程度不同。

也就是说，由一个开发人员交付的程序并不总是能够被其他开发人员所理解和维护，即使这些程序在运营中运行得很好。当然，这些问题可以努力地改进和克服。但由于程序中植入了大量的、程序员的个人因素，因此需要付出巨大的努力。实际上，在一个大的设计团队里，不同设计者的设计说明书中也存在同样的问题。

(2) 开发时间较长意味着，即使程序由同一个开发人员开发，则：
1) 程序的风格、布局、个人的习惯等也会慢慢地改变；
2) 能力也会随着环境的改变而改变。

有一个很常见的现象：即使是我们自己两年前亲自开发的程序，现在理解这些程序也是有困难的。最后但同样重要的是，由于时间对记忆的影响，我们往往会忘记或误解当初程序开发时的标准和约定。

除了提高生产力、改善质量和系统管理等目的外，为了解决以上提到的文档问题，人们设计、开发、出售、购买、安装及使用了各种数据仓储开发工具(即所谓的 ETL 工具)。这些工具可被看做是过去计算机辅助软件工程运动的成员之一。发明这些工具的初衷是：将所有的说明书和映射(规则)作为元数据，并使用工具来维护它们，以便使用工具开发的程序有任何变化时都会自动地引起用工具维护的元数据的相应变化。

ETL 工具在过去 10 余年里的实践导致了出乎设计预期的另一

种情况。由于几乎在每个较大规模的数据仓库中都会出现ETL工具的效能问题,大量的数据仓库不得不"创造性"地使用ETL工具,即通过所谓的"侧门",这样,元数据并没有真正进入本该管理元数据的ETL工具的核心,这一点已在1.6.2节中讨论过。因此,文档问题并未得以解决。

一种具有更合理结构的新一代工具产生了,即1.6.3节中介绍的使用现代方式的ELT工具。这些工具应该具有良好的效能以解决文档问题。然而,事实并非如此。为了使新工具的使用更有效,所有现存设施的"侧门"背后的SQL语句不得不被发掘和重建,这意味着一个相当于构建半个新数据仓库的工作量。迄今为止,我们还未看到任何一个数据仓库中的文档问题能够完全得以解决,即使是用最新的生成工具且尽了最大的重建努力。

对以上描述的数据仓库创建过程的第二个观察结果是设计团队、开发团队和测试团队做了大量相同的工作。也就是说,非常相似的行为一次次地重复着。例如:第1个更新程序的说明书本质上与第100个更新程序的说明书是相同的;更新第1个目标表的程序与更新第100个目标表的程序基本相似。同样的事情在测试时也会发生。此外,在另一方面,如果体系结构团队对算法、标准或约定做了一些改变,所有的(上千个)说明书、程序、文档不得不相应地一个一个地更新,并且所有受影响的程序不得不依次进行调整和测试。

无论是使用了ETL工具还是ELT工具,这都是过去和今天主导着数据仓库实践的构建范式。实际上,这种构建行为与其他因素一同(如数据质量问题)导致数据仓库构建时经济上昂贵、耗时长、风险大等问题。在后面的几章中,我们给出一个新范式,以确保能有效地解决在传统范式中存在的所有问题。

10.2 信息基础:通用知识及元数据

在上一节中,我们观察到在数据仓库构建过程中有大量的不断重复的活动。从另一方面来说，这些重复活动并不完全相同。这里，最重要的是找出哪些活动在这里重复，哪些不重复。这个问题背后的思路很简单：重复的行为只执行一次。我们的答案也很简单：通用知识重复，元数据不重复。

10.2.1 通用知识

我们所指的通用知识是指在给定的、我们感兴趣的领域内显示出普遍适用性的那些知识。因此，我们称它们为域通用知识。我们上下文中的域是指一个定义好的区域，如一个源应用系统、数据仓储等。典型的域通用知识如：数据仓储的体系结构、行过滤方法、双时维历史化行的处理算法等。实际上，本书前两篇所阐述的几乎都是很好的域通用知识，例如体系结构组件和算法。然而，仅仅只有被用户的数据仓储所选择、并应用的才属于用户的数据仓储域的通用知识。实际上，体系结构团队仅仅生产域通用知识。然而不幸的是，在传统的构建范式中，这些知识被分散在设计和说明文档中。最后，它被实现，且沉浸和隐含在相应的程序中。

对通用知识可以进行以下分类：

1. 静态通用知识。数据仓储的体系结构和双时维历史化的行的处理算法是这类知识的实例。除非整个数据仓储需要重新设计，否则这类知识不会改变。

2. 动态通用知识。默认值处理规则、命名惯例等是典型的动态通用知识。尽管这类知识相当稳定，但不能排除对它的改变和扩展。

此外，可以从数据源的角度来看待通用知识：

3. 源应用系统通用知识。从源应用系统的角度或在源应用系统域内来看，这类知识是静态的，因为它取决于源应用系统的体系结构。

4. 源应用系统特殊知识。从数据仓储的角度或在源应用系统域之外来看，这类知识是动态的。也就是说，当用新的源应用系统来扩展数据仓库源数据时，它不同于已有的通用知识。

在传统范式中，通用知识一旦离开体系结构团队的办公室，就被分散。这正是大量重复存在的原因，也是数据仓库构建费用异常昂贵的原因。因此，有必要探索一种新方法，以便在任何地方、任何情况下都能保持对通用知识的集中。

10.2.2 元数据

在6.2节中，我们定义了操作型和文档型元数据，并将前者分为对象元数据和关系元数据。最重要的是，我们在那里指出，我们定义的操作型元数据就是针对特殊对象的。实际上，在数据仓库构建中与操作型元数据相关的活动是不重复的。它们必须针对每个具体的对象(例如表)进行单独地、特殊地处理，并且应该使其与通用知识的处理相分离。从这个观点来看，新范式和传统范式没有本质区别。

值得注意的是，在上一节讨论通用知识的时候，我们有意在较细小和较抽象的层级上进行对象的描述。哲学上，我们可以将一个域，如数据仓库，看做是一个普通的对象。在这种情况下，域通用知识就成为特殊对象元数据。

10.1节中描述的数据仓库构建中的传统范式方案可以由下面的图10.1进行说明。

在此，特殊对象知识只不过是描述独特对象的元数据，如表或映射，这些都是不重复的。白球代表相同的域通用知识。它们一旦离开体系结构师的办公室便分散在成百上千甚至上万个设计说明书、程序、测试说明书中。这就是传统范式的本质特征。灰球盖住了白球的一部分意味着在传统范式中，两类知识是混合的，没有被清晰地分离。

如何利用这个观察结果，特别是如何使通用知识得以集中从而使得数据仓库能够便宜、快速和安全地构建出来，正是本书之主题。

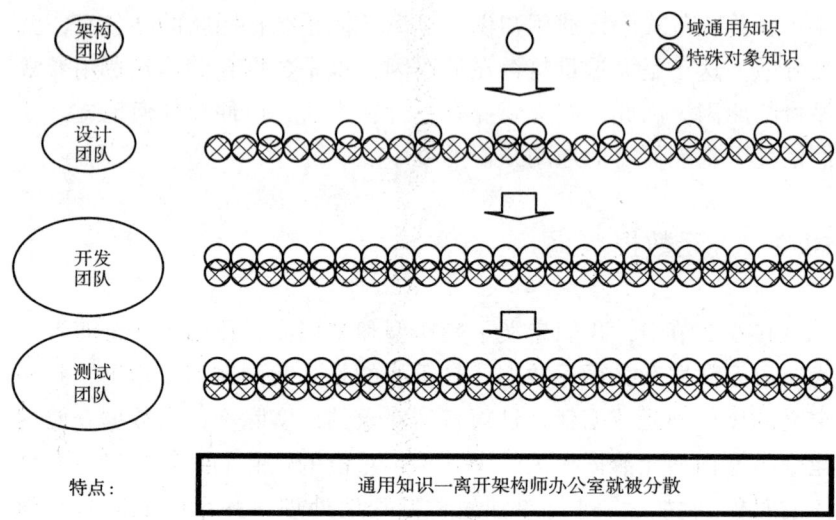

图 10.1　数据仓储构建的传统范式

10.3 抽象基础：操作符操作于操作数

在算术表达式"5+7 = 12"中，符号"+"是操作 5 和 7 两个操作数的操作符，"="、"12"表示运算的结果，也可以看做是一个操作符后面跟着一个操作数。操作符"+"有两个输入"5"和"7"，因此，它被称为二元操作符。在算术表达式"$\sqrt{9}=3$"或逻辑表达式"not TRUE = FALSE"中，根号和 not 分别只有一个操作数，因而被称为一元操作符。在 8.2.4 节中我们介绍了三个一元操作符，它们是关系代数运算符：选择、投影和重命名。无论是二元操作符还是一元操作符，最重要的是运算的结果仍然是操作数，我们称此为操作符的闭合性。

操作符和操作数是强有力的抽象手段。精心设计的抽象使得思考和分析更有效。因此，它们的应用不仅仅局限于数学。在数据仓储实践中，大部分情况下，我们是无意识地使用这种方法。现在，我们来有意识地做这件事。

在6.3节中，我们给出了一个关于数据仓储对象（主要是表）的组织机构示例。所有这些对象都放置在如图6.2所描述的对应的区中。我们并不关注放在那里的单个表，我们将这些区看做新范式中各自的操作数域。这种抽象的结果是，我们最多有不超过一打的操作数域，而不是在传统范式中通常有上千个操作数域。在相应的定义域中，作用于操作数的操作符就是所谓的元数据驱动的通用操作器（MGO）。7.1.1节中描述的平面文件加载器就是一个操作器的实例。7.4.1节中的行过滤器是另一个操作器的实例，如图10.2所示。注意，通用操作器本身可以放大，即，一个操作器可以由其他几个通用操作器组成。通常，所有的MGO是闭合的。其他基于第一篇中给出的数据仓储参考体系结构的MG操作器将在下一章中详细介绍。

图10.2 操作器操作于操作数

我们称这种分析方法为"OoO 观察"，也就是操作器—操作于—操作数。实际上，这并非新知识，在每天每个地方的数据仓储实践中，我们都会有意无意地运用它。在这一点上，新旧两种范式的本质区别在于对操作器的解释和实现。在传统范式中，一个操作器的实现包含数百个程序，每个程序操作于一对操作数。而在新方法中，只有一个小小的元数据驱动的通用程序操作于一对操作数域。实际上，在新范式中，MG操作器是上节讨论的域通用知识的集中容器。即使还没读完本篇这一点就应该明白了。

与图10.1对比，MGO范式对数据仓储构建的影响可以用下面的图10.3来说明。

此处，DDT团队代表一个包含设计人员、开发人员和测试人员的团队。他们同时进行元数据的输入和测试。原则上，他们不再

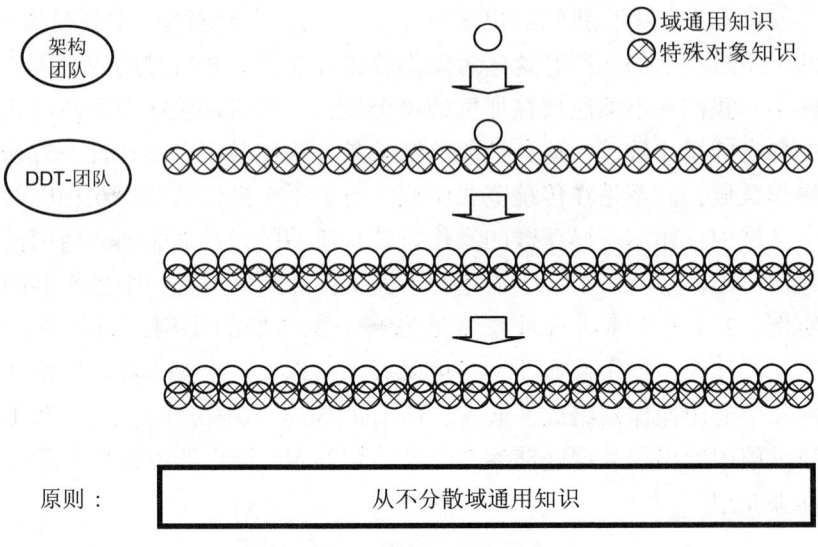

图 10.3 数据仓储构建的新范式

关注处理通用知识的问题。这将由体系结构团队通过对域通用知识的确定、封装或直接编码，使其成为少数几个 MG 操作器，从而确保通用知识的集中。值得注意的是，在图 10.3 中两类知识不再混合。并且，所有在图 10.1 中描述的其他活动完全消失。显而易见的是，新方法与传统方法相比较，整个数据仓储项目的组织结构和方法论都发生了根本性的改变。这就是托马斯·塞缪尔·库恩所说的范式转换的典型伴随现象。

10.4 管理基础：解释器与编译器

10.4.1 MG 操作器的实质

从某种程度上说，在 IT 领域里，几乎所有事物都基于元数据并在某个域中具有通用性。例如，常用的 ETL 工具就是基于元数据的、在"普遍域"中具有通用性、具备图形化开发环境的编译器。这同样适用于编程语言如 VBA① 的解释器。它们如此通用，几乎可以运用它们实现任何事情。因此，它们也被看做为普遍通用的。

编译器是一个程序。它把某种编程语言编写的其他程序作为输入，并将这个输入转换成计算机能够理解的其他程序或低级语言程序。编译器本身不直接执行编译产生的程序，而是分发到相应的低级语言程序所在的位置或相应的计算机上。然后，这些程序将在那里得以执行。实际上，程序语言的编译器就是低级语言程序的生成器。

解释器也是一个程序，但是它做得要更多一些——编程语言的解释器不仅由输入生成可执行的程序，而且它自己还立即执行所生成的这些程序。

我们在数据仓储实践中经常遇到的专用脚本生成器大多数都是非平凡域通用的。它们基本上都具有以下特点：

1. 仅为满足特定目的或在给定的域中使用，如更新星形模式维度。

2. 用这些生成器来集成域通用知识，正如前面讨论的 MG 操作器一样。

3. 用这些生成器产生特定的脚本，然后分发以便执行。因此，在这个意义上，它们是编译器。

本书提出的 MG 操作器本质上是一种声明性的、表型 IT 语言的专用解释器。关于这种语言我们将在 12.3.3 节中详细讨论。在此，解释器有以下属性：

1. 它们基于以下输入信息产生可执行的 SQL 语句：

（1）通过声明获取的、满足特定语法（主要是表的语法）的元数据。

（2）程序调用时包含的参数值。

---

① 关于 VBA 更多的信息，参见 http://de.wikipedia.org/wiki/Visual Basic for Applications。

(3) 封装在 MG 操作器中的域通用知识。

2. MG 操作器将产生的可执行 SQL 语句传送到相关数据库管理系统的解释器中。后者随后为完成某个专门的任务而立即执行这些 SQL 语句，如变化量识别。而对于其他目的，它们是不适用的。

3. 在正常的操作状态下，MG 操作器不会产生用于分发的脚本，尽管它们能够产生这样的脚本。如果需要产生脚本但不执行，比如，进行错误分析，MG 操作器仍可以做到这一点。在这种情况下，它们就是编译器。也就是说，它们的工作模式可以从"解释器"切换到"编译器/生成器"。

实际上，两种工作模式非常相似，因为它们都是基于元数据的、通用的且为特殊目的的。在下一节，我们将在程序管理的背景下对它们进行比较，从而更好地理解它们之间的本质区别，以便能利用这种区别。

10.4.2　基于元数据的通用方法的比较

出于简化的目的，便于进行更易理解的讨论，我们做以下限制性假设：

1. 使用同一 MG 操作器进行讨论。根据观察的需要，在两种执行模式间进行切换，即编译器模式和解释器模式。

2. 我们用数百个源表的数据更新数百个目标表。更新使用的每对目标表/源表在编译器方法中被看做是一个由编译产生的 SQL 脚本，在解释器方法中相当于进行一次等价的程序调用。因此，在一个现实的数据仓储更新中大约有 1000 个 SQL 脚本或 1000 次程序调用。

3. 在安全措施下，未经授权不得改变脚本和元数据。

4. 应该注意的是，对于元数据的采集方面，两种方法并无区别。

10.4.2.1　编译器方法

这种方法的主要特点是：大约产生 1000 个 SQL 脚本。对于这些脚本，必须确保以下的任务被圆满完成：

1. 我们必须知道：

(1) 生成器的版本；

(2) 元数据的版本。

以及各自产生的脚本。否则，如果检测到错误时，我们就不知道该做什么或错在哪里。

2. 我们必须知道，哪个脚本应被替换。如果：

(1) 生成器被修改；

(2) 或者元数据发生了改变。

那么，不管它是生成器还是元数据，只要已经发生了改变，所有脚本都不得不被替换。

3. 我们必须知道：

(1) 脚本存放的位置；

(2) 它们如何命名，其名字中有可能包括当前版本的信息。

4. 我们必须确保进程管理调度中脚本调用总是有正确的引用。

简而言之，我们不得不处理：

(1) 二维的版本信息(软件的版本和元数据的版本)；

(2) 信息的两个位置(调用位置和被调用脚本存储的位置)。

这不是一件简单的事情，尤其在有大量脚本的情况下更是如此。但另一方面，编译器方法展示出它的灵活性，因为脚本一旦分发就不再受生成器的控制。这个优势在出错的情况下尤其有效。我们可以局部地修复或操作这些有问题的脚本，而不影响其他的脚本。

10.4.2.2 解释器方法

此方法的主要特点是不产生 SQL 脚本。这一点有以下便利：

1. 一维的版本信息：即元数据的版本信息。在生产系统中软件的版本信息不再是必需的了，因为当前解释器的版本总是最好和最新的。

2. 信息的一个位置：即调用的位置。确保调用的和被调用的脚本之间的同步不再是必需的了。

如之后 12.1.2.2 节中的详细描述，在我们的实例中解释器还有以下的一些特点：

1. 解释器产生并运行的 SQL 语句具有高度的稳定性，即它们的状态不依赖特定的数据排列组合或环境。无论何时、何地、何种运行方式，只要相关的元数据和解释器不改变，这些 SQL 语句就不会变。特别是出错时，这个特点非常有用。解释器无论是日常运行时还是被切换到编译模式进行错误分析时，产生的 SQL 语句总是相同的。因此，没有必要为今后的错误分析而在物理上保存这些 SQL 语句或 SQL 脚本。

2. 正如编译器方法，错误的 SQL 语句可以被校正，并作为所谓的特例对待（见 12.3.4 节）。以这种方式，解释器方法具有了与编译器方法相似的灵活性。

为了确保解释器在调用时始终具有最佳、最新版本，解释器一旦发生改变必须进行测试。实际上，这些测试远不如想象的那么复杂。我们可以利用下面的步骤和机制得到一个高效的正确性保证。

工作流程 2（MG 操作器变化测试）：

1. 对所有的调用，以编译器模式运行旧解释器；
2. 保存所有产生的 SQL 语句；
3. 对所有的调用，以编译器模式运行新解释器；
4. 保存所有产生的 SQL 语句；
5. 比较两组 SQL 语句，识别出不同部分；
6. 在新解释器上仅测试这些不同部分。

实际上，上述两种方法的本质区别在于解释器确保通用知识的集中；而生成器则分发通用知识。假若我们想利用生成器方法的灵活性并允许修改生成器产生的脚本，则可以采用生成器方法。

10.5 体系结构基础：转换配置

在 1.6 节中，我们讨论了数据仓储构建方法的发展历程。在那里，我们简单地讨论了 ETL 和 ELT。本节中，我们将从体系结构的角度来详细地了解它们。

从功能性和逻辑性的角度看，每个数据仓库必须具备以下三个强制性技术功能：

1. 从源应用系统数据库中抽取数据；
2. 将数据由源应用系统的格式转换成数据仓库的统一格式；
3. 将数据加载到数据仓库的数据库中。

这些技术功能对于在1.4.1节中枚举的数据仓库必须提供的三个逻辑功能来说是不可或缺的，这三个逻辑功能是：

1. 数据收集；
2. 数据整合；
3. 数据预备。

从体系结构和物理角度来看，这三个技术功能，尤其是转换功能，有多种方式可以用来进行部署，但至少要考虑组织机构的以下因素：

1. 当下的IT策略和思想体系；
2. 数据仓库拥有者的政治影响；
3. 组织结构和微观政治形势；
4. 安全策略、基础设施资源、技术分布；
5. 业务策略和业务模型；
6. 财政实力和时间范围；
7. 精神和文化。

在所有给定的条件下，要得到一个经过深思熟虑的功能配置对每个体系结构师来说都是一个巨大的挑战。功能配置的优良度是衡量体系结构师专业能力的决定性的指标之一。在数据仓库背景下，这个优良度的评判标准就是在1.4节中提出的、对数据仓库所有要求的满足潜力。现在，让我们考虑数据转换技术功能的一些典型部署。

10.5.1 分布式转换和集中式转换

使用分布式转换方法时，先抽取数据仓库的源数据。然后尽可能地在进入数据仓库前，依据数据仓库的要求在源应用系统端进行转换。这个思路会从根本上简化或者至少可以显著地简化数据仓储，因为处理域中的复杂处理机制已不需要了。这种实质上的简化有战术上和局部性的优势，即，明显地减少数据仓储成败的政治责任。然而，从企业的角度来看，这种方法通常会由以下原因而导致较高的总体拥有成本。因此，我们尽可能不推荐使用该方法。

1. 缺乏责任保证

（1）对源应用系统的负责人而言，与他们自己本身的、具有大量业务逻辑的处理系统相比较，数据转换任务并不被认为是一个挑战。他们常常低估了这项任务的难度。

（2）因此，承担转换任务的工程师们并没有专心地考虑和对待这项任务。除了完成日常工作之外，他们偶尔也会看一眼这项任务。此外，他们还可能在短时间内调换到其他的工作岗位上去。因此，在团队中既没有建立相应的机制，也没有专人可靠、深入地了解如何进行转换。最后，也就没人把这项任务当回事了。

2. 员工分散

（1）对于20个源应用系统，大概有5个"动态的"小团队来完成这项任务，人员可能分散在组织机构的不同部门中。

（2）此外，期望这些由积极性不高、而且被临时指派的工程师们组成的团队在转换工作中能遵循所有的数据仓储的原理、指南、约定、设计等是非常不现实的。

（3）最后但同样重要的是，所有这些人员以及他们的活动之间的沟通和同步对于组织机构的管理是另一个挑战。

3. 其他操作问题

（1）对于一些源应用系统而言，其运行平台的系统资源是非常有限的，以至于任何额外的工作负荷都会影响其日常的业务操作。而值得注意的是，数据转换通常会占用相当一部分的系统资源。

（2）对于其他的源应用系统而言，由于安全要求，从外部访问它们的数据是被绝对禁止的。

（3）对于还有一些源应用系统而言，其数据管理是外包的。任何额外的服务，如数据转换，都意味着高昂的费用和较长的时间。从另一方面来说，政治责任也是外包的，如在3.1.1节中最后提到的。

使用集中式转换方法时，数据转换在数据仓储端执行，这样可以避免上述枚举的所有问题。此外，由资深和专业的数据仓储专家组成一个稳定的团队，由理解这项挑战且敢于承担责任的管理人员进行更有效的领导。通常，这个集中式团队的专家人数比用分布式方法所涉及的工程师的总人数要少得多。最终，尽管这种方法在数据仓储端看似有些复杂，但它的费用比分布式转换方法要少得多，而且可以在更短的时间内交付高质量的工作成果。最后但同样重要的是，日常的业务操作不会受到影响，也不必修订安全性要求。这种优越性的本质原因之一就是通用知识载体(即人员)的集中，以便使通用知识集中。

10.5.2 ETL 服务器和数据库服务器

为保持操作技巧集中、克服技术障碍或追求其他目的，人们发明了 1.6 节中提到的各种数据仓储开发工具。这些开发工具最显著的体系结构特征之一是将数据转换部署在 ETL 服务器上，而且这种部署不仅是逻辑上的而且还是物理上的。即，所有的数据转换的实际处理都在 ETL 服务器上执行。而这个处理将消耗对数据仓储更新时所需的大部分系统资源。正如在 1.6.2 节中讨论的，这种部署方法常常导致效能问题，最终可能导致数据仓储采取可引起灾难的措施。

为解决效能问题，现代的数据仓储工具在数据库服务器上进行数据转换，因数据库服务器通常比 ETL 服务器的配置更强。关于这一代数据仓储工具的更多介绍，见 1.6.3 节。实际上，这里要做的还是集中，即数据处理和所需系统能力的集中。这样，该系统不仅能用于数据仓储更新，也可以用于查询处理。这个集中的最终影响是数据仓储总体拥有成本的实质性下降。

10.6 新范式的设计原则

在新范式中，数据仓储的更新机制按照以下原则进行设计。

设计原则1(关于通用知识和元数据的处理)：

1. 将所有关于表的特殊信息存储于元数据表中，这既包括对象(指表)也包括它们之间的关系。

2. 尽可能地从相关数据库管理系统的数据库目录中找出元数据。

3. 将静态域通用知识编码成 MG 操作器。

4. 将动态域通用知识保留在用户定义的元数据表中。如果它足够稳定就将它编码成 MG 操作器。

这项原则的优点是：

1. 原则上以及按照定义，域通用知识是稳定的。这样，如果没有其他原因，包含这类信息的 MG 操作器改变的可能性很小。

2. 表的特殊信息通常是不稳定的，在数据仓储实践中表和列的修改是日常业务。另一方面，在元数据表中新增或移除行这类相应的调整可以局部进行并容易得以实现。

3. 数据库目录中的元数据由数据库管理系统自动维护。因此，它们质量高而且无费用。

4. 最后，这项原则使得稳定的 MG 操作符的数量最少。因而，反过来，它能显著降低数据仓储管理的难度并提高数据仓储文档的可维护性。简而言之，它使整个 MGO 方法变得极为简单和简洁。

值得注意的是，此处提到的 MG 操作器也可以运用不同的技术，如常规编程语言中的数据库存储过程①或嵌入式动态 SQL 语言来实现。

设计建议 21：

尽可能用数据库存储过程实现 MG 操作器。

这项建议有以下优点：

1. 数据库存储过程是一个语法上自然且易于学习的 SQL 扩展。

2. 存储过程的数据类型系统与 SQL 是一致的，因而 SQL 能得

---

① 关于数据库存储过程更多的信息，参见 http：//en.wikipedia.org/wiki/Stored_procedure。

到相关数据库管理系统的直接支持。

3. 相关数据库管理系统可以无缝且高效地支持 SQL 及其扩展之间的交互处理。

4. 存储过程提供了充分的表达能力。

5. 存储过程提供了一个主要而集中的平台,简化了软件管理。

值得指出的是,在此提到的 MG 操作器,代码应该是相当少的。假若用本书提出的全套 MG 操作符所编写的结构良好的代码超过一万行,那一定是什么地方出错了。

设计原则 2(关于操作器和操作数的选择):

1. 将体系结构区看成是自然操作数域的候选。

2. 将操作器仅仅看成是通用知识的容器。

3. 尽可能减少操作器的数量,直到不能再小。

设计原则 3(关于操作模式):

1. 将解释器模式作为主要模式,从而只需运行 MG 操作器。

2. 仅仅在错误分析时才切换到编译器模式。因此,通常工作状态下无需保留 SQL 语句。

设计原则 4(关于技术功能的部署):

一切都在数据库服务器上进行。因此,不再需要 ETL 服务器。

实际上,所有这些设计原则都源于以下的终极原则:

范式原则
绝不分散域通用知识

注意:

1. 在数据仓储实践中,为了加快工作进度,我们常常利用域通用知识,例如,删除给定数据库中所有的表。然而,这种情况仅出现在个别的构建方法之中,即,既不是系统的、也不形成一个完整的构建方法。

2. 我们并不要求在我们所了解的每个领域都使用以上的原则。

3. 它的运用局限于工程领域。从减少工程所有者的总体拥有成本的角度来看,其目的在于实现构建和使用的最优化。

4. JAVA 小程序的分发模式是一个很好的实例。仅当你或你的网站需要它们时,你才会下载到电脑或虚拟机上,且它们永远都是最新版本。

5. 如果把这项原则运用于教育系统,除了一所学校,其他都应关门。

6. 如果把这项原则运用于媒体系统,出版自由将是空话一句。

7. 如果把这项原则运用于政治体系,必然导致政治独裁。

总之,按照这些设计原则设计的程序被称为 MG 操作器。在下一章,我们将介绍一套基于第一篇描述之参照体系结构的 MG 操作器作为示例。

第11章 元数据驱动的通用操作器

11.1 概 述

首先，在第一篇中提出的参考体系结构，尤其是在图 6.2 描述的对象组织机构的基础上，我们对 OoO 做一次近距离观察。为此，我们引入一个表示法来表示操作器与操作数域之间的关系。即

[I_Operand, ...] <Operator> [O_Operand, ...]

上式表示操作器 Operator 操作于输入操作数域 I_Operand 中的操作数，操作结果在输出操作数域 O_Operand 中。而输出操作数域又可以作为下一个操作器的输入操作数域。如果是这样，我们就说该操作数域在主流上。在方括号中，用逗号分隔的"…"表示操作器通常操作于不止一个操作数域，同时也输出不止一个操作数域。在图形化方式中，我们用圆柱体代表操作数域，即，相应操作器的一系列合法操作数，操作器的符号将随后说明。

11.1.1 第一级 OoO-观察

在最高抽象层级，即第一级，数据仓储可以抽象为如图 11.1 所示的 OoO 形式。

图 11.1 中有四种操作数域，即：

源数据区。该操作数域代表所有与源应用系统相关的表，它们为数据仓储提供数据。

中央存储区。该操作数域代表中央存储区中的所有表。大多数情况下，这些表按照规范化的关系模式进行组织。

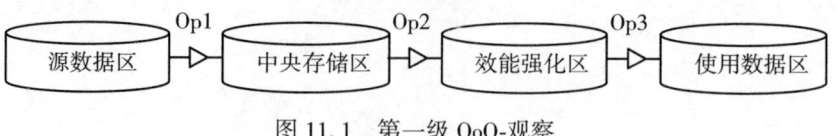

图 11.1 第一级 OoO-观察

效能强化区。该操作数域代表效能强化区中的所有表。通常，这些表按照星形或雪花形进行组织。

应用数据区。该操作数域代表使用数据区中的所有表或立方体（多维数据集）。

以下三个操作器操作上述的操作数域：

Op1。从源数据区中抽取数据，并将其发送到数据仓储平台，处理并存储于中央存储区中对应的表中。

Op2。将中央存储区中的数据转换成效能强化区所需要的数据格式，并存储在效能强化区。

Op3。将效能强化区的数据转换成使用数据区所需要的数据格式，并存储在使用数据区。

11.1.2 第二级 OoO-观察

如图 11.2 所示，现在，我们转变焦点在操作器 Op1 上，并在低一级抽象层级上进行仔细观察。

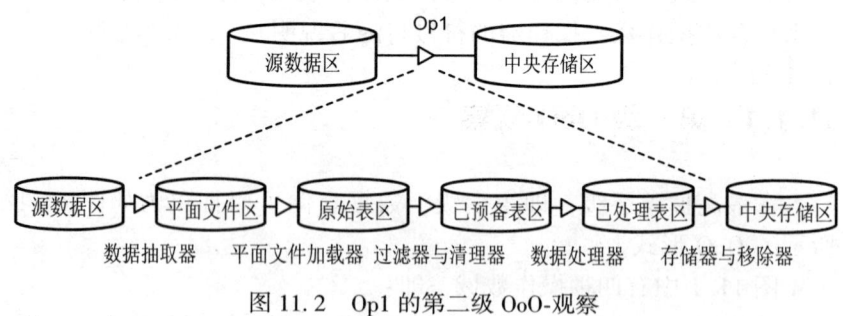

图 11.2 Op1 的第二级 OoO-观察

也就是说，在数据仓储的参考体系结构背景下，操作器 Op1 由以下操作器和主流操作数域组成。

1. 主流操作数域有：

（1）数据仓储端的平面文件区；

（2）原始表区；

（3）已预备表区；

（4）已处理表区。

2. 操作器有：

（1）数据抽取器。它从源应用系统的表中抽取数据，并将数据发送到数据仓储端的平面文件区。

（2）平面文件加载器。它将平面文件区中的平面文件加载到原始表区的对应表中。

（3）过滤和清洗器。它将过滤和清洗原始表区的数据，并将清洗后的数据存放在已预备表区的对应表中。

（4）数据处理器。它对已预备表区的数据做了大量的工作，即数据的收集、整合以及完整性保证。处理后的数据放入已处理表区。

（5）行存储器和行移除器。它将已处理表区中处理过的数据行存储在中央存储区，或者将刚刚存储在中央存储区的错误行移除。

在以下几节中，我们将详细介绍以上这些以及其他操作器，如变化量识别器、重叠消除器等。由于"数据抽取器"本身的特点，我们将在本章的最后一节而不是第一节讨论它。

11.2 平面文件加载器

11.2.1 描述

功能：

1. 平面文件加载器将平面文件区中的一个平面文件[1] Input_

---

[1] 这个平面文件是操作器 Data Exporter 或操作器 Data Extractor 的输出，这部分将在后面的章节介绍。

File 作为它的输入操作数，并将其加载到原始表区的对应表 Output_Table 中。这是它在原始表区的第一个输出操作数。

2. 如果平面文件是压缩文件，那么在加载前，该操作器首先要对平面文件进行解压。

3. 它在加载过程中拒绝错误的行，并将这些行写入错误表区对应的错误表 Error_Table 中。此为其第二个输出操作数。

4. 平面文件加载后，若有必要，则压缩平面文件，并将其作为 Archived_File 归档于归档区。此为其第三个输出操作数。

调用格式：

[Input_File] Flatfile_Loader [Output_Table, Error_Table, Archived_File]

注意：

在此处及以下几节中我们假设，所有需要的位置和结构良好的表都已准备到位。有关结构的更多信息，可以参阅第二篇中的相应章节。

11.2.2 构建

程序 1（平面文件加载器）：

1. 如果平面文件 Input_File 是压缩文件，那么先进行解压。

2. 使用算法 1（平面文件加载器算法），将 Input_File 文件，Output_Table 表和 Error_Table 表作为输入参数。

3. 将压缩文件 Input_File 归档为 Archived_File 文件。

元数据：

1. 与表中各列相关的元数据一般存储在相关数据库管理系统的数据库目录的对应表中。我们一般通称为"列名表"。通常，在这样的表中有大量的列。对于一个具体的数据库管理系统而言，可以参考其数据库目录手册。不过，以下各列在我们的环境中是相关的。其模式如下：

第 11 章 元数据驱动的通用操作器

| Table | Column | Data_Type | Length | Decimal_Fractional_Digits | Column_No |

列(Column)的长度(Length)一般由列的数据类型(Data_Type)确定。列序号(Column_No)表示该列在其对应表中的顺序。如果某列是十进制小数类型(Decimal_Fractional_Digits),则"Decimal_Fractional_Digits"表示该列数据小数点后的数字个数。

2. 实际上,几乎所有在本章介绍的 MG 操作器都使用了这个元数据表。由于该表由相关数据库管理系统自行管理,因此不需特别关注该表中数据的正确性和完整性。

注意:

1. 参考 7.1 节。

2. 如果以前还未做构建练习 7,应先完成构建练习 7。

3. 相关数据库管理系统提供的不同加载工具对于数据的错误处理有不同的机制和形式。在设计这部分时可以参考相应的数据库管理系统手册。

11.3 过滤清洗操作器

11.3.1 描述

功能:

1. 过滤清洗操作器将原始表区的 Input_Table 作为输入操作数。

(1) 过滤掉 Input_Table 表中不需要的行,按照元数据的要求规范对表 Input_Table 中剩余行的列值进行清洗。

(2) 将清洗后的数据加载到对应的输出表 Output_Table 中,即,过滤清洗操作器 Filter & Cleaner 的第一个输出操作数,位于已预备表区。

2. 在整个操作过程中会更正或丢弃错误行。

如有必要,将这些被更正或丢弃的行写入相应的错误表 Error_Table 中,这是 Filter & Cleaner 的第二个输出操作数,位于错误表区中。

调用格式:

[Input_Table]　Filter & Cleaner　[Output_Table, Error_Table]

11.3.2　构建

程序 2(过滤清洗操作器):

1. 运用算法 4(即行过滤器算法),将表 Input_Table 作为输入参数;

2. 根据清洗表给出的相关元数据构建拒绝条件。

3. 运用算法 3(即列清洗算法)对第 1 步过滤后的数据行进行列清洗,那些不满足第 2 步拒绝条件的行被插入到表 Output_Table 中。

4. 根据清洗表给出的相关元数据构建选择条件。

5. 将第 1 步过滤后并满足第 4 步选择条件的行插入到错误表 Error_Table 中。

元数据:

1. 列名表如 11.2.2 节中所述。

2. 业务键表的模式如下:

Table	Business_Key_Column

如果某个表的业务主键包含 n 个列,那么在这个元数据表中就会对应有 n 个行。每行对应业务主键列中的一列。

3. 清洗表模式如下:

Table	Column	Task	Nullable?	Replace_Value	Action

该表的元数据仅仅用于列数据的清洗。该表中的一行表示某个表中的某列需要完成何种 Task。以下 Task 具有代表性但并不一定完全：

(1) 检查日期：日期列的值是有效日期吗？

(2) 检查时间：时间列的值是有效时间吗？

(3) 检查整数：整数列的值是有效整数吗？

(4) 检查小数：小数列的值是有效小数吗？

(5) 检查值：某列的值与其所在行对应的替换值(Replace_Value)相等吗？

如果检查结果有负值，或者 Nullable？条件没有满足，将执行某些 Action，主要 Action 如下：

(1) 拒绝和记录：错误行被拒绝并记录在错误表中。

(2) 更正和记录：错误列被更正并记录在错误表中。

(3) 更正但不记录：错误列被更正但不做记录。这种情况对应于 4.5.2 节中介绍的一个简单列数据的转换。

替换列 Replace_Value 为列值更正提供数值。如果某行由于错误的列值而被拒绝，可以忽略此列。

注意：

1. 参考 7.3 节和 7.4 节。

2. 如果还未完成构建练习 12，先完成构建练习 12。

3. 并不是每一个输入表都必须过滤。这取决于相关数据源的生成特征。

4. 并非每个数据源都需要一个清洗表去清洗它们的列数据。尤其对于那些绝对遵守定义标准和命名规则的数据表来说，没有必要。在数据仓储的实践中的确存在这样理想的数据源。

11.4 变化量识别器

11.4.1 描述

功能：

1. 变化量识别器将表 Input_Table 作为其在原始表区的第一个

输入操作数，与相关表 Full_Stock，即其在完整数据区的第二个输入操作数进行比较。

2. 把已确定的变化量值写入表 Output_Table，即 Delta_Identifier 在原始表区里的第一个输出操作数。

3. 用 Input_Table 取代相关的 Full_Stock，即 Delta_Identifier 在完整数据表区里的第二个输出操作数。

调用格式：

[Input_Table, Full_Stock] Delta_Identifier [Output_Table, Full_Stock]

注意：

该操作器将 Full_Stock 同时作为输入和输出操作数。在一个有利的环境中，即变化量由所有源应用系统提供时，数据仓储不需要该操作器。因此，该操作不是必需的。

11.4.2 构建

程序 3(变化量识别器)：

1. 应用算法 2（即变化量识别器算法）以 input_table 和 full_stock 作为其输入参数。

2. 把已确定的变化量插入到输出表 Output_Table 中。

3. 用表 Input_Table 替换表 Full_Stock。

元数据：

1. 如 11.2.2 节中所述的列名表。

2. 如 11.3.2 节中所述的业务主键表可以用来储存附加行以容纳全部主键。

注意：

1. 参考 7.2 节。

2. 如果以前还未做构建练习 13，应先完成该练习。

11.5 数据导出器

11.5.1 描述

功能：

1. 数据导出器将位于数据仓储任一表区的表 Input_Table 作为其输入操作数。它将表 Input_Table 的数据写入相应的平面文件 Flatfile，即数据导出器在平面文件区的第一个输出操作数。

2. 如果有必要，压缩该平面文件并归档为 Archived_File，即数据导出器在归档区里的第二个输出操作数。

调用格式：

〔Input_Table〕 Data_Exporter 〔Flatfile, Archived_File〕

11.5.2 构建

程序 4(数据导出器)：

1. 应用算法 5（数据导出器算法）以 Input_Table 表和平面文件作为输入参数。

2. 如果需要，可以压缩该平面文件。

3. 如果需要，归档压缩的平面文件，即文件 Archived_File。

元数据：

如 11.2.2 节中所述的列名表。

注意：

1. 参照 7.5 节。

2. 如果以前未做构建练习 13，应先完成该练习。

11.6 代理键生成器

11.6.1 描述

功能：

1. 代理键生成器将已预备表区的一个表 Input_Table 作为输入操作数，并将该表业务主键列的新值组合转换为相应的代理键。

2. 这些新列的值组成的元组被写入位于键映射表区的相应的键映射表 Key_Mapping_Table 中，即代理键生成器的输出操作数。

调用格式：

﹝Input_Table﹞SK_Generator﹝Key_Mapping_Table﹞

注意：

Input_Table 表哪一列是业务键列及相应的代理键是何样的，都可以根据定义好的约定由输出表 Key_Mapping_Table 的模式来确定。如果设计良好并遵循约定，那么就不需额外的元数据了。

11.6.2 构建

程序 5(代理键生成器)：

将算法 10（代理键生成器算法）应用于输入表 Input_Table 和键映射表 Key_Mapping_Table。

元数据：

如上述"注意"所言，如果键映射表设计良好，就不需要额外的元数据了。

11.7 数据处理器

11.7.1 描述

功能：

1. 数据处理器将输入表 Input_Table 作为其位于原始表区的第一个输入操作数。

（1）在 Input_Table 表中收集数据，为历史化或归档作准备；

（2）根据给定的元数据说明转换这些数据和结构；

（3）校验这些数据的参照完整性。

2. 将成功处理的行写入表 Output_Table 中，即数据处理器位于已处理表区的第一个输出操作数。

3. 把被拒绝的行写入相应的错误表 Error_Table，即数据处理器位于错误表区的第二个输出操作数。

调用格式：

［Input_Table］Data_Processor［Output_Table，Error_Table］

11.7.2 构建

程序 6（数据处理器）：

1. 如果数据处理器的 Input_Table 表含有对象或代码数据，则将算法 6（对象史化器算法）应用于此表。

2. 若 Input_Table 表含事件数据，则将算法 7（事件归档器算法）应用于此表。

3. 根据映射表所给的相关说明，将算法 12（列数据转换器算法)应用于 Input_Table 表。

4. 根据外键表中的相关说明,将算法 15(外键处理器算法)应用于 Input_Table 表中的业务键。

5. 如果需要连接,则根据连接表中的相关说明,将算法 13(连接生成器算法)应用于 Input_Table 表。

6. 将错误的行写入 Error_Table 表。

元数据:

1. 列名表如 11.2.2 节中所述。

2. 业务键表如 11.3.2 节中所述。

3. 映射表如 8.2.3 节中所述:

Target_Table	Target_Column	Source_Table	Source_Column	Transformation	Selection_Condition

4. 外键表如 8.3.2 节中所述:

T_Table	T_Column	Default_Value	Waiting?	S_Table	S_Column	P_Table	P_S_PK_Column	P_T_PK_Column

5. 如 8.2.5 节中所示的连接表有两个附加列,即 T_Table 和 S_Table。它们用于集合此表所有用于指定连接的、所涉及的目标表为 T_Table 而源表为 S_Table 的数据更新的行。

T_Table	S_Table	Left_Table	LT_Column	Math_Sign	Right_Table	RT_Column

注意:

1. 步骤 1 和步骤 2 负责收集数据。每一步执行的具体情况取决于 Input_Table 表中的数据类别。

2. 步骤 4 和步骤 3 主要负责列数据转换。

3. 步骤 5 和步骤 3 负责表结构转换。

4. 算法 14(等待区保持器)包含在算法 15(外键处理器)之中,

即第 4 步中，因此可以确保参照完整性。

5. 其他违反参照完整性且不需等待处理的行，被认为是出错了。它们将被拒绝并写入表 Error_Table。

6. 如果 Output_Table 表包含代理键则会涉及键映射表。至于涉及哪些值则由外键表指定。

7. 参照 8.2 节和 8.3 节。

8. 如果还未做构建练习 30，应完成该练习。

11.8 行 存 储 器

11.8.1 描述

功能：

行存储器将 Input_Table 表中的数据移动到表 Output_Table 中。在此，Input_Table 表是行存储器在已处理表区的输入操作数；而 Output_Table 表是行存储器位于中央存储区中的输出操作数。

调用格式：

[Input_Table] Row_Storer [Output_Table]

11.8.2 构建

程序 7（行存储器）：

将算法 8（行存储器算法）应用于表 Input_Table 和表 Output_Table。

元数据：

1. 列名表如 11.2.2 节中所述。

2. 业务键表如 11.3.2 节中所述，可以用来存储附加行以容纳全部的主键。

注意：

1. 参照 8.1.3 节。
2. 如果还未做构建练习 17，应完成该练习。

11.9 行移除器

11.9.1 描述

功能：

行移除器将撤销在表 Output_Table 中发生的改变，表 Output_Table 是 Row_Remover 在中央存储区的输出操作数。这些改变是此前由行存储器根据表 Input_Table 的数据产生的。即表 Input_Table 是行移除器在已处理表区的输入操作数。

调用格式：

[Input_Table] Row_Remover [Output_Table]

11.9.2 构建

程序 8(行移除器)：

将算法 9(行移除器算法)应用于表 Input_Table 和表 Output_Table。

元数据：

1. 列名表如 11.2.2 节中所述。
2. 业务键表如 11.3.2 节中所述，可以被用来存储附加行以容纳全部的主键。

注意：

1. 参考 8.1.4 节。

2. 如果以前未做构建练习 19，应完成该练习。

11.10 重叠解除器

11.10.1 描述

功能：

1. 重叠解除器将会检测到中央存储区的输入操作数表 Input_Table 中存在的重叠。

2. 将重叠行分解成片段，并把这些片段写入位于片段表区的输出操作数表 Fragment_Table。

调用格式：

［Input_Table］Overlap_Resolver［Frangment_Table］

注意：

1. 表 Input_Table 必须有一个对象键，且至少具备一个时间段。此处我们考虑用一个双时维的对象操作器来进行展示。

2. 仅考虑表 Fragment_Table 中的信息对终端用户来说是不完整的。因此，我们还必须结合表 Input_Table 中的信息。

11.10.2 构建

下面，我们对一个可能的构建进行详细描述，从而使读者对一个复杂操作器的实现有一个具体的认识。请注意，这是参照数据仓储的整个操作器集合中最复杂的一个操作器进行的构建。

片段表：

假设表 Input_Table 具有以下模式，如 8.4.1 节中提到的：

| Object_Key | State_Start | state_end | valid_from | valid_to | Business_information_Columns |

此处 Business_Information_Columns 代表所有包含日常业务信息的"正常"列。对于每一个具体的表 Input_Table，其数量、名称以及这些列的数据类型可以是完全不同的。列 Object_Key 也是如此，它可以由多个列组成。总之，它们对于每个具体的输入表是特殊的。根据这个模式，表 Fragment_Table 可以对所有不同的输入表统一使用以下的通用模式：

| Object_Key | state_start | state_end | valid_from | valid_to | f_state_start | f_state_end | f_valid_from | f_valid_to |

注意，这里的列 Object_Key 是前面表 Input_Table 中 Object_Key 的所有列的组合。如果 Object_Key 的一行或一个矩形块发生重叠，那么它可以分解成若干个行片段或矩形片段。这些片段被存储在此表中，其中每一个片段都被视为一行。前面的四个时间列用于存放输入表的原始行的相关记录，后面的四个列则代表那些片段的时间列。也就是说，这些列连同 Object_Key 一起构成行片段的主键，而前面的四个时间列同 Object_Key 一起唯一确定原始行。事实上，此表用来存储原矩形块和它们的片段之间的联系。这些联系对以下目标至关重要：

1. 片段的状态。对象 Object_Key 由时间区 <f_state_start, f_state_end, f_valid_from, f_valid_to> 指定的状态信息是与由时间区 <state_start, state_end, valid_from, valid-to> 指定的状态信息一致的。后者明显是由相应输入行的 Business_Information_Columns 列来提供的。换句话说，我们可以通过与输入表的结合或连接来获取所有这些片段信息。

2. 溯源性。根据此片段表，我们总能知道一个片段行源自何方。

值得一提的是，无论它们是否被分解，该表都包含输入表中所有重叠行的信息。由于其中一些行完全被其他行或矩形所覆盖，所以被重叠的行或矩形并不总是需要分离。对于这些行来说，它们的片段就是它们自己。对于这种特殊情况，这些片段在片段表的后四个时间列与原始行前四个时间列的对应部分有相同的值。

工作表：

对于每一个表 Input_Table，都有一组用于操作的四个工作表。其定义如下：

1. 原始表。操作开始时，检测表 Input_Table 中所有涉及重叠的行，找出并插入到这个工作表中。为此表中每行分配一个唯一的标识号。此表模式如下：

Object_Key	state_start	state_end	valid_from	valid_to	Original_Id

（1）Object_Key：此列包含表 Input_Table 所有对象键列的连接。

（2）四个时间列分别是：state_start，state_end，valid_from 和 valid_to。

（3）Original_Id：此列包含前面提到的唯一识别码。当表中新增一行时，由 8.2.1 节中所讨论的 IDENTITY COLUMN 机制自动分配识别码。

2. 输入表。该表包含每个迭代的输入行，具有以下模式：

Object_Key	state_start	state_end	valid_from	valid_to	Original_Id	Priority_No

（1）所有列与原始表相似。

（2）Priority_No：根据 8.4.2 节中所定义的优先级规则，该列值被分配给执行起始操作的行。

3. 输出表。该表包含每个迭代的输出行，具有和输入表一样的模式。

4. 结果表。该表包含无重叠行。它经过处理后给出最终的结果。该表具有与输入表相同的模式。

注意：

事实上，对于所有可能的输入表，这些工作表分别与它们具有相同的模式。因此，我们可以对所有输入表只使用一套模式。然而，为了能够并行处理多个输入表，每个输入表应该有自己的一套工作表，这样就不会发生等待的情景。按照这种方式，处理的并发性和业务吞吐量都能有效地得到提高。

程序9(重叠解除器)：

1. 将算法17(重叠检测算法)应用于表 Input_Table，并向原始表插入其输出项，即重叠的行，此处：

(1)将所有的对象键列连接成列 Object_Key；

(2)只为原始表加上表 Input_Table 的四个时间列(除了对象键列)；

(3)给每一行分配一个唯一的 Orig_Id，并插入原始表。

2. 将算法18(优先确定算法)应用于原始表，并把结果插入到输入工作表 Input 中。

3. 将算法20(重叠解除算法)应用于输入表，在迭代过程中：

(1)把无重叠的行插入结果工作表 Result；

(2)把其余的行插入输出工作表 Output，以进行下一次迭代。

4. 通过 Object_Key 和 Orig_Id 列把结果工作表 Result 和原始表 Original 连接起来，构建的结果片段行如下：

Fragment_Table. <Object_Key, state_start, state_end, valid_from, valid_to, f_state_start, f_state_end, f_valid_from, f_valid_to> : = Original。<Object_Key, state_start, state_end, valid_from, valid_to> + Result. < state _ start, state _ end, valid _ from, valid _ to > WHERE Original. Orig_Id = Result. Orig_Id AND Original. <Object_Key, state_start, state_end, valid_from, valid_to>！= Result.<state_start, state_end, valid_from, valid_to>。

5. 将由于完全重叠而消失的行插入表 Fragment_Table 中，即原始结果表 Original-Result：

Fragment_Table. < Object _ Key，state _ start，state _ end，valid _ from，valid_to，f_state_start，f_state_end，f_valid_from，f_valid_to>：= Original. <Object_Key，state_start，state_end，valid_from，valid_to，state_start，state_end，valid_from，valid_to>。

注意：

1. 算法 20(重叠解析器)的第 1 步如 8.4.5 节中所述，正好被该程序的前两步所替换。

2. 算法 20(重叠解析器)的第 3 步里提炼出无重叠片段，以免被进一步处理。为了进行分析，在整个处理过程中无重叠片段被保存在输出表中。

3. 步骤 3 之后，输出项是无重叠的。在迭代过程中，原来的内容并没有改变。因此，步骤 4 中向片段表提供的是正确和完整的结果。

4. 在实际中，可以考虑进一步的优化。这将在下一节讨论。

元数据：

1. 列名表如 11.2.2 节中所述。

2. 业务键表如 11.3.2 节中所述。

11.10.3 计算效率

纯理论上讲，上述算法并非特别高效。在引理 2 之证明的最后提到，最坏的情况下，处理只有在 $4 \times n$ 次迭代之后才会结束，而其中 $n+1$ 是涉及重叠的原始表矩形的数量。迭代中代价最高的步骤是第 2 步。此处，算法 19(基本矩形分解器)被执行。很明显，该算法可以通过单一输入表的自连接来实现。通常，一个连接运算的计算复杂度为 $O(n^2)$。因此，算法 20(重叠解除算法)计算效率为 $O(n^3)$，即使产生的数据质量很好，其算法的适用性仍是一个问题。

但是在实践中，有几个因素会使得算法有效：

1. n 是重叠矩形的数量,而不是整个表中行的数量,如 m。通常在实际中,n 大大小于 m。如果不是这种情况,源应用系统必然存在严重的问题。

2. n 在算法 19(基本矩形分解器)中的计算并不是保持不变的。在第一阶段,n 会变得越来越大。然后,由于消除操作和无重叠的影响,n 逐渐减小直到为零。

11.10.4 用法

操作器运行的结果,即表 Fragment_Table,还不能直接使用,因为它只包含了原始行和各自片段之间的联系。为了使完整的数据能最终方便使用,可以创建视图。该视图后面的查询分为两部分。第一部分通过对象键和时间列连接原始表和片段表来处理重叠所涉及的行,然后从原始表和片段表的时间列中选择业务信息列,即"f_"列。视图的第二部分则是查找原始表中无重叠的那些行。具体的 SQL 语句如下:

```
CREATE    VIEW    overlap_free    AS
SELECT    IT. Object_Key, FT. f_state_start, FT. f_state_end,
          FT. f_valid_from, FT. f_valid to,
          IT. Business_Information_Columns
FROM      Input_Table         AS IT
              INNER JOIN
          Fragment_Table       AS FT
ON        IT. Object_Key    =   FT. Object_Key
AND       IT. state_start   =   FT. state_start
AND       IT. state_end     =   FT. state_end
AND       IT. valid_from    =   FT. valid_from
AND       IT. vaild_to      =   FT. valid_to
UNION
SELECT    *
FROM      Input_Table
```

第11章　元数据驱动的通用操作器

WHERE　（Obiect_Key, state_start, state_end, valid_from, valid_to）

NOT　　IN

（SELECT　Object_Key, state_start, state_end, valid_from, valid_to

FROM　Fragment_Table）；

需要注意的是，尽管我们现在可以通过以上视图获得无重叠数据，然而表 Input_table 中的数据并不会发生改变。即，表中的重叠保持不变。这一结构的应用优点之一是可溯源性，其二则是可重启性。

1. 可溯源性。即，我们总是能知道原始数据的状态。如果我们用相应的片段来替换错误数据，那么就要丢失原始信息，因而失去可溯源性。虽然在任何时间利用表 Fragment_Table 包含的信息都可以重建数据的原始状态，但工作量还是相当大的。

2. 可重启性。利用操作器 Row_Storer 进行存储之后，"新"的数据就在原始表中了。使用操作器 Row_Remover 可以使这些"新"数据完全从原始表中移除。如果我们用相应的片段替换了错误数据，那么没有相当大的工作量就无法撤销原始表中的错误变化。也就是说，我们不能再次适当地重做或重新启动全部的处理过程。

在结构上，这些优点是利用组件分离的原理实现的。即，原始表的组件从重叠解除的组件中被分离出来。后者不会对前者有任何影响，前者不知道后者的操作。

通常，重叠解除在数据仓储中是最耗时的一项操作。下面的观察结果可以用于减少运行的时间消耗。

1. 只有当新行插入原始表时，新的重叠，即那些不被相应表 Fragment_Table 覆盖的部分才会产生。这些新行来自参考体系结构中已处理表区的相应已处理表。如果当前表中没有已处理过的行，则原始表中就没有新的重叠。因此，当前不必解除原始表所存在的重叠，因为表 Fragment_Table 没有产生有关重叠的新信息。

2. 一个给定对象，即具有相应对象键的对象，只有当其新行插入原始表时，才会产生新的重叠。所有其他对象的重叠情况并不受影响。这些新行来自于已处理表区的相应的已处理表。因而只需考虑已处理表中的对象键,而不是原始表所包含的所有对象键。在实际中,大多数情况下,这只是原始表所包含的整个对象键集里的一小部分。另外,只考虑已处理表中受影响的对象键所在的行并不充分。要确保解除正确,即使只有一个新行被插入原始表,原始表中该对象的所有行也都必须被考虑。

11.11 代码补充器

11.11.1 描述

功能:

1. 代码补充器将确定中央存储区表 Input_Table 里那些没有在中央存储区表 Code_Table 中定义的代码值。

2. 把已确定的新代码值及附加的代码默认值插入表 Code_Table 中。

调用格式:

〔Input_Table, Code_Table〕 Code_Complementor 〔Code_Table〕

11.11.2 构建

程序 10(代码表补充器):

将算法 16(代码表补充算法)应用于表 Input_Table 和表 Code_Table。

元数据:

1. 列名表如 11.2.2 节中所述。

2. 8.3.3 节中的代码信息表如下：

T_Table	T_Column	C_Table	C_Column	Default_Definition

注意：

1. 参考 8.3.3 节。

2. 如果还未做构建练习 31，应完成该练习。

11.12 维度加载器

11.12.1 描述

功能：

维度加载器将中央存储区中的一个表 Root_Table 作为运行起点。根据元数据表、连接表中提供的信息，将表 Leaf_Tables 里的选定数据载入效能强化区的表 Dimension_Table 中。

调用格式：

[Root_Table, Leaf_Table_1, ..]   Dimension_Loader   [Dimension_Table]

11.12.2 构建

程序 11 (维度加载器)：

1. 将算法 22 (时间段切割器) 应用于输入操作数，并以表 Root_Table 为起点，用元数据表，即连接表，给定的信息控制必要的连接。将其结果写入表 Dimension_Table。

2. 将算法 23 (数据萃取器) 应用于表 Dimension_Table，此表由上一步必须使用的工作表而产生，即 9.2.4 节中所述的内容编号表和萃取表。

3. 将算法 24(遍历压缩器)或算法 25(相邻压缩器)应用于上述工作表，并将结果写入预清空的表 Dimension_Table。

元数据：

1. 列名表如 11.2.2 节中所述。

2. 由 8.2.5 节中连接表提供的连接信息，用于去规范化处理和时间段的切割：

Left_Table	LT_Column	Math_Sign	Right_Table	RT_Column

3. 为进行基于递归关系的维加载，如 9.1.2 节中所讨论的，必须使用表的别名来区分表的角色。在这种情况下，连接表必须扩展两个附加列，即 LT_Alias 和 RT_Alias。

注意：

1. 参考 9.2 节。

2. 如果还未做实践练习 35，应该先完成该练习。

3. 就像进行重叠解除一样，维度加载也是资源密集型的操作。要减少资源消耗和缩短处理时间，重叠解除环境中所作的观察也可以用于优化维度加载。也就是说，只有对象键包含在已处理表区相应的已处理表中的对象时，其相关的效能强化区中的数据才会被更新。换句话说，表 Root_Table 应只包含那些对象键在已处理表中的、来自中央存储区的行。

11.13 数据抽取器

迄今为止，所有操作器都被建议在一个如 10.5.2 节中所讨论的集中式数据库服务器上执行。由于使用这些操作器处理的数据已从源应用系统各自的表中抽取出来了，所以这一点至少在逻辑上是可行的。在何处进行其物理加工仅仅是一个纯体系结构设计的问题。但无论如何，它们都已脱离了源应用系统的控制。然而，这并不是数据抽取操作的情形。

数据抽取操作对于源应用系统平台上的源表是必不可少的。也就是说，操作器的输入操作数在物理上必须位于相应的各个源应用系统平台上。因此，该操作必须在源应用系统平台上被物理执行。关于逻辑控制则有两种主要的方法：

1. 推的方法。采用这种方法，数据抽取的逻辑控制在于源应用系统平台，数据仓储则被动地获取源应用系统交付或推来的数据。也就是说，多个特定的源应用系统数据抽取器在各自的源应用系统平台上独立地执行。采用这种方法，通常要求有源应用系统端的人员参与。

2. 拉的方法。采用这种方法，逻辑控制集中于数据仓储端，而物理数据抽取则分别发生在源应用系统平台上。在此，数据仓储主动地从源应用系统抽取数据。不同的源应用系统平台有不同的特点，包括如 3.1.1 节中所指的登录机制。因此，如果采用这种方法，操作器就必须含有所有相关的所谓源应用系统的特殊知识（10.2.1 节中所述），并用一个参数来区分不同源应用系统的处理。一般来说，由于一些源应用系统平台的安全限制，这种方法并不总是可行的。

11.13.1 描述

功能：

1. 数据抽取器使用元数据中相应的登录信息或类似信息，连接有关源应用系统。

2. 根据元数据中所给的相应规范，从给定表或文件 Input_Table 中选择数据，即其输入操作数。

3. 将这些本地数据写入平面文件 Output_File 中，即其第一个输出操作数，在源应用系统端分别用推的方法，或用拉的方法直接从数据仓储端将数据转移到平面文件区。

4. 如果采用推的方法,在 Output_File 中压缩这些数据,再把它们转移到数据仓储端的平面文件区,并放入平面文件里,即其第二个输出操作数。

5. 发出有关抽取的通知,例如日期、时间戳、被抽取行的最后一个序列号等。

调用格式:

[Input_Table] Date_Extractor [Output_File, Flatfile]

11.13.2 构建

程序 12(数据抽取器):

1. 连接有关源应用系统。

2. 从表 Input_Table 中选择由投影表确定的相关列,满足选择表给出的选择条件,并且根据抽取表保存的信息确定之前有关从来没有被抽取过的行。

3. 在数据仓储端将选定行转入平面文件(如果是用推的方法,把它们写入 Output_File 文件,压缩并将其传输到数据仓储端的平面文件中)。

4. 更新抽取表。

元数据:

1. 列名表如 11.2.2 节中所述。注意,根据设计建议 4,原始表区相应表的模式与表 Input_Table 中的模式应该是相同的。

2. 投影表:

Source_Application	Source_Table	Source_Column

3. 选择表:

第 11 章 元数据驱动的通用操作器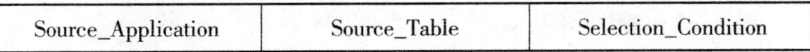

| Source_Application | Source_Table | Selection_Condition |

4. 抽取表：

| Source_Application | Source_Table | Date | Time | Last_Extracted_Sequence_No |

注意：

1. 此操作器与 11.5 节中所述的数据导出器极其相似。如果数据仓储被视为一个平常的源应用系统，那么这两个操作器在原理上都是相同的。因此，基底算法，即算法 5（数据导出器），以及数据导出器的构建技术，也适用于这里所讨论的数据抽取器的构建。

2. 参照 3.1 节。

11.14 工具操作器

上述所有操作器将数据从数据仓储的某一组件移动到其他组件。它们是数据仓储主要的和至关重要的操作器。在本节中，我们给出了一些工具操作器。它们并非是数据仓储必需的，但若有了则更好。这些工具操作器利用存储于元数据中、被主要操作器所使用的信息，让企业数据仓储的操作更容易、更高效。

11.14.1 索引顾问

功能：

操作器索引顾问利用存储在连接表和外键表中有关表 Input_Table 的信息，向表 Input_Table 推荐索引。

调用格式：

［Input_Table］Index_Advisor［Recommended_Indexes］

程序 13(索引顾问):

1. 关于连接表:

(1)在表 Left_Table 与表 Input_Table 相等的情况下,通过两个表<Left_Table,Right_Table>来对所有的 LT_Columns 列进行分组。

(2)在表 Right_Table 与表 Input_Table 相等的情况下,通过两个表<Left_Table,Right_Table>来对所有的 RT_Columns 列进行分组。

2. 关于外键表:

(1)在表 S_Table 与表 Input_Table 相等的情况下,通过两个表<S_Table,P_Table>来对所有的 S_Columns 列进行分组。

(2)在表 P_Table 与表 Input_Table 相等的情况下,通过两个表<S_Table,P_Table>来对所有的 P_S_PK_Columns 列进行分组。

3. 保持以此方式获得的唯一的列组。

4. 对于每个组,生成相应的 CREATE INDEX 语句。

元数据:

1. 连接表如 8.2.5 节中所述。

2. 外键表如 8.3.2 节中所述。

注意:

建议的索引仅仅是推荐。它们需要进行分析,并在许多情况下,会根据表 Input_Table 的其他有用信息而有所调整。

11.14.2 统计顾问

功能:

操作器统计顾问利用存储在连接表和外键表中的关于表 Input_Table 的信息,向表 Input_Table 推荐 COMPUTE STATISTICS 语句。

调用格式:

[Input_Table] Statistics_Advisor [Recommended_Statistics]

程序 14(统计顾问):

1. 关于连接表:

(1)在表 Left_Table 与表 Input_Table 相等的情况下,通过两个表<Left _Table,Right_Table>来对所有的 LT_Columns 列进行分组。

(2)在表 Right_Table 与表 Input_Table 相等的情况下,通过两个表<Left _Table,Right _Table >来对所有的 RT _Columns 列进行分组。

2. 关于外键表:

(1)在表 S_Table 与表 Input_Table 相等的情况下,通过两个表<S _Table,P_Table>来对所有的 S_Columns 列进行分组。

(2)在表 P_Table 与表 Input_Table 相等的情况下,通过两个表<S _Table,P_Table>来对所有的 P_S_PK_Columns 列进行分组;

3. 保持以此方式获得的唯一的列组;

4. 对于每个组,生成相应的 COMPUTE STATISTICS 语句。

元数据:

1. 连接表如 8.2.5 节中所述。

2. 外键表如 8.3.2 节中所述。

注意:

建议的语句仅仅是推荐。它们需要进行分析,并在许多情况下会根据访问表和索引的其他可用信息而有所调整。

11.14.3 计划生成器

功能:

操作器计划生成器将确认分布于输入元数据表中的依赖信息,并从该信息生成计划表。

调用格式:

[Foreign_Key_Table,Join_Table] Schedule_Generator [Scheduler]

程序 15(计划生成器):

1. 收集分布于所给的两个元数据表中的依赖信息并存入下面的工作表。此处层级设为初始值 0:

Input_Table	Operator	Output_Table	Level

(1)关于外键表,表 T_Table 依赖于表 S_Table 和表 P_Table。
(2)关于连接表,表 T_Table 依赖于表 Left_Table 和表 Right_Table。

2. 广度优先遍历工作表所定义的有向图中的那些节点对应的表并不出现在工作表 Output_Table 的列中。我们把这些节点视为第 0 层节点。

3. 在广度优先遍历时,无环有向图中所有从第 i 层可达、但此前从未达到过的所有节点,即 Level 值等于 0 的那些节点,被视为 $i+1$ 层节点,即其节点相应行的 Level 值设为 $i+1$。

4. 根据各自的层级值对工作表中的行进行排序。

5. 只有所有 $i-1$ 级的表被成功处理了,第 i 级的表才能被处理。依此安排计划表。

元数据:

1. 外键表如 8.3.2 节中所述。
2. 连接表如 11.7.2 节中所述。

注意:

1. 如果遍历过程中检测到环,则元数据或设计就出错了。它们必须得以纠正以致图中不存在任何环。为了这个目的,当检测到环时,就要停止执行程序。

2. 这个计划表方法不能保证并行操作最大化。例如,如果一个 0 级操作比同级的其他操作所持续的时间更长,那么任何一个第 1 级的操作都不能够开始,尽管它们同第 0 级操作完全不相干。在这种情况下,整个体系中只有一个操作在运行,而其他所有操作都得等其完成。这种方法的优点是简单、容易理解。

3. 如果使用代理键，那么此操作器就要考虑键映射表的依赖关系。

算法中使用的工作表可以调整为所谓的依赖关系表，这将在 12.1.1 节中给予更具体的定义。同时将通过利用一种更精良的方法使用该表，从而实现将在第 12 章中描述的进程管理。采用这种方法，可以实现更多的并行处理。

第四篇

生存环境及更多

在第三篇中，我们介绍了一整套基于第一篇中简述的数据仓储的参考体系结构的 MG 操作器。虽然对于所需的功能而言，这些操作器是相当完整的。但是，如果没有一个适当的基础设施环境，它们是不能生存的。这是本篇的第一个主题。正如第三篇中所讨论的，我们面对着构建数据仓储的一个全新的范式。因此，在数据仓储相关的活动中，新范式具有其现实意义和影响。关于这一点的讨论是本篇的第二个主题。最后，我们以展示一个从旧世界过渡到新世界的转换过程的方式来结束本篇。

第 12 章 基础设施环境

12.1 进程管理和异常处理

在 6.1 节中,我们讨论了关于进程管理的问题。这一节,我们将介绍一些进程管理的实现技术。

12.1.1 进程管理和并发控制

数据仓储的进程管理有以下两项主要任务:

1. 控制执行状态。必须保证进程的执行状态被彻底地检查并精确地记录。一旦发生错误,必须保证触发正确的反应。执行状态的正确记录信息是有效完成下一项任务(即确保正确的执行顺序)的前提。

2. 确保正确的执行顺序。必须确保按正确的和语义上的顺序执行操作器。如果进程表 B 依赖于进程表 A,那么在一个更新周期内,在表 A 被完全正确处理之前不允许处理表 B。

处理这些任务的主要方法是 6.1.1 节中介绍的,并带有以下扩充的依赖关系图:

1. 每个节点有一个 Execution_State(执行状态)列。

2. 不能从其他节点到达的每一个节点,拥有一条指向该节点自身的边,即,仅有一个节点组成的迷你环(mini-cycle)。

这个图可以用下面的依赖关系表(dependency table)来存储:

| Input_Table | Operator | Output_Table | Execution_State |

此表的每一行代表一个底层有向依赖关系图的有向边 Operator，它从节点 Input_Table 指向节点 Output_Table。Execution_State 列可以有以下四个状态：

1. R：表 Output_Table 已经准备好了，可以被处理。
2. E：Operator(操作器)对表 Output_Table 的处理正在执行中。
3. S：对于应用操作器 Operator 的表 Input_Table 而言，对于表 Output_Table 的处理是成功的。现在表 Output_Table 就可以用于其他表的处理了。
4. U：对表 Output_Table 的处理是不成功的。

此表可以有以下用途：每次周期更新开始时，首先将所有行的 Execution_State 都设置为"R"。然后，如果相应的对象，即平面文件或表已经是可用的、且行的 Input_Table 值与各自对应的 Output_Table 值相等(即构建节点自身迷你环的那些行)，则将这些行的 Execution_State 值设置为"S"。当操作器(Operator)正在执行中时，相应的 Execution_State 值将设置为"E"。如果操作器(Operator)的执行是成功的，那么该操作器的输入表和输出表(即一对操作数)会对应一个给定的行，并将该行的 Execution_State 设置为"S"，否则将其设置为"U"。

重要的问题是要关注一个实际输出表的完整的处理过程，且必须考虑其依赖关系图中的多条边，这些边指向相同的 Output_Table 节点；或关注依赖关系表中的多行，而这些行的 Output_Table 列值与实际输出表完全相等。仅当所有这些涉及的行的 Execution_State 都已经设置为"S"时，这个表的整个处理过程才被认为是完全成功了。基于该数据结构，就能使用以下算法来管理进程从而实现数据仓储的更新了。

算法 26(进程管理器)：

1. 将依赖关系表中所有行的 Execution_State 值设置为"R"。
2. 当相应的对象，即平面文件或表当前可用时，将表中Input_

Table 值与各自对应的 Output_Table 值相等的所有行的 Execution_State 设置为"S"。

3. 汇集来自依赖表中的所有 Output_Tables 列值，这些值所在行的 Execution_State 值都为"S"（即这些输出表已经全部成功处理了，我们称这些表是简单处理过的）。

4. 从依赖表中所有已被处理过的表 Input_Table 中，选择其对应的 Execution_State 值为"R"的行。

5. 如果仍然有这样的行，那么执行这些选定的行，并设置它们的 Execution_State 值为"E"：

（1）如果有一个执行进程失败了，可以设置相应的 Execution_State 值为"U"，并转到第 2 步；

（2）如果有一个执行进程成功完成了，可以设置相应的 Execution_State 值为"S"，并转到第 2 步；

6. 否则，随着全部或部分的成功，整个进程就结束了。

注意：

1. 周期更新机制的启动是由一个单独的系统调度器触发的，例如，Control-M[①]。

2. 为了监视整个执行过程，可以使用一个独立的循环机制在非常短的时间段内反复地查看这个依赖关系表的 Execution_State 值。如果检测到的值是"U"，那么含有所有相关信息的消息将被送到数据仓储管理员或系统控制台，以便激发适当的措施。

3. 正如 6.1.1 节中所提到的，必须保证底层依赖关系图是非循环的。否则，这个进程可能陷入死锁或死循环。要检测是否存在循环依赖，可以利用图的广度优先遍历或深度优先遍历进行检测。

4. 步骤 2 中的状态设置之后，相应的对象必须标注为"已使用"，以免被反复使用。在我们的参考体系结构环境下，这些就是 3.2.1 节所介绍的平面文件区中的平面文件。它们一旦全部被使用（即依赖表中行的 Input_Table 值分别与对应的平面文件相等、并且

---

① Control-M 是 BMC 软件公司的产品。想要了解更多关于 Control-M 的细节，可以参见 http：//en.wikipedia.org/wiki/BMC Control-M。

Execution_State 值为"S"的所有行），那么这些文件就能从该区中移除了。

5. 事实上，我们应用如 11.14.3 节中所述的工具操作器计划生成器来收集分布在系统中各种元数据表里的元数据，并将它们放入依赖关系表中。后者实际上是此处所用工作表的一个修正。请注意，在使用通用操作器 Schedule_Generator 生成一个调度程序的同时，循环也将被检测到。

6. 这个算法能很容易地被应用到第 1.3.3 节中所提到的实时数据仓储的进程管理中。出于此目的，增加了步骤 3.1：

步骤 3.1 从依赖关系表中选择所有 Input_Table X 和 Output_Table 中都已被处理的行。将所有 Output_Table 和 Input_Table X 相等的行中 Execution_State 的值设为"R"；

此外，步骤 6 现在修改为：

6. 休眠一个定义的时间段，例如，1 分钟或 5 分钟，然后转到第 2 步。

在实时数据仓储环境中，还要考虑另一个方面：那里数据仓储的更新和使用是允许同时发生的。即，当一个数据仓储表更新时，在逻辑上允许一个分析任务同时读取这个表。可以有三种方法来处理这种情况。

（1）读旧数据。启动更新之前，该表的副本，即所谓的前映像，是由相关的数据库管理系统或数据仓储自身为了分析阅读而提供的。即，这两项操作作用于不同的物理对象上。以此方式读取的数据在表内是一致的，但并不总是最新的。

（2）读脏数据。使用这种方法，两个操作作用于同一物理对象之上。虽然完成此操作相当简单，但用这种方法读取的数据原则上是不一致的。

（3）读干净数据。如果读取之前更新就已启动，那么更新时在表上加排它锁，直到更新操作完成。因此，必须等待更新完成之后才能进行读取。如果更新到来之前，读取数据已经开始，那么表将被锁定以防更新。因此，当前更新必须等待，直到读操作完成。简而言之，这些操作是串行的。虽然这些操作无并行性，但读取的数据总是一致的和最新的。

很显然，每种方法都有其优、缺点，哪种方法最合适完全取决于组织的业务需求。

12.1.2 异常处理

在算法 26 的第 5 步中，正在运行的进程可能因某些原因而崩溃。如果发生这种异常，必须初始化相关的活动以便能完全消除这些"损害"，精确找到崩溃的原因，并快速补救有缺陷的程序。

12.1.2.1 损害的消除与恢复

为了完全理解、有效定位和完全消除崩溃的进程所留下的"损害"，并恢复数据到一个确定的状态，整个进程系统将被映射到一个结构化的事务系统。因此，在我们考虑问题的细节之前，首先，应该在我们的 OoO（Operators operate Operands：操作器操作数）环境下回顾 6.1.2 节中介绍的事务模型。

我们把整个周期更新作为 11.1.1 节中提出的第一级观察（Observation Level 1）的根逻辑事务。在观察层 2 中，这个事务可以被水平或垂直地划分。在这个背景下，我们把一个 MGO 的执行看成是一个叶逻辑事务，相应地，它能通过由相关数据库管理系统支持的少量的技术事务来实现。多数情况下，仅利用一个技术事务独自地实现 MG 操作器是可能的。原则上，实现操作器所需的技术事务数量越少，损害消除就越简单。因此，为了实现 MG 操作器，所需的技术事务的数量应尽可能地少。

如果一个 MG 操作器是由多个技术事务来实现的，那么所有提交的技术事务都必须通过数据仓储工程师自己提供的相应撤销机制进行回滚，且未提交的技术事务将由相关数据库管理系统本身自动地回滚。也就是说，数据仓储工程师的任务就是在 MG 操作器中为提交的技术事务提供撤销机制。

事实上，几乎所有第 11 章中介绍的 MG 操作器都能由一个单独的技术事务来实现，或至少当它们崩溃时没有留下任何损害。这个特点源于以下事实：

1. 这些操作器没有改变输入表，它们仅从这些表中读取数据。

2. 仅当最后一个相应的技术事务被成功提交时，输出表中的变化才被提交，同时相应的叶子逻辑事务也被提交。如果进程崩溃时后者没有提交，则输出表中的所有变化将自动由相关数据库管理系统全部回滚，并且不会留下任何损害。

3. 除了存储域中的表之外，用于周期更新的所有输出表，将分别在相应的操作器执行之前清空。

在实践中，为了进行错误分析，有时必须撤销已成功提交的叶子逻辑事务。基于上面列出的最后一个事实，通过删除有关输出表的内容，就可以很容易地完成撤销。即，叶子逻辑事务的输出表的前映像是空的，且这次删除使输出表再一次清空，正如事务开始前的映像。

但是，这个方法对存储域的输出表是不适用的，因为事务开始之前它们是非空的。我们利用 11.9 节中介绍的 MG 操作器的行移除器来消除那里留下的损害。

12.1.2.2 异常捕获和分析

为了顺利地分析这些异常，必须捕获关于这些事务崩溃的足够多的信息。为了此目的，可以使用下面的活动表：

Execution_Timestamp	Activity_Count	duration	Invocation	Return_Code	Sequence_No

1. Execution_Timestamp 包含相应的 SQL 语句执行的开始时间点。这里，我们假设每个操作器都由一个 SQL 语句集来最终实现。

2. Activity_Count 存放通过 SQL 语句选择或删除的行数。

3. Duration 给出了 SQL 语句执行时的持续时间。

4. Invocation 包含带有已使用参数的操作器的完整调用。

5. Return_Code 表示 SQL 语句执行后返回的代码。

6. Sequence_No 记录操作器中被执行的 SQL 语句的序列号。

第 12 章　基础设施环境

为了有效捕获可能出现的异常，下面的算法可以统一地嵌入到这些 MG 操作器中。

算法 27（异常捕获器）：

1. 撤销自执行开始由操作器完成的相关表的所有更改。
2. 删除自执行开始所有已创建的工作表。
3. 将所有执行的可用信息写入活动表。包括错误代码、已使用的参数调用等。
4. 提交第 3 步的处理事务。

注意：

1. 步骤 2：对许多数据库管理系统而言，创建和删除表是各自的技术事务。这种独立的技术事务应放置在关于事务设计的叶逻辑事务的刚开始或最后进行处理。

2. 步骤 4：如果没有提交第 3 步的处理事务，那么刚捕获的信息就会丢失。

注意，虽然已执行过的 SQL 语句对于异常原因的有效分析是必不可少的，但是我们并不保留这些 SQL 语句。相反，我们保留实际使用过的参数调用。这种做法是基于该方法的以下特性考虑的：

(1) 正如前一节中已经提到的那样，处理过程中操作器不会改变这些输入表。

(2) 正如 10.4.2 节中所讨论的，MG 操作器可以在编译器模式和解释器模式之间转换。

这暗示着如果我们有已使用的参数调用，我们总能产生与 MG 操作器没有成功执行时所产生的同样的 SQL 语句，然后用现在的输入表中完全相同的数据来执行。换句话说，我们总能重建这一情境，在那里 MG 操作器被执行和毁坏，不用为事故分析而保留大量冗长而复杂的 SQL 语句。为了便于分析，使用以下的 SQL 语句表：

Sequence_No	SQL_Statement

(1) Sequence_No 保存操作器内产生的 SQL 语句的序列号。

(2) SQL_Statement 包含已生成的 SQL 语句。

如果用编译器模式实现 MG 操作器，那么操作器将合成这些 SQL 语句并将它们按顺序写入此表中，否则将用解释器模式来执行 MGO。基于这些日志表，异常原因分析可以按以下工作流程执行。

工作流程 3 (异常原因分析)：

1. 查找活动表中带有异常返回代码 Return_Code 的行。

2. 如果查找到一些异常：

(1) 复制调用的相应内容到 SQL 的执行环境；

(2) 转换这个内容，即将带实际参数的 MG 操作器转换到编译器模式下执行；

(3) 从 SQL 语句表复制 SQL 语句到 SQL 的执行环境；

(4) 依次执行 SQL 语句。用这种方式，将发现导致执行崩溃的原因。

12.1.2.3 缺陷处理

假设已经识别了异常或崩溃的原因。必须有效地控制这种情况，以便即使在相关 MG 操作器没有被立即修复的情况下，周期更新也能正确和及时地完成，这将是一个挑战。

如果异常或崩溃原因在于数据，那么校正数据并再次执行 MG 操作器。如果异常或崩溃原因在于程序，那么不得不修改 MG 操作器。然而，由于可能会同时影响成百上千个表的更新，所以 MG 操作器不能像通常的程序那样在没有进行全面测试的情况下就立即修改。原则上，我们按以下工作流程来处理这些情况。

工作流程 4 (缺陷处理)：

1. 如上面的工作流程 3 (异常原因分析) 所描述的一样，在编译器模式下，用相关 MG 操作器生成 SQL 语句。

2. 修复这个错误的 SQL 语句，以便相关输出表的更新可以用这些生成的 SQL 语句正确地执行。

3. 将依赖关系表中相关行的 Execution_State 值设置为"S"。

4. 从算法 26(进程管理器)的第 3 步开始,继续余下的更新。

5. 下一个周期更新之前:

(1)如果这个缺陷只有局部的影响,那么:

1)将这个已修复的 SQL 语句和相关 MG 操作器生成的所有其他语句一并插入到所谓的特例表(这将在 12.3.4 节中定义)中;

2)关闭计划表中有缺陷的 MG 操作器调用,并在计划表中让 MG 操作器引用刚插入到特例表中的 SQL 语句(如何完成,将在后面的 12.3.4 节中详细描述);

3)将来每一个周期性更新都执行特例表中的这些 SQL 语句,直到下一次常规版本发布为止。在此期间无需采取特别的措施;

4)当新的常规版本投入生产时,不要忘记删除特例表中相应的 SQL 语句并调整计划。

(2)如果被识别的缺陷具有全局意义,那么:

1)如 10.4.2.2 节中所描述的一样,MG 操作器必须立即修复,且要经过彻底而巧妙的测试。

2)必须安排以紧急补丁的方式发布的相关 MG 操作器的修订。

值得强调的是,尽管可能是全局意义上的缺陷,但是如同一个商业软件产品一样,例如:一个办公软件或一个数据库管理系统组件,这种可能性极小。这是因为产品发布之前,每个小型 MG 操作器的理论测试比常规的单独程序测试都更加深入细致。换言之,对于每个周期性更新的测试而言,通用操作器可能针对不同的数据排列组合执行或测试过上千次,而一个单独程序只需一次。

12.1.3 日志管理

如前一节所示,活动表对异常分析是非常有用的。事实上,该表是存放操作日志的关键位置。对于要了解数据仓库自身的整体行为而言,这是一个有价值的数据源。例如,不仅在今天,而且在数据仓库的整个生命周期中,它可以回答下列问题:

1. 平均每个更新周期有多少数据被处理?

2. 在过去的 12 个月中已处理的数据量是如何变化的?

3. 该处理平均需要多少时间？
4. 从数据仓库开始运行其处理时间是如何变化的？
5. 在过去的 12 个月中发生了多少异常？
6. 对于最后一次更新，MG 操作器 X 需要多少时间？
7. 哪个操作器的 SQL 语句需要最长的处理时间？
8. 操作器处理了多少行？

对于可信赖的容量规划、可用性规划、质量保障和性能调整而言，这样的知识是必不可少的。

12.2 数据错误及拒绝处理

通常，在数据仓库的环境中存在两种主要的错误源。一种源于数据仓库程序，那是由于我们自己编程失误导致的程序错误。但在一定程度上我们可以自己修复这些软件中的错误，从而控制这类错误的发生。在前面几节中，我们主要讨论了如何处理这类程序错误。另一种错误源在于数据。这些数据主要产生于第三方，即源应用系统。从这一点上来说，它们不受数据仓库的控制。也就是说，数据仓库接收这些数据时就不得不处理它们，即使这些数据源中的数据有很明显的错误，数据仓库也无法修改数据源。尽管如此，数据仓库能预防性地将错误数据对自身产生的影响降到最低。为此，数据仓库必须了解源数据所遵循的规则。如果出现不同于数据仓库中现有规则的情况，我们就对它做异常处理，即前一节中所讨论的情况。否则，就数据仓库的期望而言，所有的数据问题可以分为两类：

1. 数据不相容。这类问题涉及的相关数据不符合数据仓库对数据的要求。这些问题基本上可以由数据仓库本身自动校正。例如：由于源应用系统自身的特点，或者对未知值的不正确展示造成不同数据类型与其默认值的不相容(不匹配)。

2. 已知数据的错误类型。由于源应用系统端缺少数据类型子系统，所以这类数据问题与实际数据的错误有关。这类问题的特点是我们已经了解了错误的原因，也就是说，并非是前面讨论的数据异常情况。例如：源应用系统没有数据类型系统，可能提供的某一列日期型数据值是像"30-02-2003"这样的数据。所有这类数据错误都能被数据仓储捕获、记录，并交给相关的源应用系统由专人进行更正，正如实践建议 1 中所建议的。

实际上，在 11.3 中介绍的 MG 操作器——过滤清洗器能够顺利处理这两类数据问题，而不需要任何附加措施。

12.3　元数据管理

正如 10.2 节中所示，新范式的信息基础包含两个部分。一部分是域通用知识，已经在前面的章节中详细讨论过。另一部分是元数据或称为特殊对象知识。尽管我们在算法和操作器的描述中偶尔提到元数据，但之前对它并无特别的关注。在本节中，我们将对它做一个近距离的观察。

12.3.1　元数据表总结

首先，我们把上一章定义的 MG 操作器运行所需要的元数据表集中在一起进行观察。

1. 列名表。这通常是一个用于存储表模式的底层数据库管理系统的数据库目录表，如 11.2.2 节中提到的，它有许多列。在我们的环境中以下各列是相关的。

Table	Column	Data_Type	Length	Decimal_Fractional_Digits	Column_No

几乎所有的 MG 操作器都会使用这个元数据表。由于该表由相关数据库管理系统进行管理，因此不需特别地关注该表存储数据的正确性和完整性，只要数据库中相关联的表成功被创建即可。

2. 业务键表。这通常是一个用户自定义的元数据表。这意味着数据仓库工程师们必须对该表进行创建和维护。如 11.3.2 节中提到的，该表具有以下模式：

Table	Business_Key_Column

除了平面文件加载器、编码补偿器和数据抽取器这三个 MG 操作器外，所有在第 11 章中提到的其他 MG 操作器都要使用这个表，而且有时也利用该表来提供主键。

3. 清洗表。这是一个用户自定义的元数据表。如 11.13.2 节中提到的，该表具有以下模式：

Table	Column	Task	Nullable?	Replace_Value	Action

如 11.3 节中介绍的，该表仅被 MG 操作器——过滤清洗器用来进行列数据的清洗。

4. 映射表。这是一个用户自定义的元数据表。如 8.2.3 节中描述的，该表具有以下模式：

Target_Table	Target_Column	Source_Table	Source_Column	Transformation	Selection_Condition

该表仅被 11.7 节中介绍的 MG 操作器——数据处理器使用。

5. 外键表。这是一个用户自定义的元数据表。如 8.3.2 节中描述的，该表具有以下模式：

T_Table	T_Column	Default_Value	Waiting?	S_Table	S_Column	P_Table	P_S_PK_Column	P_T_PK_Column

该表被 11.7 节中介绍的 MG 操作器——数据处理器所使用，同时也被 11.14 节中介绍的几个功能操作器，如 Index_Advisor（索

引顾问)、Statistics_Advisor(统计顾问)和 Schedule_Generator(进度计划生成器)使用。

6. 连接表。这是一个用户自定义的元数据表。如8.2.5 节中描述的,该表具有以下模式:

Left_Table	LT_Alias	LT_Column	Math_Sign	Right_Table	RT_Alias	RT_Column

使用该表的 MG 操作器有:11.7 节中介绍的数据处理器、11.12 节中介绍的维度加载器,同时也被 11.14 节中介绍的几个功能操作器,如 Index_Advisor(索引顾问)、Statistics_Advisor(统计顾问)和 Schedule_Generator(进度计划生成器)使用。为了处理递归关系的层次结构,在表中必须插入如 11.12.2 节中提到的两个别名为 LT_Alias 和 RT_Alias 的附加列。

7. 代码信息表。这是一个用户自定义的元数据表。如8.3.3 节中描述的,该表具有以下模式:

T_Table	T_Column	C_Table	C_Column	Default_Definition

该表仅被 11.11 中介绍的 MG 操作器——编码补偿器所使用。

8. 投影表。这是一个用户自定义的元数据表。如 11.13.2 节中描述的,该表具有以下模式:

Source_Table	Source_Column

该表仅被 11.13 中介绍的 MG 操作器——数据抽取器所使用。

9. 选择表。这是一个用户自定义的元数据表。如 11.13.2 节中描述的,该表具有以下模式:

Source_Table	Selection_Condition

该表仅被 11.13 中介绍的 MG 操作器——数据抽取器所使用。

10. 抽取表。这是一个用户自定义的元数据表。如 11.13.2 节中描述的，该表具有以下模式：

Source_Table	Date	Time	Last_Extracted_Sequence_No

该表仅被 11.13 中介绍的 MG 操作器——数据抽取器所使用。

11. 依赖关系表。这是一个用户自定义的元数据表。但表中的数据由 11.14.3 中描述的通用操作器 Schedule_Generator（计划进度生成器）产生，其模式如下：

Source_Table	Operator	Output_Table	Execution_State

12. 特例表。这是一个用户自定义的元数据表。基本上本书中定义的任何一个操作器都可以使用该表。它的使用随后将在 12.3.4 节中介绍，其模式如下：

Target_Table	Source_Table	Operator	Scope	SQL_Statement	Seq_No

12.3.2 元数据维护

除了列名表，所有元数据表通常都是由用户自定义的。这意味着，这些表的创建和结构修改，以及表中数据的维护，即数据的输入、测试、版本和部署，都完全由数据仓储工程师负责。

此外，一个重要的事实是，MG 操作器完成之后，关于数据仓储构建的整个实现工作大多将陷入元数据的维护中。因此，保持完美的元数据并使其维护是有效和高效的，对数据仓储构建的成功具有重大意义。为此目的，应使用一些简单而巧妙的工具。下面，我们描述一个初级的示例工具，为其赋予必要的思想并讨论一些主要问题。

12.3.2.1 输入

对前一节所列的用户自定义的元数据表而言，有一个由工具支持的专用页面。我们将它作为映射表页面的一个例子。原则上，页面本身与映射表有相同的模式。然而，页面具有一些"智能"。

当点击页面上加入新映射的按钮时，页面上将显示一个空白的映射表。当目标表的名称被输入到该表第一行的 Target_Table 字段中时，目标表的所有列将自动显示在页面上，并按前一节中描述的列名表给出的 Column_No 顺序显示。实际上，所有这些列的信息通过工具从列表中自动地获取。当感兴趣的源表名称进入页面上映射表第一行的字段 Source_Table 后，如果操作者把光标置于页面上该表的任何相关行的字段 Source_Column 上，那么这个源表的所有列名将显示出来，供操作者选择。当光标停留在任何相关行的 Transformation 字段上时，一个标记和 SQL 函数的列表将显示出来，以便供操作者选择。当然，对于这个列表和字段 Selection_Condition 而言，手工输入也是可以的。

这种"智能化"的主要意图在于尽可能地避免手工输入，以便达到数据错误的最小化和生产效率的最大化。

12.3.2.2 测试

任何手工输入都可能导致数据错误。即使是选择操作，输入错误也不能完全排除。因此，对输入数据的严格测试是必不可少的。在这种环境下，实际上我们认为相关的 MG 操作器是元数据测试最有效的方法。

当一个映射的输入完成后，页面上的测试按钮就可以点击了。这个动作触发映射数据被写入一个开发的映射表。然后，相应的源表和目标表作为其各自的输入和输出操作数而促发 MG 操作器中数据处理器的调用。现在 MG 操作器以编译器模式在开发映射表上运行，以便生成相应的 SQL 语句并将其写入 12.1.2.2 节中所介绍的 SQL 语句表中。

在一种 SQL 执行环境中，这些 SQL 语句可以从开发的 SQL 语句表中获取并通过观察进行大致的检查。然后，在相同的或另一种 SQL 执行环境中，按照给定的顺序依次手动执行。如果输入时出现任何错误，例如：一个错误的列名或一个错误的 SQL 函数，操作者会立刻注意到，因为原则上这次执行的崩溃是不可避免的。如果源表中已经有了一些数据，测试将会更加有效。

页面上已识别的错误被修改之后，操作者可以再次重复以上的测试过程直到所有生成的 SQL 语句都能被完美地执行。事实上，在生产环境和解释器模式下通过 MG 操作器产生的 SQL 语句，将会在分别整合后立即执行。只要元数据和域通用知识，即相关的 MG 操作器没有被修改，那么将来它们将保持不变，且被一次又一次无变化地执行。总之，对于生产而言，现在输入的元数据是完美且明确的。注意，被更正的数据在写入到开发映射表之前，相关的旧数据必须被完全删除。

12.3.2.3 版本管理和部署

如果新的或更正过的元数据已经通过了严格的测试且被认为是完美和明确的，那么它们就可以被登记到版本管理系统了。为了这个目的，这个工具为选择相关元数据提供了一个专用页面。该版本管理系统为相关元数据分配一个版本号，在登记(注册)之后，就不能再修改。每一项改变都必须在它们的副本上完成，这可以通过版本管理系统中一个指定的查证功能来完成。有变化的元数据被查出后将写入相应的开发元数据表中。

在一个给定的构建发布的部署日，相关的元数据从版本管理系统中被查出并填入到生产系统的相关元数据表中。对于此操作，这个工具也提供了一个专门的页面。此后，基于这些已更新的元数据执行这个具有生产力的 MG 操作器。有两点值得注意：

1. 在当前元数据被填入生产元数据表之前，表中已有的相关元数据必须被完全删除。

2. 运行在开发系统和生产系统上的 MG 操作器必须是一致的。

图 12.1 给出了以上描述操作的一个概览图。

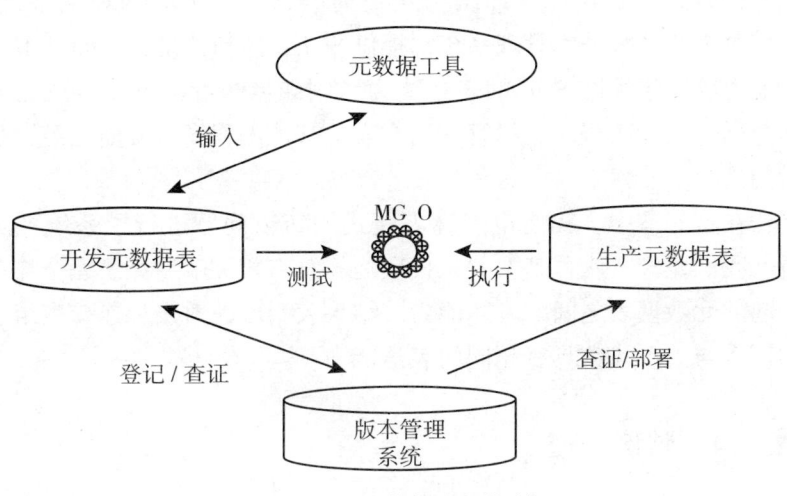

图 12.1　元数据流和控制

12.3.3　元数据语言的表达力

　　在 10.4.1 节中，我们曾指出在本书中介绍的 MG 操作器实质上是一种声明性、表格式 IT 语言的、有特定目的的解释程序。这里提到的语言只不过是在 12.3.1 节中收集的元数据表而已。这个元数据语言的语法是通过包含所有列的元数据表的模式来定义的。实际上，元数据本身就是这个语言中的语句，这些语句的语义是通过 MG 操作器、采用 SQL 语句的形式发布的，其中 MG 操作器是这种语言的解释程序。反过来，SQL 语句可以由相关数据库管理系统来执行，以便语句的语义可以被毫不含糊地具体化。注意，这个语言可以有多种解释程序。这意味着这个语言的相同句子可以有多种解释或语义，这完全取决于这个解释程序或所应用的 MG 操作器。

　　一种语言在语言方面最重要的就是它的表达能力。哪些事实或场景可以由这种语言明确地表达或描述，即运用这种语言的给定语法，而哪些不能由这种语言明确地表达或描述，这是一个问题。

在8.2.4节中，我们回顾了关系代数的6个基本运算符。我们提到代数是一种语言，即结构化查询语言，是SQL的理论基础。目前每个关系数据库管理系统都提供SQL。换句话说，它的基本表达能力等同于标准SQL的表达能力。例如：两者都不能表达需要一个循环处理的程序，尽管它们在表达其他编程场景方面是足够强大的。

在这一节中，我们也围绕表模式的转换问题进行了系统的分析。我们比较了六种基本关系代数运算符与相关解释算法完全连在一起的元数据表之间的表达能力。结果表明由映射表和连接表组成的语言与关系代数具有相同的表达能力。

12.3.4 特例处理

尽管我们的元数据语言在理论上是十分强大的，但试图专门用这种语言明确地表达数据仓储实践中的每个编程场景并不总是一个好主意。对非标准或非一般情况的处理可能需要一些特别的SQL语句。这些SQL语句是复杂的，但又未必需要如此复杂。虽然理论上这些SQL语句也可以转换成我们的元数据语言，但是实践中这些结果可能用起来并不方便。当运行时，它们可能难以理解或效率很低。为了处理这些特例，我们利用了一个"用户出口(user exit)"机制。这个机制基于下面的特例表(special case table)，如12.3.1节中所列出的：

Target_Table	Source_Table	Operator	Scope	SQL_Statement	Seq_No

假设操作器(Operator)被用于处理目标表(Target_Table)，使用的数据来自源表(Source_Table)。再进一步假设这个处理是按Seq_No定义的次序由 n 个SQL语句来实现的。对于这 n 个SQL语句中的每一个语句都有一个存储在该元数据表中的对应行。Scope列表明这个特例的范围是"局部的"还是"全局的"。当操作器被调用且

参与一个特例处理时,它将读取所有相关的行,或者更准确地说,来自特例表的 SQL 语句,并根据各自的 Seq_No 顺序执行它们。如果范围是"全局的",那么最后获取的 SQL 语句一旦执行完成,整个处理过程就完成了。否则,若范围是"局部的",则目前已处理的仅仅是主要处理的一个预处理部分。也就是说,获取的 SQL 语句执行完成后,正常处理才开始。

这是一个务实、方便和非常强大的机制。这里有一些注意事项:

1. SQL_Statement 列不仅仅包含纯粹的 SQL 语句。例如:如果给定的执行环境允许,它还可以支持存储过程或数据库宏命令的调用。用这种方法,将使整个机制的表达能力大幅增长。

2. 该机制被完全和无缝地嵌入到进程管理和异常处理的环境中。关于这方面,并不区分所讨论的 SQL 语句是正常构造的还是专门存储的。因此使用该机制不需要对异常情况进行特殊的处理。

3. 正如 12.1.2.3 节中所描述的,对于错误程序的缺陷处理,该机制也是非常方便和有效的。

4. 虽然这是一件好事,但是它应该仅被看做一个紧急出口,并对其使用应保持在最低限度。否则,我们可能一不小心就滑进如同 1.6.1 节中所描述的数据仓储构建的老路。事实上,在大多数情况下,没有必要考虑它,尤其是当一个好的体系结构设计准备就绪之时。如果事实并非如此,那整个设计就可能有麻烦了,此时应该进行设计评审。

最后同样重要的是,记住努力的主要目标。也就是说,整体上减少进入市场的成本和时间。这是对为达到目标而选用的方法正确与否的最终测量。教条的纯度很好,但实用的方便性可能是令人欣慰的。

第13章 方法论与经济学上的分析

13.1 V-模型

假设数据仓库准备就绪。为了满足新的业务需求，必须用新的数据源来扩展它。在每个数据仓库的生命周期中，这都是很常见的。为了实现这些扩展，通常需要制定一个项目规划。为了确保项目的经济性，即，在预算内、及时、高质量地完成规划，可靠的执行方法是必不可少的。为扩展数据仓库用得最多的方法就是所谓的V-模型①。

如图 13.1 所示，在该模型中，扩展数据仓库有以下步骤：

1. 组织的业务单位从日常运营活动中识别出新的信息需求。业务分析师将这些业务需求分析与合并，然后将结果交给数据仓储端的方案设计师。

2. 为了满足业务需求，方案设计师与业务分析师一起制定解决方案。

3. 根据该解决方案，拟定的详细说明书至少包括以下两部分：

（1）每个相关表或每组关联紧密的表的更新程序的具体说明和描述。

（2）每个表更新的映射和转换。

4. 按照详细说明书的要求，分别编写对应的程序代码。

---

① 关于 V-Model 的更多信息，可以参见 http://en.wikipedia.org/wiki/V-Model。

第 13 章 方法论与经济学上的分析

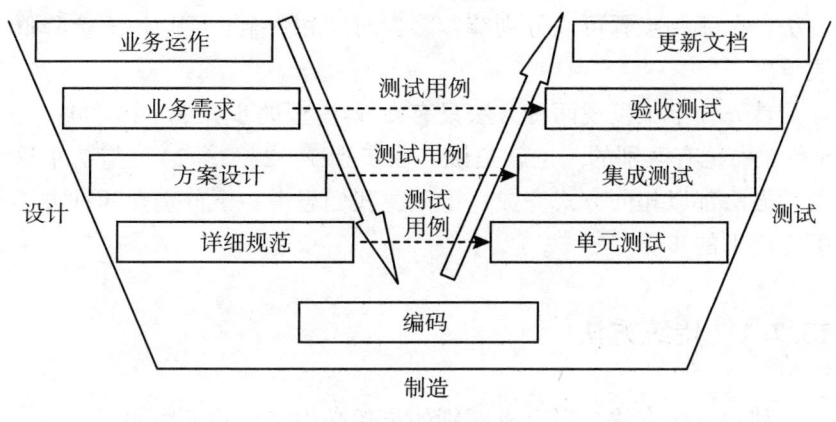

图 13.1 V-模型

5. 然后,根据详细说明书中先前定义的测试实例,这些程序必须通过单元测试。测试的目的是为了确保程序实现的需求功能是正确和完全的,并且在任何环境下都是稳定的。

6. 修改后的新程序必须通过集成测试。这意味着,系统中的所有程序,包括所有存在的程序都会被组装在一起,针对解决方案中预先定义的测试实例进行测试。其测试目的是为了发现程序接口以及单元接口间的错误。

7. 所有相关的数据、终端用户的接口以及效能表现等,都要依据在业务需求中预先定义的测试实例进行验收测试。该测试的目的很简单,只要接收软件的业务运营单位认可或合同认定完成就可以了。

8. 在整个处理过程中,"业务需求"、"解决方案"与"详细说明书"等文档要随着内容的变化进行更新。

13.2 两种方法的经济比较

基于 V-模型,本节我们将研究 MGO 方法相比于传统方法在扩展数据仓库方面的经济影响。也就是说，我们将计算出，利用新的方法，在哪些步骤可以分别节省多少时间和资金，而且还不会降低质量。

首先，不难发现两种方法只有在 V-模型的步骤 3.(1)、4、5、6 和 8 中是有区别的。也就是说，在步骤 1、2、3.(2)、与 7 中这两种方法都以相同方式完成。下面，我们思考一下分别在两种方法下有区别的步骤。

13.2.1 传统方法

利用传统方法，以上有区别的步骤必须完成的工作如下：

1. 步骤 3.(1)（详细说明书）。对于每个相关的目标表或与每一组关联紧密的目标表，其更新程序和应用算法必须认真描述和说明。在整个过程中，这通常是代价最昂贵的步骤之一。

2. 步骤 4（编码）。对于每个相关的目标表，各自的更新程序被编码、开发、执行或"建模"。为了节省时间与精力，需要非常频繁地应用操作链"复制—粘贴—搜索—替换—调整—验证"。然而，不能保证所选择和复制的模型程序总是最好的。在这一步中，偶尔会做一些粗略的测试以便查看程序的基本运行能力，而且在进入下一步程序之前可以排除一些严重的错误。这里有三项挑战需要提一下：

（1）必须选择一个恰当的模型程序，并能正确地理解它。这并不总是一项简单的任务。

（2）必须要毫无遗漏地调整拷贝程序的每个边角部分，并且大范围地合理地对这些程序进行补充。

（3）从质量的角度来说，编写全新的程序要比对一个现有的程序进行"复制—粘贴—搜索—替换—调整—验证"要好得多。然而，人类却经常放弃编写全新程序。结果就是程序变得越来越奇怪。

3. 步骤 5（单元测试）：在这一步，要确认"详细说明书"中规定和要求的所有功能都能完全且正确地执行，并且程序是稳定的。此外，还必须保证所有的标准和质量要求都是因此而满足的。实际上，程序在被测试之前，通常都经过了其他同行的检查，因此，在整个数据仓储中，像标准、协议、布局等质量和要求方面是一定符合要求的。此后，程序的测试是关于指定程序、算法、技术、映射和转换的执行情况的测试。

为了确保所有的因素都被考虑在内并且程序能够按期望的那样运行，如果没有可用的真实的测试数据，就必须要构建一些测试数据。原则上，构造测试数据是一项非常具有挑战性，因而也是代价很高的工作，因为，测试数据的设计人员必须考虑到所有可能的场景以便程序能够被彻底地检查到。不幸的是，在许多实例中，测试数据由测试人员自己构造已成为一种必然，这主要由于以下因素造成：

(1) 由数据源提供的恰好可用的测试数据，但不能保证会包含所有可能的情况。

(2) 在单元测试开始时，由数据源提供的测试数据根本是不可用的。

这一步和第 4 步是整个过程中花费最贵的。

4. 步骤 6(集成测试)：数据仓储的周期更新，在一天里会发生一次或多次。每次执行更新之后，要检查是否出现不同种类的错误。为了这一步骤，必须进行多次运行以确保所有组件能够与所有可能的数据排列组合在一起正确地工作，并且满足所有指定的行为需求。

5. 步骤 8(更新文档)：在整个过程中，像"业务需求"、"解决方案"、"详细说明书"之类的设计文档的内容发生变化是很正常的。理论上，当设计发生变化时，相关文档应该被立刻更新。然而，实际上，文档的及时更新在大多数案例中都是一件令人烦恼的事情。如果没什么特别的情况发生，我们通常会发现"详细说明书"与有效程序的当前状态并没有太多共同之处。对这种情况的典型辩解就是，没有时间、没有预算等。所以，一段时间之后，因为没有文档值得信任，整个程序或数据仓储被认为实际上根本是没有记录的。

13.2.2　MGO 方法

在下面的讨论中，我们假设有关 MG 操作器已准备就绪。必要的初始化工作分析会在后面 13.4 节中给出。与传统方法相比较，在前一节中调查的相应步骤使用 MGO 方法处理如下：

1. 步骤 3.(1)(详细说明书)：在典型的数据仓储环境中，几乎所有的更新过程和运算都是由所选择的体系结构决定的。如果一般的体系结构设计已经确定，那么更新过程和算法都是非常类似或几乎相同的。这些实际代表的就是所谓的域通用知识。如 10.2 节中所述，利用 MGO 方法将其封装在 MG 操作器中。由于初始化工作的结果，相关联的 MG 操作器被假设已经准备就绪，这样就不需要更多的规范和类似说明了。换句话说，在这一步中几乎没有什么事情要做。

2. 步骤 4(编码)。不再需要传统方法中的编码、开发、执行或"建模"。搜索"模型程序"与"复制—粘贴—搜索—替换—调整—验证"的练习已经过时了。需要完成的任务只是简单地录入和测试元数据，就如 12.3.2 节中所述，可能会用一种智能的工具。

3. 步骤 5(单元测试)。既然对 MG 操作器已经确保可以满足步骤和算法的具体要求，那么同行审查或构造测试数据就都没有必要了。要完成的任务很简单：

(1)带或不带测试数据去运行生成的 SQL 语句，以此来确保所有语句在语法上是正确的。

(2)检查生成的 SQL 语句以确保元数据指定的所有需求，如默认值、SQL 的功能等，能被正确地处理。产生这一类错误的原因多数是在于元数据。这项任务非常容易完成，因为所有生成的 SQL 语句拥有相同的结构、布局和规律。

4. 步骤 6(集成测试)。许多错误之所以不能在单元测试中发现而可以在集成测试中发现，是因为存在代码错误。利用 MGO 方法，软件的质量，即生成的 SQL 语句也会有大幅提升。质量改进

的效果我们预计如下:

(1)可以显著地减少出现错误的数量,因此,测试的时间和精力也可以得到相对的降低。

(2)在相同的时间里能够完成更多的测试,即,实现数据仓储的更新。因此,在既不危害任何软件质量的情况下,又可以极大地缩短进行逻辑测试的总体时间。

5. 步骤 8(更新文档)。一般而言,MG 操作器的文档几乎不会发生变化。目前产品中定义的映射,同时也会被当做非常好的技术文档。因此,在理论上,几乎没有必要再更新技术文档。按照这种方式,"详细说明书"可以容易地保持最新的和精确的。

根据我们的经验,IT 部分每个项目步骤的时间/费用的数量比例可以用图 13.2 来加以说明,其具体细节将于 14.1 节中介绍。

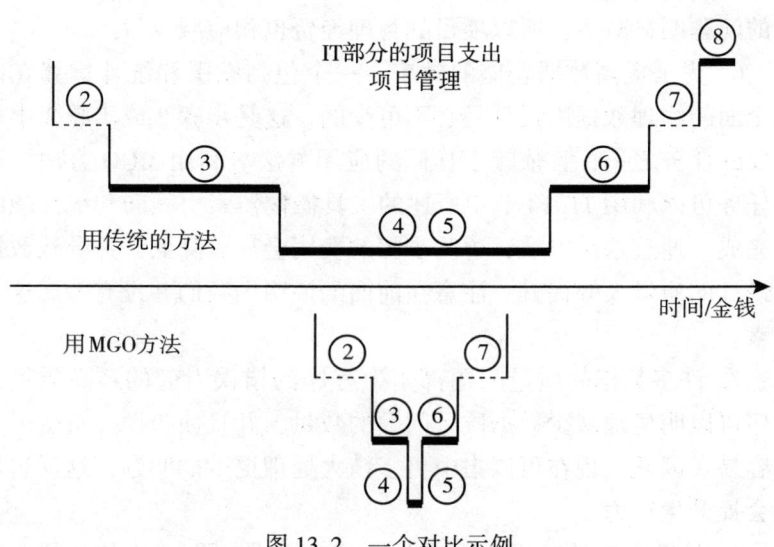

图 13.2 一个对比示例

这里是关于图表的一些解释:

1. V-模型的第 1 步,即业务需求的识别没有进行比较,其原因是:

(1)这不属于 IT 部分;

(2) 这项经费依赖于每个独立组织机构的具体运行环境；

(3) 无论采用哪种方法，都不会影响后续项目步骤的费用。

2. 在两种方法中，步骤2(方案设计)和步骤7(验收测试)的费用是一样的，因为在这两步中采用的方法是一致的而且是无关联的。因此，都用虚线来说明。

3. 步骤3(详细说明书)中利用MGO方法可以极大地减少费用的另一个原因就是，在步骤2数据建模阶段源列与目标列间的映射大多数已经确定，可能使用在13.3.2节中描述的元数据工具来进行映射。在第3步，利用每一列的转换信息很容易地得到了映射。

4. 实际上，第8步(更新文档)由于以上原因并没有什么花费。因此，在MGO方法中没有该项费用说明。

5. 因为整个项目持续时间大幅缩短，被发现的错误数量和遇到的问题明显减少，所以项目的管理经费也相应减少了。

6. 为了提高数据仓储的效率，一个包括索引和统计运算在内的全面的物理数据库设计是必不可少的。这是步骤2或步骤3中最重要的任务之一，且依赖于具体的应用方法。利用MGO方法，这项任务可以利用11.14节中所述的工具操作器索引顾问和统计顾问来完成。通过这种方法，这些步骤的费用会显著降低，并导致数据库设计的质量大幅提升。注意在前面的说明中我们并没有考虑这个因素。

7. 许多数据的质量问题都是由程序的错误引起的。高质量的程序可以明显地减少数据质量问题的数量，并且使错误分析变得相当容易。因此，现在可以集中更多精力处理更少的问题，这反过来又会提升生产力。

8. 传统方法的费用曲线底部很宽，尤其是图13.2的步骤4和步骤5，我们称为U形。相反，MGO方法的费用曲线称为V形，因为这两步中几乎不花费时间和成本。如果项目经费曲线呈现L形，则应尽早终止该项目，因为项目设计已经陷入僵局。有趣的是，这些形式也被用来描绘经济危机的发展。

13.3 效率分析

在计算机科学中,如果考虑的问题要用最有效的算法来解决,我们通常会用术语"问题复杂度"来表示其可能的成本。问题越复杂,使用算法解决这个问题的成本就越高。这里,我们最感兴趣的是算法所需要的时间和存储空间。从相反的观点看,为了比较解决问题时不同算法的执行效率,我们可以通过研究算法所需要的时间和存储空间来实现。

构建一种机制,使用相应的源表中的数据来更新数据仓储中的目标表,这也是一个问题。我们感兴趣的不仅是上述经典理论中提到的执行更新操作所需的时间和存储空间,还要特别关注费用,即时间和费用,也就是由采用给定的构建方法而引发的相关程序的构建费用。也就是说,我们目前关注不同创建方法的创建效率。

请记住这一点,我们将继续实际上在前一节中已经开始提到的构建效率或较保守的费用的分析,或更详细一点,即从单一目标表的更新这一层开始。

事实上,传统方法中决定构建效率的因素至少如下:

1. 目标表中有代理键吗?
2. 目标表中有外键吗?必须保证参照完整性吗?
3. 除了代理键和外键是否还需要额外的连接?
4. 涉及哪种历史化或归档的类型?
5. 如何处理错误拒绝?
6. 如何进行数据质量处理?
7. 在目标表中是否可能包含重叠?
8. 在数据仓储中,如果行的父记录还不可用,是否要求这些行必须等待?
9. 是否有必要清洗源数据?
10. 是否需要进行源数据过滤?
11. 目标表有多种语言吗?

12. 源数据行是否涉及多个目标行的更新？
13. 目标表的更新是否需要多个源表？
14. 源表是否涉及多个目标表的更新？
15. 目标表的更新是否需要多个源应用系统？
16. 是否需要进行变化量识别？
17. 是否包含一些非规范逻辑？
18. 是否包含一些嵌套处理？

从 MGO 的角度来看，在有关费用或效益评估方面，我们现在已经有了一个全新的、质的飞跃。即，只要有关的 MG 操作器准备就绪，构建效率就只由相关的元数据来确定了。这是因为一个最重要的事实，即，以上列出的传统方法的主要费用因素的处理已由域通用知识完成。简而言之，它在 MG 操作器中已被编码实现了，而且最重要的是，一次编码，终身使用。因此就不必再考虑增加费用了。

基于这样的事实，利用 MGO 方法可以构建目标表的更新机制，我们对机制的复杂度，或相关费用分类如下：

1. 简单更新，如果更新不涉及两个以上的用户定义的元数据表；

2. 中等难度更新，如果更新不涉及三个以上的用户定义的元数据表；

3. 复杂更新，如果更新不涉及四个以上的用户定义的元数据表；

4. 非常复杂的更新，如果更新涉及四个以上的用户定义的元数据表。

换句话说，MGO 方法的构建费用是由构建过程中包含的元数据表的数量决定的。我们应该注意到，不同的方法在衡量各自的效率时有着本质上的不同。一个因素对于某个方法来说可能是极具挑战性和高成本的，而对于另一种方法来说仅仅是一般的因素。例如，如果用传统方法来构建和最终测试目标表的等待机制，可能需要几个工作日才能完成；然而，如果是用 MGO 方法，只是动动手指、一瞬间的事情罢了。正如上述提及的，这是因为该机制一般已

第13章 方法论与经济学上的分析

被相关的 MG 操作器实现了,并被应用于每个需要的目标表中。对于上述列出的所有因素来说,此原则是有效的。最后值得一提的是,在大多数案例中,即使是利用 MGO 方法进行"非常复杂"的更新操作也比传统方法的简单更新要简单得多。

可能大家注意到,以上推出的两个评估系统是互不兼容的。其不兼容的原因在于它们被分别定义在两个不同范式的系统里。就如由托马斯·塞缪尔·库恩所描述的,在两个不同的范式中,事物无法进行有意义的比较。不过实践提供了一个有效的办法来解决这个难题,即,在构建同等质量的相同机制的情况下,测量其实际所需要的时间和费用。

经过如此详细深入的分析之后,应该可以解释与传统方法相比较,为什么利用 MGO 方法构建数据仓储能够节约这么多的时间和费用了,正如在前面的章节中反复说明的一样。

概念练习 15:

上面第三段中从斜体表述的"最后……方法"一直到最后一段,其写作风格有意表述不严密。请用这一节中介绍的术语进行确切地阐述。

13.4 启用 MGO

从心理学角度来说,"万事开头难"。如果我们不知道如何做,那的确是很难。但是,如下所示,MGO 的初始化并没有所谓的"开头难"。

总的来说,今天我们主要面临两种启动环境。第一种情况,组织机构到现在为止没有构建任何的数据仓储。尽管现今这种情况并不是非常具有代表性,但这是最好的情况,因为如果一切从头开始,可以省去许多非技术的工作。在这种情况下,如果某组织决定应用 MGO 方法构建数据仓储,可以按以下给出的方法开始。

工作流程 5(从头开始初始化):

1. 理解组织机构的业务;

2. 收集并分析其信息需求；

3. 设计逻辑数据模型，使其应包含最初收集的信息需求；

4. 将逻辑数据模型转换为相应的物理数据模型；

5. 阅读本书，并理解其基本思想；

6. 研究第一篇给出的参考体系结构，并为未来的数据仓库选择相关组件；

7. 研究第二篇中所述的相关算法，并做完相应的练习；

8. 采用第三篇中相应的建议，设计相关的 MG 操作器；

9. 认真地实现这些操作器，并进行完全地测试；

10. 搭建如第四篇中描述的运行环境；

11. 基于数据源和目标物理数据模型，输入并测试元数据；

12. 执行验收测试；

13. 转入生产。

在大多数情况下，我们面临的是第二种情况。即，数年前组织中就已经建立了数据仓库。根据现有的数据仓库的状态，引入 MGO 方法取代传统方法，或多或少都需要一些非技术的工作。虽然这与组织中数据仓库的构建能否最终成功息息相关，但是原则上这并不是本书的主要内容。对于这种情况，应该按照以下步骤来进行操作。

工作流程 6（通过替换的初始化）：

1. 阅读本书，并理解基本思想；

2. 研究第一篇的参考体系结构，与现有的数据仓库进行比较；

3. 研究第二篇的相关算法，并做完相应的练习；

4. 采用第三篇中相应的建议，设计相关的 MG 操作器；

5. 认真地实现这些操作器，并进行全面的测试；

6. 搭建如第四篇描述的运行环境，与现有的数据仓库并行运行；

7. 选择一个已被数据仓库覆盖的主题区，输入并测试元数据，以此来更新该主题区的目标表，该区存于系统文档中；

8. 在两种环境下并行运行数据仓库，一个使用原有方法，另一个使用 MGO 方法，在每一个更新周期比较更新的结果；

9. 如果 MGO 方法运行效果好，就用 MGO 方法取代原有方法的相关部分；

10. 重复执行步骤 7 到步骤 9，直到所有的主题区都被 MGO 方法成功取代为止。

整个项目能否成功最具决定性的工作是以上的前六步。此后，体系结构被确定了，MG 操作器也被实现并测试，运行环境也搭建完成。实际上，这部分工作的成本也不像想象的那么高。我们在这方面的经验将会在后面的 14.1.2 节中详细介绍。

概念练习 16：

为什么在工作流程 6（通过替换的初始化）中不需要验收测试？

13.5 从旧系统过渡到新系统

如果现有的数据仓储没有使用代理键，工作流程 6（通过替换的初始化）的执行相对简单一些。如果不是这种情况，在我们开始进入 MGO 世界之前还要处理一个小问题。

代理键是由系统特定程序、生成器生成的唯一的编号，分布在相关的表数据中。现有系统有一组这样的生成器，而 MGO 系统可能有另一组，就如 11.6 节中所描述的一样。如果底层系统被替换，其生成器也必须被替换。在许多情况下，由一组生成器生成的代理键与另外一组生成器生成的代理键是不相容的。也就是说，当现有系统的生成器或给数据分配的代理键没有被完全替换时，一组生成器不能被另一组生成器取代。这种替换意味着巨大的工作量。因此，首先应该检查已经生成的代理键能否被替换：

1. 已经存在的生成器是如何定义的？它们生成的代理键是递增还是递减的？已经存在的算法是如何运行的？

2. 已经生成的代理键在定义的数字域中是如何分布的？

总之，需检查是否有可以利用的东西。例如，如果已存在的生成器被定义为递增地生成唯一的编号，且已有的代理键只放在数字定义域的最小分区上，则新的生成器就能够从当前已生成的最大的代理键开始，递增地生成新的唯一的编号，这样就不会与已有的编号相冲突。如果经过上述检查之后没有特殊情况，那么应用下面的工作流程7，就可以将主题区旧的代理键转换成新的代理键了。

工作流程7(代理键转换)：

1. 对每个主题区做如下操作：

(1)识别已选定的主题区的相关表集合，每个这样的表集由以下内容组成：

1)用代理键作为主键的目标表 P；

2)所有用代理键作为外键且参照了表 P 的目标表；

3)针对表 P 的所有相关的键映射表。

(2)备份所有表的集合；

(3)执行多次测试，并保留测试结果，例如，与其他表有或没有连接的行的数目，数值列的汇总等，这样，它们可以和转换后的相应的结果进行对比；

(4)用简洁的结构化方法为相关的目标表建立新的键映射表：

1)业务键列；

2)代理键；

3)如果生成代理键时涉及多个键映射表，那么需要定义数字区间。

(5)将原有键映射表中业务键列的值加载到新的键映射表，以便为新的键映射表生成新的代理键；

(6)为相关的目标表 P 建立一个由两列组成的工作表，一列是新的代理键，另一列是旧的代理键，该表用来交换两个代理键；

(7)连接两个相应的键映射表，即旧的和新的键映射表，通过联合各自的业务键列，得到相应的代理键对，并将其插入到上面的工作表中；

(8)用工作表中的新代理键取代相关目标表的旧代理键，包括参考目标表中旧的代理键；

(9)删除旧的键映射表；

(10)如果需要，参照旧表重新为新的键映射表命名；

(11)按照步骤1.(3)执行相同的测试；

(12) 比较步骤1.(3)和步骤1.(11)的测试结果；

(13) 调整现有进程管理的元数据：

1) 删除现有进程中相关的部分元数据；

2) 将MGO部分插入到元数据。

2. 如果一切正常，就备份整个系统。否则，就更正错误；

3. 与所有相关同事和赞助商一起庆祝这个新世界的诞生；

4. 第二天就可以体验新世界的新生活了。

第 14 章 结 束 语

14.1 一个真实世界的案例

在枯燥的理论沙漠里经过关于新方法的长篇阐述旅行之后,我们应对其在实践绿洲中的真实效用更感兴趣。下面,我们来介绍一个 MGO 方法应用的真实案例。

14.1.1 前映像

我们要讨论的数据仓储的体系结构与本书第一部分描述的非常相似,由以下三个目标数据区组成:

1. 中央存储区。该区基于高度规范化的物理数据模型,由包含 400 个代码表在内的大约 800 个目标表组成。大约涉及 20 个源应用系统。相当一部分目标表已经被双时维历史化或归档。更新机制是通过运用数据仓储工具市场上公认的最好工具所构建,大约由 4000 个所谓的作业组成。每个工作日数据仓储都会得以更新。

2. 效能强化区。该区基于星形模式,大约由 20 个事实表和 30 个维度表组成。出于效能方面考虑,所有这些表都用纯 SQL 语句进行更新。这些语句由一个自制的复杂的脚本生成器所产生。

3. 使用数据区。该区大量的多维数据集(立方体)和表构成分析和报告的基础。由于该区域不是问题的核心,所以我们在下面讨论中不再做进一步的考虑。

为了构建此数据仓储,需设立一个重大项目,其特征可以通过

第 14 章 结 束 语

以下指标来表示：

1. 涉及全世界知名的两家咨询公司。
2. 数据仓库赞助者在专业咨询公司提供的服务上花费了大量资金。
3. 该项目持续了大约 5 年。
4. 项目赞助者总结其满意度如下：

(1) 项目持续时间比预期长；

(2) 项目花费比预期多；

(3) 项目取得的结果比预期少。

下面，我们来看看项目所产生的中央存储区的具体特征，并且做一个简短的原因分析以便更好的理解这一结果。

1. 高复杂性和低劣的软件质量。对于这样一个持续时间长、缺乏所需的项目管理经验以及生成的软件，特别是更新机制极其复杂而质量差，且具有挑战性的项目来说，以下是产生这种状态的具体因素：

(1) 在过去的 5 年里的不同时期，大量的开发者开发了 4000 多个工作程序：

1) 他们的思维方式和习惯不同。

2) 他们掌握数据仓库工具的水平不同。

3) 他们熟悉关系数据库技术，尤其是 SQL 的程度不同。

4) 没有一致的标准模型可遵循（总是有新的东西出现）。

5) 因此，各种指导原则、约定和标准并不总是能够得以遵守。

6) 对开发者的指导能力和控制力薄弱。

(2) 构建体系结构问题具有挑战性：

1) 复杂的目标数据模型。

2) 双时维的历史化和归档。

3) 参照完整性的复杂处理。

4) 复杂的错误拒绝处理。

5) 复杂的源数据。

6) 具有多样化特征的大量源应用系统。

2. 低劣的可理解性。不仅软件的复杂性，文档的情况也极大地降低了软件的可理解性。虽然有成千上万种关于系统的昂贵的文档，但事实上，在它们当中几乎没有一个是准确、最新的。对文档的操作视乎是按照以下方式进行的：

(1) 虽然开发者会阅读设计人员编写的原始设计说明书，但他们在开发过程中并不总是遵守这些规范。这是因为，例如，设计人员不被视为一个有说服力的、值得听从的高级开发人员。

(2) 在实施阶段对原始文档的修改和调整，基本没有在设计说明书中进行相应的更新。

(3) 在不同时期由不同的设计人员来编写设计说明书，有着与上面提到的软件开发类似的问题。

(4) 有的程序甚至根本就没有任何文档。

(5) 当今的数据仓库工具没有提供一种有效的手段来获得当前的元数据，例如，利用其他独立的工具以可读的形式来获得映射关系。

这种复杂性和不可理解性的后果就是，在该组织中没有任何一个人敢于声称他已经知道并了解该领域中的一切。

3. 低劣的可扩展性。我们简单地认为在现有的目标表中新增一列，或在中央存储区中增加一个单一的目标表所需要的"平均人数/天数"来衡量机制的可扩展性。该机制具有以下特点：

(1) 为现有的目标表添加一个单一的列需要 4~5 人/天。

(2) 在中央存储区中增加一个平均目标表需要 15 人/天。

上述的复杂性和不可理解性与此问题的可扩展性直接相关。

4. 低劣的效能。更新机制效率低下会影响同组织机构日常业务息息相关的数据仓库的可用性。以下数字可以帮助我们具体了解此数据仓库的运行情况：

(1) 数据仓库平均每天从数据源接收大约 1.5GB 的原始数据。实际上这数据量相对来说并不大。

(2) 中央存储区每日更新的平均持续时间大约为 2 小时。

(3) 平台系统有能力从源表中读取这些原始数据，并将其用纯 SQL 语句在 10 秒钟内不进行任何转换直接写入另一个表。这就是平台系统所谓的原动力，即在执行最简单的操作时测量到的效能表现。

（4）如果这个任务用现有的数据仓库工具来完成，将需要 5~10 分钟，即大约慢 30~60 倍。

（5）如果操作中涉及多个表的连接，那么效能上的差异会更大。

5. 不当的工具及其后果。产生这种低效能的原因当然是由于使用了数据仓库工具。该工具的运行系统完全按照 1.6.2 节中所述的模式对数据进行处理，即用工具辅助的 ETL 新方法。因此，我们不应该对由此带来的严重效能问题感到惊奇。这已很糟糕了。但是由该问题而引起的反应和触发的措施更糟糕。关于这个话题的讨论我们已在 1.6.2 节中给出。最糟糕的事情是当今的情况：

（1）由于大量应用"侧门"技巧以克服效能问题，主要的开发工作根本无法通过这些工具所提供的图形用户界面完成。现在发生的问题就如 1.6.1 节中描述的手工编码所产生的问题一样。因此，在开发工作中是否使用工具并无本质上的区别。由于工具所提供的程序编辑器并非用户友好型的，因此实际情况可能会更糟。这里想进行专业编程几乎是不可能的。实际上的做法如下：使用一些专业的、但是"外来的"程序编辑器来编写程序和脚本。然后，将其在另一个"外来的"执行环境中进行测试。只是在开发结束时，将其复制到数据仓库工具的自带的编辑器中进行再一次测试。值得一提的是，在专业编辑器中编译的程序结构可能会消失在数据仓库工具自带的编辑器中。如果出现什么错误，这项处理必须在数据仓库工具自带的编辑器以外的编辑器上再次重复执行。

（2）由于主要的数据处理工作并非通过 ETL 服务器来执行，也就是说，是通过"侧门"来进行，相关的更新机制就无法受益于对 ETL 服务器进行的、软件或硬件方面的大幅度改进。例如，这工具在此期间已被供应商重新设计、重新构建，并可能如 1.6.3 节中描述的那样以现代方式进行处理。不幸的是，因为无法合理地回答以下问题，我们已再无法从这些基本体系结构的改造中获益：

1）在意识到我们无法从这些改进中获益的情况下，还应该为获得新版工具的许可证而重复支付额外的、大量的费用吗？

2) 如果不愿支付这笔费用，那么我们放弃工具本身的开发路径将意味着什么呢？是否会在数年后失去工具供应商的支持呢？

3) 如果愿意支付这笔费用，那么可以考虑两种方案：

①我们通过彻底消除"侧门"行为来把整个更新机制迁移到工具的新版本中。即，在并不知道实际的结果机制是什么样的情况下，再次投入大笔资金。

②如果不进行迁移，如映射和转换这类重要信息就不能像以前一样，被加载到工具的元数据管理组件中。因此，可理解性将不会得到改善。另外，若不进行迁移，SQL 语句将仍然留在"侧门"中。结果性能的改善仍是一句空话。

(3) 另一方面，别忘了每年必须支付一笔可观的许可证费用，它还真是一项不合算的投资。

总之，系统进入一个令人不安的难以逆转的僵局。

14.1.2 后映像

我们可能注意到，本书介绍的新方法是直接针对数据仓储遇到的所有问题的。采用新方法的结果可以由以下数字来给予说明。

总工作量为 200 人/天，大约分配如下：

1. 构思和设计 100 人/天。
2. 开发 100 人/天。

中央存储区出现的新的更新机制由以下内容组成：

(1) 由大约 4000 行结构良好的代码组成的 12 个 MG 操作器。其中一些已被多年应用于生产；

(2) 10 个由一元数据工具维护的元数据表。

在此过程中，有关系统的数据模型和体系结构保持不变，而前面章节中列出的所有问题都消失了。一个作为概念验证的新的扩展项目体验得到以下改进：

1. 为整合新对象所做的努力。可以观察到整合新对象的效率提升超过 20 倍。

2. 软件的质量。经过 3 年多的运行，未发现任何缺陷。如以上提到的，因代码规模小，它们可以被团队中的每个人背下来。

3. 最终的 SQL 语句的质量。生成的 SQL 语句统一、明确，可以被轻松地阅读和分析。这对开发和错误分析至关重要。

4. 文档质量。文档，尤其是映射关系，总是最新的和准确的。

5. 新手训练的努力。经过 1 天的强化训练，每个人都能做以下工作：

（1）录入和测试元数据（这相当于传统的程序开发）。

（2）检查生成的 SQL 语句。如果有必要，更正相关的元数据。

（3）监控运行过程，并分析运行失败的原因。

这意味着改进效率 20 倍。

6. 效能。可以观察到效能提升超过 10 倍。

7. 维护工作。可以观察到维护工作效率提升超过 50 倍。

8. 可溯源性：可以观察到具有实质性的和全面的改进。

9. 许可证费用：这些都是免费的。

14.2 MGO 特色的总结

新方法最显著的特点应是其紧凑及简洁。而这些都是建立在以集成为宗旨的范式原则，即"永不散发通用知识"，简称 NDGK 的基础之上的。构建数据仓储的 4 个范式基础，即 IAAA 基础，就导致了这个终极原则：

1. I 信息基础；

2. A 抽象基础；

3. A 管理基础；

4. A 体系结构基础。

它们构成了设计 MG 操作器的理论基础。所有这些由图 14.1 进行总结性说明。

从理论上讲，依照弗里德里希·冯·席勒，简单是理解成熟的标志。在工程实践中，这种简单意味着大量时间和费用的节省，因为它几乎影响到我们活动的每个阶段和区域。在数据仓储的环境

图 14.1 MGO 范式的图形总结

下，这些活动至少包括构思、设计、开发、测试、部署、运行、归档、维护、扩展、知识保持、培训等。

14.2.1 MGO 方法的优点

与数据仓储的传统构建方法相比较，MGO 方法有以下优点：

1. 更短的开发时间。MG 操作器可以在很短的时间内得以开发和调整。在原则上此后不再需要传统的、高成本的编程工作了。这里，用新的数据源对数据仓储进行扩展仅意味着元数据的录入和测试。实际上，为了加速开发进度，可以采用多能、用户友好且容易制作的辅助工具。

2. 更短的测试时间。首次生产运行之前，MG 操作器需要进行强化测试。即用数百个表仅针对少量的程序来进行测试。其后通常只测试元数据。注意，元数据的验证相对于程序验证来说要容易得多。此外，使用友好而多能的工具可以使测试工作更容易。最后但同样重要的是，因为软件的质量好而出错率极低，而且由于软件极好的效能使得测试阶段大幅缩短。

3. 更好的软件质量。所有由 MG 操作器构造、生成及执行的 SQL 语句都具有统一的外观、结构、组织、规律、可读性及准确性。它们在进行错误分析时容易被解析。此外，由于所有的 SQL 语句都经过统一专业的优化，从而显示出极高的效能质量。

4. 更低的文档成本。维持少量文档始终处于最新状态容易且低费用。

5. 更高的文档质量。技术说明正是生产配置，而生产配置反过来正是技术文档。

6. 更高的效能。所有的数据处理都运行于功能强大的数据库服务器之上。只有经过专业优化的 SQL 语句才会得以执行。使用基于元数据的功能操作器可以为所有相关表建立统一、系统的索引，并进行统计分析。

7. 维护运行更容易。只需要维护少量的程序，而不是维护由不同层次的不同人员开发的数以千计的程序。功能的增强、更正或改进立即见效于随后的所有执行。由于上述提到的强化测试，相反的情形仅是一个"理论弱点"。对于所有相关表来说，索引可以半自动化。所有相关表的统计计算也可以半自动化。通常，只有元数据得以发布。

8. 无许可证及支持成本。高额的许可证及支持成本下降了。MG 操作器的改进和调整费用也很低。

在 14.1 节中提及的现实世界的实例中，所有这些优点都已明白无误地得以证实。

14.2.2　MGO 方法的缺点

在过去的时间里，我们总试图找出新方法固有的或不可避免的缺点。不知是幸运还是不幸，到目前为止，还没有找到 MGO 方法的任何缺点。这在信息技术领域中是不常见的，原因很可能在于它是一种紧凑而简洁的方法。此外，与本书介绍的方法相比较，在我们已知的数据仓储工具中，不论是 ETL 方式、ELT 方式，商业化的、开源的或免费的软件，生成器或解释器，没有任何一种工具可以在以上这些方面超过 MGO 方法的。这对我们来说真是一个惊喜。

另一方面应该强调的是，有效地应用这种方法的前提是域通用知识的高质量或普遍性。如果更新 100 张目标表需要相同数量的算法，即需要 100 个域通用知识的载体，那么新方法就绝对没有效用了。也就是说，算法设计的质量决定方法应用的实效性。

概念练习 17：

在 1.4 节中，我们定义了 5 大类共 15 个对数据仓库的基本要求。

（1）回顾这些要求。

（2）试指出，本书介绍的、用 MGO 方法构建的参照数据仓库满足了其中哪些要求。

（3）试指出，在理论上，新方法不能够满足哪些要求。

（4）试指出，要满足这 15 个要求还应该做些什么。

14.3 展 望

知识发现领域已做了许多各种不同的工作。然而，我们对从程序中发现通用知识几乎一无所知。这对于 MG 操作器的设计来说是非常有趣的，也能为计算机科学家们带来一个新挑战。

今天，我们已经可以将文档、视频、音频、电子邮件、照片等非结构化数据加载到数据仓库中①。另一方面，这又是一个全新且极具挑战性的领域。如何有效地利用 MGO 方法来处理这类非结构化数据将是未来几年中的研究主题之一。

正如 1.6.4 节中已提及的，MGO 方法将会是未来构建数据仓库的主要方法之一。这意味着，由于在前一节列出的所有重要方面都有着显著优点，将来多数数据仓库都将以这种新方式来构建。因此，所有支持传统方法的主流数据仓库工具或者全部消失，或者通过采用新的范式以满足新的要求。事实上，所有的 MG 操作器都可以在数据库管理系统中作为标准组件加以实现，或者作为一个固件，或在某种意义上成为数据仓库机器上的芯片。因此，如果读者

---

① 关于数据仓库中非结构化数据的更多信息，可以参见 Bill Inmon，Krish Krishman：《构建非结构化数据仓库》，2011 年 1 月。

是活跃于金融市场，就应该考虑以下建议：

投资推荐：
1. 对数据仓储工具供应商一类的股票要做短线投资。
2. 对数据库管理系统供应商一类的股票可以做长线投资。

14.4 致　谢

　　首先，作者要感谢 Bill Inmon 在百忙之中阅读拙著，提出宝贵的反馈意见，并为本书撰写了鼓舞人心的序。其次，作者想表达自己对夏力的最深切的谢意，感谢他在作者最困难的时候给予的帮助。感谢 Mustafa Sahin，由于他的出色参与，证实了作者的预测和结论。感谢 Robert Teodosic，在他的积极推动和大力支持下才使作者梦想成真。感谢 Stephan Quitzsch 和 Paul Sehton，与他们的反复讨论启发了作者不少灵感。感谢 Sandy Schmidt，由于她的仔细审稿，使本书的内容更具可读性。感谢 Paul 和 Bernice Noll 慷慨地提供了京剧脸谱，使本书的封面别具一格①。感谢那些为作者直接或间接提供了帮助和支持的人们。最后，作者要感谢自己亲爱的妻子——孟燕燕和才华横溢的儿子——迈克·蒋皓。他们给予作者一个温馨而愉快的家庭。为他们作者愿尽自己的最大努力。撰写本书就是一个例子。

---

　　① 关于京剧脸谱的更多信息，可以参见 http：//www.paulnoll.com/China/Opera。

索 引

1

1∶1 关系·191,193
1∶M 关系·188,191,193

B

Bill Inmon·6

C

CPU 处理能力·45
CPU 的时间消耗·53,101,167,189

D

DDT 团队·217

E

ELT·303
　方法·29
　工作方式·32
　工作流·28
ETL·303
　服务器·30,225,227,299
　工具·212
　结构·30

F

FTP·47

I

I/O
　请求·189
IS-A
　测试·181
　层次·181
　分析·181
　关系·180,187,192
IS-An Element-Of·182
IS-A-Subset-Of·182
IT 语言
　表格式·219,279

索　引

声明性的·219，279

L

L 型·288

M

M∶N 关系·191，207
MGO·33，217
　　方法·226，283，290，296，302
MG 操作器·33，217，233，260，290，300

N

NDGK·301

O

ODBC·45
OLTP·5
OoO
　　观察·217，229
　　环境·267
Op1·230
Op2·230
Op3·230

R

Ralph Kimball·6

S

shell 脚本·127，135
SQL
　　程序·28
　　函数·277
　　脚本·220，222
　　接口·51
　　嵌入式动态·226
　　语句·31，129，145，200，286，296，301
　　执行环境·278

U

U 型·288

V

V-模型·282，287
V 型·288

B

保证
　　参照完整性·89，157

293

实体完整性·93
完整性·61, 88, 231
域完整性·56
备份时间·96
背景
时间·75
业务·75
被参照
表·77, 89, 116
列·76
实体·191
主键·77, 156
闭合性·149, 216
避免异常·99
边·116
编程语言·143, 219
编译器·219
方法·220, 222
模式·220, 222, 227, 269, 270, 277
变化量·54, 61, 127, 235
备份·96
识别·54, 127, 220, 290
遍历
广度优先·154, 201, 265
深度优先·154, 265
图·153, 265
标准缺省值·129
表
SQL 语句·269
被参照·76, 89, 116

别名·153
参照·76, 89, 101, 116
抽取·255, 276
抽象·199
错误·130, 141
错误数据·53
代码·77, 91, 161, 296
代码定义·63
代码信息·275
等待·91
对象·85, 92, 107, 146, 160, 192, 200
翻译·56, 58, 91, 129, 143
非规范化·99
父表·76, 86, 116, 146, 158, 190
根表·152
更正·56, 130
工作·245
关系·192
规范化·99, 193, 197
合并定义·63
活动·268
键映射·83, 92, 144, 238, 241, 294
连接·151, 275
列名·232, 273, 277
模式·82, 126, 163, 188, 234, 244, 274
模式整合·87, 143
模式转换·87, 143, 148,

157, 280
目标·30, 82, 116, 141, 161, 220, 277, 284, 303
内容编码·199
片段·244
清洗·234, 274
去规范化·102
事实·105, 108, 192, 193, 204, 205, 296
数据错误·56
双时维归档·296
双时维历史化·296
特例·276
投影·254, 275
外键·158, 274
维度·108, 296
选择·254, 275
业务键·234, 274
依赖关系·117, 154, 259, 263, 270, 276
影子·96
映射·143, 274
用户定义·120
元数据·120, 143, 226, 251, 273, 290, 300
源表·82, 130, 160, 211, 220, 253, 278, 289
子表·76, 86, 89, 116, 156, 191
表达能力·149
表区

错误·96, 232
等待·91, 96
工作·96
键映射·238
已处理·96, 140, 231
已预备·50, 97, 133, 231
原始·49, 231
表现形式·86
并发控制·263
并行处理数据·50
并行率·126, 135
不断完善的环境·165
部门
　预处理·62
　主要生产·62

C

财务能力·26
采集器·22
参考
　数据仓储的体系结构·34, 260
　体系结构·35, 140, 217, 229, 230, 249, 265, 292
参数
　元数据·119
参照
　表·76, 89, 101, 116
　列·76
体系结构·228

295

外键·77, 89

完整性·77, 89, 155, 160, 239, 241, 289, 297

完整性保证·89, 157

操作·93, 117, 141, 207, 220, 288

  错误·95, 206

  类型·59

  链·6, 284

  日志·271

  识别·60

  顺序·59

  系统·24, 43, 49, 54, 127, 135

  业务·57

  语义·60

  组件·78

操作符·216

  二元·216

  一元·216

操作数·216, 227, 251, 253, 264, 277

  域·217, 229, 230

操作型

  信息有效性·74

  信息有效性历史·75

  信息有效性历史化·75

  应用系统·15, 28, 43, 58, 71, 90, 118, 129, 136

  元数据·119, 120, 215

侧门·31, 213, 300

测试

  场景·285

  单元·283, 284

  构造数据·285

  集成·283, 285, 286

  数据·285, 286

  验收·283

测试阶段·6

层

  分析展示·41, 103, 109, 110, 114

层次结构

  关系·185

CH

插入·80, 84

查询处理·102

查错·96

超载程序·89

撤消

  操作·44

  机制·267

程序

  1（平面文件加载器）·232

  2（过滤清洗操作器）·234

  3（变化量识别器）·236

  4（数据导出器）·237

  5（代理键生成器）·238

  6（数据处理器）·239

  7（行存储器）·241

8(行移除器)·242
9(重叠解除器)·246
10(代码表补充器)·250
11(维度加载器)·251
12(数据抽取器)·254
13(索引顾问)·256
14(统计顾问)·257
15(计划生成器)·258
管理·220
设计·211
调用·219
质量·29
程序说明书·211
抽取·28,29,32
抽取器·44
抽象·61,216
  表·100,101
  层级·215,229,230
  对象·68,180
  基础·216,301
  手段·216
初始化工作·286
处理
  并发性·246
  查询·102,104,189
  负荷·48
  机制·224
  流程·96
  能力·30
  软件·100,102
  时间·197,200,205,272

  数据·189,303
  特例·35,280
  误差·35
  效能·31,93,109,161,189
  异常·35,263,267,281
处理的一致性·61
处理效率·189
处理效能·161
传输
  时间·48
  速度·45
传统
  范式·211,215,217
  方法·211,284,292,302,304
传统的系统·43
垂直逻辑事务·118

C

次要
  实体·181
  组件·104
存储·102
存储过程·281
存储需求·108
错误
  表·141
  处理·95,233
  次数限制·126
  分析·220,227,288,301

拒绝·53
类型·141
硬件·90

D

代理键·83，144，157，238，289，293
　不稳定性·86
　含时间维·85
　基于对象键·86
　基于主键·86
　生成器·143，238
　预定义·92
代码
　表·77，91，161，296
　对应的源应用系统·63
　列·77，91
　数据·62，80，91，136，140，161，239
　数据历史化·80
　统一·63
　值·77，92，250
单
　功能用户·113
　状态链·67
单列值·76
单列主键·76
单时维·85
单时维历史化·163，196
单元测试·283，284

单元格·204
导出
　工具·135
等待表·91
等待表区·91
递归关系·183
第二范式·99，103
第三范式·99，101，108
第一范式·99
点域·77
独立媒介·45
读
　干净数据·266
　旧数据·266
　脏数据·266
段列·77
对象·65
　标识整合·82，143
　标识转换·82
　表·85，105，160，163，192
　抽象·68，180
　根·194
　键·63，86，133，158，170，194，243，252
　结构·64
　类·180
　类型·64
　历史·66
　缺失·90
　识别·63
　实体·183，192

数据·63, 85, 105, 132, 140, 161, 187
   数据历史化·79
   业务·64
   叶·194
   整合·300
   状态·66, 68, 194
   状态历史化·74
   组织机构·229
对象键
   基于对象键的代理键·86
多层次去规范化·197
多格式数据集·43
多功能用户·113
多列主键·76
多维
   数据库管理·205
   数据库管理系统·43
多维数据库管理·205
多源数据仓储·20
多种语言·289

F

发现
   通用知识·304
   知识·304
发展阶段·34
法规·26
翻译表·56, 91, 129, 143
反馈系统·15

反向操作·134
泛化·61, 68
范式·98
   传统·35, 211, 215, 217
   原则·35, 227, 301
   转换·7, 218
方案
   设计师·282
方法·282, 288
   ELT·29
   MGO·226, 283, 290, 291, 296, 304
   编译器·220
   传统·211, 284, 289, 292, 302
大规划，大实施·26
大规划，小实施·27
单键映射表·85
发展历程·27
分布式转换·223
工具辅助的 ELT·31
工具辅助的 ETL·29
工具辅助的现代 ELT·211
工具辅助的新 ETL·211
构建·32, 289
基于 MGO 的 ELT·32
即用即生成·85
集中式转换·224
教条·26
结构化·110
解释器·220, 221

紧凑性·34
拉·253
老方法·27, 33
实用·26
手工 ELT·27
手工的老 ELT·211
推·253
未来·32
无键映射表·85
现代·31, 211
小规划, 小实施·26
新方法·29, 34
有效·27
预定义代理键·92
自上而下·6, 26
自下而上·6, 26

方法论
 数据仓库·25
 项目·218

方式
 现代·213, 299

访问
 操作·112
 控制·112
 模式·190
 权限·112, 205, 207
 权限分配·206

访问控制·205
 层·41, 111, 122, 207
 机制·113
 模式·206, 207

区·206
区 I·206
视图·207
非规范化表·99
非键列·99
非结构化数据·304
非结构化数据仓储·304
分布式转换·223
分类
 地理特性·21
 时间性·21
 拓扑结构·19
 组织机构·20
分类表
 分类·202
分析·15, 114, 136, 175, 198, 216, 266, 280, 289
 错误·220, 227, 301, 302
 毁坏·269
 离线·110
 数据·188
 效率·289
 需求·128
 异常·271
 原因·269, 297
分析展示层·103, 108, 111, 114
夫妻关系·191
弗里德里希·冯·席勒·301
父表·76, 86, 116, 146, 158, 190

复杂度
  机制·290
  软件·297
  问题·289
复制-粘贴-搜索-替换-调整-验
  证·6, 284
副作用·99

G

改进
  的可能性·18, 64, 114
  可溯源性·301
  维护运行效率·303
  业务·18
  质量·18, 22
改善
  行为·18
  可理解性·300
  可用性·109
改造
  体系结构·299
根对象·194
根逻辑事务·118
更新
  处理·108
  过程·78
  机制·290, 296, 297, 300
  异常·108
  周期·58, 118, 132, 263, 271, 292

更新一致性·110
更新异常·99
工程师·103
工具·47
  操作器·255, 266, 288
  开发·212
  生产商·30
工作表·245
工作流程
  1（模型转换）·106
  2（MG 操作器变化测试）·222
  3（异常原因分析）·270
  4（缺陷处理）·270
  5（从头开始初始化）·291
  6（通过替换的初始化）·292
  7（代理键转换）·294
公共关系·24
功能
  技术·223
  角色·113, 205
  角色组织·113, 205
  逻辑·223
  配置·39, 123, 223
  配置的优良度·223
  确定·39
共同
  常识·180
  改善·165
故障
  处理·35
关联表·191

关系 · 100, 105, 180
　1∶1 · 191, 193
　1∶M · 188, 191, 193
　IS-A · 180, 187, 188, 192
　M∶N · 191, 207
办公产品 · 42
表 · 192
层次结构 · 181, 185
代数 · 148, 280
代数运算符 · 148, 216, 280
递归 · 183
递归的层次结构 · 275
动态 IS-A · 183
夫妻 · 191
父子 · 157
复杂性 · 190
公共 · 24
静态 IS-A · 183
量化 · 192, 204
模式 · 181
母子 · 191
实体 · 183
是成员之一 · 187
是子集之一 · 189
数据建模者 · 105
数据结构 · 98
稳定性 · 190
兄妹 · 191
一一对应 · 61
依赖 · 116
映射 · 56, 143

有向 · 180
元数据 · 120
展示 · 183, 184, 191
主从 · 188
主键/外键 · 157
观察
　第二级 · 230
　第一级 · 229, 267
管理 · 24, 47, 113
　成本 · 114, 206
　进程 · 35, 116, 154, 221,
　　259, 281
　日志 · 35
　软件 · 33
　事务 · 35
　元数据 · 35, 119, 273, 300
广度优先遍历 · 154, 201
归档 · 73, 74, 289
　事件 · 138
　事件数据 · 79
规范化 · 98, 105, 188
　表 · 99, 193, 197
　程度 · 43
　关系模式 · 229
　关系数据模型 · 106, 192, 193
　结构 · 104
　数据库 · 191
　数据模型 · 43, 197
　物理数据模型 · 296
　形式 · 108
规则 · 80

索　引

参照完整性·76
点唯一性完整性·77
实体完整性·76，93
完整性·75
唯一性完整性·93
业务·75
语法·75
语义·75
域完整性·76
过滤和清洗器·231

H

行·43
　过滤·57，131
　模式·52
行存储器·231
行为
　改善·18
　绩效·18
　决策·18
　效能·203，299
　业务·18
行移除器·231
合同认定·283
后处理·31
后映像·44
环·117，153，258，263
环境
　不断完善的·165
　分布式系统·45

基础设施·35，260
　经济·35
　生存·35
　执行·281
恢复时间·96

J

机密泄露·24
机制
　变化捕获·44，48，54
　日志·44，57，132
　数据传输·44
　转换·46
基本操作·58，132，139
基本重叠组合·168
基础
　IAAA·301
　抽象·216，301
　范式·301
　管理·218，301
　结构·100
　理论·35
　能力·17
　体系结构·222，301
　信息·213，273，301
基础设施·15，17，34，116，273
　环境·35，260
　数据仓储·121
　战略·39
　资源·223

303

即用即生成 · 89, 93
集成
　测试 · 283, 286
集中式转换方法 · 224
计算机辅助软件工程 · 212
计算机科学 · 289
记录 · 15, 57, 66, 73, 132
技术
　人员 · 113
　事务 · 118, 267
绩效
　行为 · 18
　提升 · 17, 300
加载 · 28, 30, 32
　工具 · 28, 52, 53, 56, 126
加载脚本 · 126
间断的历史状态 · 67
检查点 · 126
建立数据仓储 · 25, 26, 27, 213, 218, 224, 292
键
　代理 · 87, 145, 156, 238, 289, 293
　对象 · 63, 133, 158, 170, 194, 243, 252
　外 · 76, 289
　主 · 76, 99, 128, 141
　转换 · 146, 294
　自然 · 82
键映射
　表 · 84, 144, 157, 238, 241, 294
　行 · 83
僵局 · 300
交互的优化 · 18
脚本生成器 · 296
阶段
　测试 · 6
　发展 · 34
　开发 · 6, 212
　设计说明 · 6
　文档 · 6
节点 · 116, 153, 201, 258, 263
结构
　变化 · 184
　范式 · 111
　基础 · 100
　确定 · 39
　特征 · 75
　信息 · 53
　修改 · 276
　转换 · 109
结构化查询语言 · 280
解决方案 · 282, 285
解释器 · 219, 303
　专用 · 219
紧凑性 · 34
进程 · 116, 196, 265
　管理 · 35, 95, 116, 154, 221, 259, 263, 281
　系统 · 267
近实时 · 21

经济
　　系统·288
　　要求·102
　　影响·35，284
竞争地位·24
竞争压力·26
矩形·70，94，165，171，175，
　　197，244，248
　　尺寸·176
　　片段·244
决策支持·29
　　系统·28

K

开发·24
　　时间·212
开发阶段·6
开放数据库互连·45
开源·303
可操作的信息·18
可理解性·101，297
　　改善·300
可溯源性·134，249
　　改进·301
可用性·101，103，298
　　改善·109
　　规划·272
可重启性·49，55，134，249
块模式·52

L

拉方法·253
老方法·27，33
老路·281
理论基础·35
历史
　　操作型信息的有效性·75
　　对象·66
　　数据·60
　　数据仓储信息的有效性·75
　　业务·15，22，136
　　有效性·68，85
　　状态·68，85，197
历史化·66，79，289
　　操作型信息有效性·75
　　代码数据·80
　　单时维·138，163，196
　　对象数据·79
　　对象状态·74
　　三时维·74
　　数据仓储信息的有效性·75
　　双时维·69，77，136，163，
　　　　196，297
　　有效性·68，74，79，138，198
　　状态·67
立方体·110，204，230，296
例·75
连接·101
　　表·151

处理·108
图·153
外部·151
联机事务处理·5
量化关系·192，204
列·100
　被参照·76
　参照·76
　段·77
　非键·99
　目标·82，120，130，143，158，288
　清洗·56
　数据转换·86，143
　源·23，82，120，143，155，288
　值·23，66，69，77，87，93，99，112
灵活性·103，205，221
　数据·47，98，108
逻辑数据
　单元·57
　建模·181，188
　模型·98，100，183，187，188，292
　选择·205

M

免费的软件·303
面向服务功能·183

描述型元数据·119
命令脚本语言·50
命名视图组·205
命题·179
模式·63，96
　编译器·220，227，269，270，277
　表·82，126，148，163，188，199，234，274
　访问控制·206，207
　行·52
　混合·52
　键映射表·85
　解释器·220，278
　块·52
　平面文件·61，125
　视图·206
　星型·108，192，193，197，219，296
　雪花·106，193，197
　页面·277
模型
　事务·117，267
　转换·109
默认值·56
　标准·56
　源数据·56
母子关系·191
目标
　表·30，82，116，141，156，220，240，277，284

结构·40

列·82,86,120,130,143,146,158,288

数据仓储·47,230

系统·298

信息·28,30,32

应用系统·253

资源·224

评估系统·291

N

内容

一致性·110

组件·78

能力

财务·26

基础·17

P

配置

功能·39,123

转换·222

片段·168,171,243,248

行·244

矩形·244

平面文件·42,111,120,134,237,264

加载·50,54,125,134

加载器·125,217,231

模式·61,125

区·48,61,118,231,237,265

平台

操作型·45,47,48

软件·227

Q

企业型数据仓储·6,20,26,117

前映像·44,266,268

区

完整数据表·128,236

文件归档·237

效能强化·41,104,205,230,251,296

中央存储·41,97,141,180,205,229,296

去规范化·101,160,180,191,193,197,252

表·102

数据模型·43

权力分布·26

缺省代码·92

缺失对象·90

缺陷

处理·281

硬件·117

R

日志管理·35
软件·24，90，119，141，221，283，297
  产品·271
  错误·95，117，272
  复杂性·297
  工程·117，212
  工具·24
  管理·29，33，227
  开发·53
  可扩展性·100
  可维护性·89
  免费·303
  平台·227
  缺陷·93
  生产力·29，33
  实现·23
  调试·49
  文档·29
  稳定性·100
  应用系统·18
  质量·33，88，287，297，300

S

三时维·74
三时维历史化·74

SH

删除·79，128
商务智能·17
设计建议
  1·46
  2·47
  3·50
  4·52
  5·53
  6·54
  7·57
  8·89
  9·102
  10·103
  11·109
  12·113
  13·114
  14·121
  15·125
  16·165
  17·182
  18·185
  19·191
  20·207
  21·226
设计说明阶段·6
设计文档·285
设计原则
  1·226

索　引

　　2 · 227
　　3 · 227
　　4 · 227
设计者 · 103
深度优先遍历 · 154
生成器 · 219，303
　　非平凡域通用 · 219
　　专用脚本 · 219
生成驱动更新 · 21
生命周期 · 282
时代
　　旧时代 · 28
　　未来 · 33
　　现代 · 32
　　新时代 · 30
时间
　　背景 · 75
　　窗口 · 55
　　戳 · 63，65，73，141，254
　　　点 · 54，73，132，176，192，，268
　　　段 · 66，79，81，85，168，170，176，194
　　间隙 · 67
　　链 · 66，79，80，86，136，174
　　时间差 · 67
　　时间轴 · 68
　　信息 · 66，67
　　轴 · 66
时间性 · 66
　　代理键 · 85

实践建议
　　1 · 54
　　2 · 56
　　3 · 95
　　4 · 100
　　5 · 127
　　6 · 167
　　7 · 181
　　8 · 181
实体 · 76，100，105，180
　　次要 · 181
　　对象 · 73，192
　　关系 · 183
　　联系 · 73
　　完整性 · 76，89，155，162
　　主要 · 181
实体-关系分析 · 105
使用
　　数据集 · 110，114，118
使用数据区 · 109
使用性 · 17
市场动态 · 26
事故分析 · 269
事件 · 73
　　记录 · 65，73，139
　　数据 · 64，90，128，161，205，239
　　数据归档 · 79，138
事实 · 105，204
　　表 · 16，105，193，204，296
　　中心 · 105

309

事务 · 117
　垂直逻辑 · 118
　根逻辑 · 118, 267
　管理 · 35
　技术 · 118, 267, 269
　模型 · 117, 267
　水平逻辑 · 118
　吞吐量 · 43
　吞叶量 · 94
　系统 · 267
　叶逻辑 · 118, 267, 269
视图
　模式 · 206
　物化 · 104
是子集之一 · 183, 187, 189
　关系层次结构 · 189
输入/输出
　操作要求 · 101
属性 · 100
数据
　安全性 · 23
　标准 · 56
　标准格式 · 47
　表现形式 · 86
　不一致 · 20, 26
　参数 · 62
　仓库 · 22
　操纵语言 · 50
　操作型 · 15, 28, 39, 78, 136
　查错 · 50
　抽取 · 28, 29, 32

抽取器 · 231, 252
处理 · 49, 189, 303
处理器 · 231, 239, 277
传输 · 45, 47
存储 · 48, 54
代码 · 62, 80, 136, 140, 161, 239
单元 · 64
定义语言 · 93, 145
丢失 · 49
对象 · 63, 79, 105, 132, 161, 187
访问 · 24
非结构化 · 304
分析 · 181, 188
分析器 · 17, 41, 64, 98
分析型 · 15, 22, 40, 136
格式 · 22, 43, 82, 98, 131
工艺 · 62
关系结构 · 98
管理技术 · 100
归档 · 49, 55
规范化模型 · 43
涵义 · 22, 98
行 · 43, 57, 62, 63, 65, 162
恢复 · 44
汇总 · 109
机密 · 24
计数 · 48
加载 · 28, 30, 32
结构 · 29, 47, 61, 100, 149,

204, 264
结构稳定性·180
结构正确性·100
解码密钥·63
解压·48
紧凑·63
精确性·23, 56
聚合·109
可扩展性·100
可理解性·102, 109
可用性·23, 46, 69, 74, 156
类型·43, 61, 83
类型不匹配·53
历史·60
灵活性·47, 98, 102, 108
模型·26, 73, 103, 181, 297
排列组合·222, 271, 285
去规范化模型·43
冗余·26, 62, 99, 108, 198
使用集·110, 114, 118
使用性·33, 98, 105, 109
 事件·64, 128, 1, 188, 205, 239
收集·17, 22, 78
溯源性·23
损坏·56, 96
所有者·46, 56
调度·62
统一性·56, 63
完备性·23, 56, 91, 98, 105
完整性·56, 75, 89, 98, 190

完整性验证·89
唯一性·56
维度·204
稳定性·100
物理行·57
细节·98
校验·48
压缩·49
一致性·56, 98, 99, 105, 108
异常·102
易理解性·100
隐私·24
有效性·56
语义·22, 64, 82, 98, 119, 165, 174
预备·17, 22, 109, 198
元素·112
 源·16, 110, 214, 235, 271, 298
 整合·17, 56, 81, 143, 160, 223
 正确性·23, 100, 154, 180, 202
质量·18, 43, 61, 90, 162, 213, 288
质量保障·57, 88
重组·22
转换·30, 32, 45, 82
字段·51, 126
总和检查·48
组织·204

数据仓库·15, 16
　部门·20, 26, 110
　参考体系结构·260
　操作·119, 121, 255
　单源·19, 129
　地理特性分类·21
　多源·20
　方法论·25
　分布式·21
　复杂·34, 68, 80, 123
　更新·78, 226
　工程师·77, 120, 204, 267
　工具·29, 296, 303
　构建·6, 33
　管理员·265
　过程用户·112
　环境·302
　机·7, 304
　基础·60
　基础设施·121
　集中式·21
　开发工具·212
　可承受性·24
　扩展·6
　灵活性·24
　平台·230
　企业型·6, 20, 26, 117
　时间性分类·21
　实时·21, 30, 45, 66, 266
　体系结构·39, 214
　拓扑结构分类·19
　维护·6
　稳固性·24
　系统·44
　信息的有效性·74
　信息有效性历史·75
　信息有效性历史化·75
　治理·27
　周期·21
　周期性·66
　自然用户·112
　总成本·20, 24, 27, 47, 102
　组织机构分类·20
数据仓储领域·6
数据管理系统·42
　非关系·43
　关系·42
数据集·43
　单一格式·43
　多格式·43
　非唯一性·43
　唯一性·43
数据建模·288
　逻辑·181, 188
　维度·106, 192, 204
数据结构·29, 61, 88, 204, 264
　可理解性·108
数据库
　变化·57
　表·29, 44, 134
　触发器·44, 89
　存储过程·44, 226, 281

服务器·29

复制服务·44

管理系统·24，118，207，267，305

规范化的·191

宏命令·281

角色·205，207

块格式·52

快照·44

连接·45

链接·134

目录·53，120，135，226，232，273

日志·44

设计·288

视图·104，109，205

物理设计·188，190，288

用户·207

数据库管理系统

层次·43

多维·43，110

关系·42，149，280

面向对象·42

网状·43

数据模型·26，73，105，180，297

规范化·198

规范化关系·192

逻辑·98，183，292

模型·180

维度·105，192

稳定性·190

物理·101，109，193，292

数据区

物理·206

应用·205，230，296

源·229

双时维·86

历史化·69，136，163，196，297

重叠·78，94，95，167

水平逻辑事务·118

S

死锁·265

算法·214

1（平面文件加载器）·126

2（变化量识别器）·128

3（列清洗器）·131

4（行过滤器）·133

5（数据导出器）·135

6（对象建史器）·137

7（事件归档器）·139

8（行存储器）·141

18（优先权决定器）·171

9（行移除器）·142

10（代理键生成器）·145

11（键转换器）·145

12（列数据转换器）·147

13（连接构建器）·152

14（等待空间管理器）·156

313

15（外键处理器）·159
16（代码表补充器）·162
17（重叠检测器）·163
18（优先权决定器）·166
19（基本矩形分解器）·170
20（重叠消除器）·171
21（多层去规范化器）·193
22（时间段切分器）·194，251
23（数据抽象器）·199
24（遍历压缩器）·200
25（相邻压缩器）·174，202，203，252
26（进程管理器）·264
27（异常捕获器）·269
收敛性·176
数量最优·179
有效性·178
正确性·175
质量最优·178

T

特例·222
　处理·35，280
特例表
　特例·280
提升
　绩效·17，300，301
　维护工作效率·301
体系结构·218，223
　改造·299

决策·39
可选择·39
设计问题·39
数据仓储·39，208，214
优良度·39

D

调用层接口·51

T

通用查询·100
通用功能用户·113
同行审查·285，286
统一存储结构·109
统一的接口·47
投资推荐·35，305
图
　遍历·153，265
　连接·153
　论·117，153
图形化的用户界面·29
图形化用户界面·32
图形用户界面·299
团队
　测试·211
　开发·211
　设计·211
　体系结构·211
推方法·253

托马斯·塞缪尔·库恩·218, 291

W

外部连接·151
外键·76, 84
    参照·77, 90, 156, 161, 294
外围部分·104
完整数据·128
完整数据表
    区·128, 236
完整性
    保证·54, 61, 88, 97, 231
    参照·76, 90, 289
    点唯一·77, 93, 162
    段唯一·77
    区间唯一·93, 163
    实体·76, 83, 155, 162
    数据·89
    值域·57, 76, 93, 155
网络
    负载·48
    连接·31
微观政治·26
唯一
    定义·7
    真理·7
唯一完整性·162
维
    空间·17
    时间·17
    质量·17
维度·105
    表·108, 197, 296
    数据建模·106, 192, 204
    数据模型·105, 192
维度结构·109
维度数据·204
    处理·191
    建模者·105
维护·211
维护工作效率
    提升·301
维护运行效率
    提升·303
未定义代码·92
未来·33
未来的方法·32
文档
    更新·285
    质量·33
文档阶段·6
文档元数据·119
文件传输·44
稳定性·222
    关系·190
    结构·100
    数据·100
    数据结构·180
    数据模型·190
    组织机构·26

无极星型模式 · 108
无间隙
  历史 · 67, 136, 195
  时间链 · 85
无间隙的时间链 · 85
物化
  结果 · 109
  组成部分 · 104
物化视图 · 104
物理
  数据库设计 · 188, 288
  数据模型 · 101, 189, 292, 296
误差处理 · 35

X

系统
  反馈 · 15, 16
  平台 · 298
  硬件 · 110
  资源 · 24, 48, 108
现代
  方法 · 31, 32, 211
  方式 · 213, 299
相互关系 · 100
相邻链 · 67
项目 · 282
  持续时间 · 288
  方法论 · 218
  管理 · 288, 297

消息 · 265
  队列 · 45
  面向消息的中间件 · 45, 47
效率
  创建 · 289
  分析 · 289
  执行 · 289
效能 · 31, 89, 189, 213, 225, 296, 303
  表现 · 299
  差异 · 299
  行为 · 203
  强化区 · 41, 104, 118, 205, 230, 251
  问题 · 31, 299
  要求 · 190
  应用系统 · 43
效益
  评估 · 290
新
  范式 · 33, 208, 225, 260, 273, 304
  方法 · 29, 34
新方法 · 299
信任 · 24
信息
  丢失 · 102
  技术 · 15, 26, 303
  可操作的 · 18
  需求 · 103, 282
星型

模式·108, 192, 219, 296
模型·193
性能调整·272
兄妹关系·191
修改·65, 80, 128, 166, 266
需求
分析·128
需求驱动更新·21
许可证费用·301
雪花
模式·106, 193, 197
模型·193

Y

验收测试·283, 288, 292, 293
要求
安全性·24
操作性·23
功能性·22
经济性·24
使用性·74
信息性·23
质量·168
业绩·17, 22
业务·15, 21, 55, 105, 192, 226, 291
报告·19
背景·75
变化·180, 183, 191
操作·57

单位·282
对象·64
发展·64
反馈·64
分析·19
分析师·282
改进·18
改进器·17, 60
概念·100
规则·75, 96
行为·18
环境·75, 113
活动·64, 103
伙伴·18, 180, 189
机密·24
计划·19
记录·59
绩效·17, 22
监控·19
快照·15, 136
历史·15, 22, 136
领域·181
流程·75
模式·26, 113
模型·75
实际·168
使能器·15, 22, 134
探索·19
问题·190
想象·103
信息·78, 132, 140, 199,

244, 248
信息需求 · 26
信息要求 · 23
需求 · 65, 110, 183, 267, 282, 287
需要 · 23, 91
意义 · 192
用户 · 119
语义 · 43, 101
运营 · 15, 46, 282
战略 · 26, 113, 211
组织 · 22, 113, 205

叶
逻辑事务 · 118
叶对象 · 194
页面模式 · 277
一致性
更新 · 110
内容 · 110
依赖
关系 · 116
依赖关系
边 · 116
表 · 117, 154, 259, 270, 276
图 · 116, 264
异常
处理 · 35, 263, 267, 281
分析 · 271
引理
1 · 175
2 · 176

3 · 178
应用系统
操作型 · 15, 28, 43, 58, 74, 90, 118
平台 · 253
软件 · 18
所有者 · 46, 167
效能 · 43, 93
源 · 39, 42, 125, 136, 211
映射 · 211, 282
关系 · 143
映射系统 · 28
硬件 · 24, 29, 119, 299
错误 · 90
缺陷 · 117
系统 · 110
用户
出口 · 280
单一功能 · 113
多功能 · 113
接口 · 283
类型 · 113
通用功能 · 113
自定义表 · 120
优化 · 61, 109, 174, 247
交互 · 18
有向无环图 · 117
有效性
操作型信息 · 74
历史 · 68, 85
历史化 · 68, 75, 80, 138, 198

数据·56
  数据仓储信息·74
  中止·80
语法模式·154
语句
  语义·279
语言
  编程·143, 219
  数据操纵·50
  数据定义·145
  数据定义·93
  元数据·280
语义
  标准化·87
  操作·60
  数据·64, 82, 98, 101, 119, 165, 174
  业务·43, 101
  语句·279
预处理·31
预处理程序·28
预计算效能指标·109
域·76, 84, 214
  操作数·217, 227, 229, 230
  处理·39, 62, 140, 224
  存储·41, 97, 141, 268
  点·77
  完整性·76, 93
  完整性保证·56
  预备·39, 42, 48, 128, 136
  值·77

元数据·31, 119, 212, 226, 273
  表·120, 226, 233, 251, 266, 273, 290, 300
  参数·119
  操作型·119, 120, 215
  测试·217
  工具·288, 300
  关系·120
  管理·35, 119, 273, 300
  描述型·119
  输入·217
  文档·119
  语言·280
元数据驱动
  通用操作器·6, 33, 229
  通用程序·217
员工流动·26
原始操作·139
原因分析·269, 297
原子数据缺陷·57
源
  表·82, 120, 130, 155, 211, 278, 298
  列·23, 82, 120, 130, 143, 155, 288
  数据·16, 40, 55, 110, 214, 271, 282, 292, 302
  数据的产生·21
源应用系统·39, 42, 125
  特殊知识·214
  通用知识·214

319

约束·53, 80, 101, 126, 160, 184
运行失败·301
运行系统·29
运作·24
运作模式·76

ZH

展示·73, 100, 158
　关系·183, 184, 191
　值·272
战术决策·21
真正附加值·62
整合·15, 61
　表模式·87, 143
　对象·300
　对象标识·82
　数据·17, 22, 56, 82, 143, 160, 223
正确性
　保证·23, 222
　结构·100
　数据·55, 100, 154, 180, 202, 233, 273
　算法·175
　信息·99
政治责任·47
知识
　动态通用·214
　发现·304
　静态通用·214
　库·181
　领域通用·290
　特殊对象·215, 273
　通用·214
　域通用·214, 226, 273, 286, 303
值
　域·61
　展示·272
值域·144
质量
　保障·57, 88, 272
　保证建议·56
　改进·18, 22
　软件·33, 287, 297, 300
　属性·101
　数据·18, 46, 56, 90, 162, 168, 213, 288, 289
　文档·33, 301
中央存储区·41, 97, 129, 180, 205, 229, 296
终端用户·53, 93, 103, 108, 189, 243
重叠·77, 93, 138, 163, 249, 289
　矩形·176
　条件·164, 171
重复·6, 53
　行·53
　键·53, 93, 171
重复行为·35

重新抽取·49
重做操作·44
周期更新·76, 96, 264, 268, 270, 285
周期内变化·58, 132
逐行·30, 52, 89, 93
主从关系·187
主键·76, 82, 99, 128, 141
 被参照·77, 156
 单列·76
 多列·76
 候选·158
 基于主键的代理键·86
 全列·76
 组合·77
主流·229
 操作数域·230
主题区·105, 181
主要实体·181
专业
 经验·26
 能力·26
转换·28, 30, 32
 表模式·87, 143, 157, 280
 分布式·223
 集中式·224
 列·288
 列数据·148
 模型·109
 配置·222
 数据·82, 224, 225

状态历史·68, 85, 197

Z

资源
 基础设施·223
 平台·224
 系统·24, 48, 108
 消耗·225, 252
子表·76, 86, 116, 156
自然键·82
自上而下的方法·6, 26
自下而上的方法·6, 26
综合而复杂的数据仓储·34, 39, 68, 80, 94, 123
 结构·33
总体拥有成本·224, 225, 228
组件
 操作·78
 分离·249
 交互·39
 内容·78
 外围·104
 物化·104
组织机构
 文化·26
 稳定性·26
最小设计原则
 1·61
 2·61
 3·61

321